LAURA C. SCHLESSINGER

10 Dummheiten, mit denen Frauen sich das Leben schwer machen

Buch

Viele Frauen haben nicht den Mut, dringend notwendige Veränderungen in ihrem Leben anzustoßen. Stattdessen jammern sie oder weinen, setzen Zorn, Depressionen, Angst, Eßsucht oder Medikamente ein und vermeiden damit aktive Schritte, die ihr Los verbessern und ihre Beziehungsprobleme lösen könnten. *Sie verhalten sich dumm* – mit dieser Feststellung beginnt Laura C. Schlessinger ihr Buch und bringt ihre umfangreichen Erfahrungen als Therapeutin auf den Punkt. Zehn weit verbreitete »Dummheiten« beschreibt sie anschaulich anhand von Fallbeispielen, gibt konkrete Ratschläge und will damit allen Frauen, die ihr eigenes Verhalten darin wiedererkennen, Mut machen und ihnen helfen, ein neues Selbstwertgefühl zu entwickeln.

Autorin

Laura C. Schlessinger ist ausgebildete Ehe- und Familientherapeutin und lehrt an verschiedenen Universitäten in den USA. In Kalifornien ist sie als Therapeutin und Journalistin mit einer eigenen Radio-Talkshow einem größeren Publikum bekannt geworden.

Laura C. Schlessinger

10 Dummheiten, mit denen Frauen sich das Leben schwer machen

Aus dem Amerikanischen
von Eva Malsch

GOLDMANN

Umwelthinweis
Alle bedruckten Materialien
dieses Taschenbuches sind chlorfrei
und umweltschonend.

Der Goldmann Verlag
ist ein Unternehmen der Verlagsgruppe Bertelsmann

Vollständige Taschenbuchausgabe Juli 1997
Wilhelm Goldmann Verlag, München

Originalverlag: Villard Books, New York
Originaltitel: Ten stupid things
women do to mess up their lives
Umschlaggestaltung: Design Team München
Druck: Presse-Druck Augsburg
Verlagsnummer: 13981
CL · Herstellung: Stefan Hansen
Made in Germany
ISBN 3-442-13981-3

3 5 7 9 10 8 6 4 2

Inhalt

Dieses Buch ist schwierig zu lesen. Vielleicht wird es Sie sogar verletzen und in Wut bringen. Bei allem, was ich sage, gibt es zehn Millionen Ausnahmen. Trotzdem – ALLES, WAS ICH SAGE, IST WAHR!

So war es, seit die Zeit begann,
So wird es sein, bis sie zu sterben droht,
Die Liebe ist eine Stimmung – mehr nicht – für den Mann,
Für die Frau ist sie Leben oder Tod.

Ella Wheeler Wilcox
(1850–1919)

Ich hoffe, dieses Buch wird sowohl Frauen als auch Männern helfen, ein harmonischeres Gleichgewicht zwischen Liebe und Beruf zu finden und zu lernen, wie man das Zusammenleben glücklicher und intensiver gestaltet.

Danksagung

Unbedeutenden Leuten brauche ich nicht zu danken. Glücklicherweise wurde ich von zahlreichen talentierten, warmherzigen, freundschaftlich gesinnten Menschen unterstützt, angetrieben und in die Rippen gestoßen. Ich bedaure, daß ich nicht immer die Wertschätzung gezeigt habe, die sie verdienen. Hoffentlich kann ich mit diesen Worten und auch mit meinen Taten zeigen, wie sehr ich sie liebe und respektiere, wie dankbar ich ihnen bin.

Dr. Bernard Abbott, ehemals Leiter der biologischen Fakultät an der USC, verhalf mir zum ersten Durchbruch. Nachdem er mir höflich geschrieben hatte, es tue ihm leid, aber eine unbefristete Ganztagsstellung stehe nicht zur Verfügung, reagierte er sehr humorvoll auf meine Anfrage: »Okay, aber wie wär's mit einer befristeten Teilzeitbeschäftigung?« Darauf folgten fünf wundervolle Jahre. Als Assistenzprofessorin unterrichtete ich Biologie, Psychologie und Sexualwissenschaft. Dieser letzte Fachbereich weckte mein Interesse an der Psychotherapie.

Dann muß ich Dr. Carlfred Broderick danken, dem Leiter des USC Human Relations Center. Was ich ihm besonders hoch anrechne – er zwang mir keine Ideen auf. Statt dessen erforschte er meinen Geist und mein Herz und half mir, meine speziellen Begabungen zu erkennen, zu akzeptieren und zu fördern. Mit seiner Unterstützung stärkte ich mein Selbstvertrauen.

Marcia Lasswell, derzeit Vorsitzende der American Association of Marriage and Family Therapists (des amerikanischen Verbands der Ehe- und Familientherapeuten), war meine Mentorin, Lehrerin, Beraterin und ein Vorbild für die Rolle der Frau, die in diesem Buch angestrebt wird. Sie ist eine unglaubliche Kombination aus fraulichem Charme, Schönheit, Entschlußfreude, geistreichem Witz und Intelligenz. Ihre Energien sind unerschöpflich, ihr Engagement und ihre Leistungen auf dem Gebiet von Ehe und Familie schon jetzt legendär.

Dr. Jim Hedstrom, Leiter des Studienprogramms in Psychologie an der Pepperdine, gab mir die Gelegenheit, eine Lehrtätigkeit auszuüben und meine Fähigkeiten kennenzulernen. Er ist ein überaus gütiger, integrer und verständnisvoller Mann.

Parallel zu meiner akademischen und beruflichen Laufbahn verlief mein Einstieg in die praktische Anwendung meiner Kenntnisse – im Rundfunk und schließlich in diesem Buch. Bill Ballance, der Pionier und »Vater« des Radio-Talks im privaten Stil »entdeckte« mich buchstäblich am Telefon und engagierte mich für sein tägliches L. A.-Programm, wo ich einmal pro Woche auftrat. So oft ich auch aufhören wollte, weil ich Angst hatte und an mir selbst zweifelte – er bewog mich, weiterzumachen.

Doch dann legte ich eine Pause ein, um das nächste Wunder in meinem Leben hervorzubringen, zu hegen und zu pflegen – meinen Sohn Deryk. Als er drei Jahre alt war, kehrte ich ans KWNK-Mikrophon zurück, nur ein paar Gehminuten von daheim entfernt – dank eines ungemein freundlichen Mannes, der sich manchmal als Knauser tarnt, Manny Cabranes.

Nach diesem tollen Comeback landete ich bei KFI AM 640. Das verdanke ich George Oliva, dem damaligen Programmdirektor. Es fing mit Sonntagen an, dann arbeitete ich an den Wochenenden und schließlich an sechs Tagen pro Woche bis ein Uhr nachts, dann verlegte der derzeitige Programmdirektor, David G. Hall, meine Sendung auf mittags – nur um zu beweisen, daß ich kein Vampir bin und auch im Sonnenschein auf die Leute losgelassen werden kann. Beiden schulde ich sehr viel. David ist mein Boß und mein Freund – nur er weiß, wie man das eine mit dem anderen verbindet.

Larry Metzler ist der Toningenieur, der in meiner Sendung an der Schalttafel sitzt, und ein lieber Freund. Er half mit, die Arbeit an diesem Buch und meine Gedanken zu organisieren, indem er meine Gespräche mit den interessantesten Anrufern aufzeichnete. In der Sendung ermunterte er mich während der Werbeblöcke und Nachrichten, also verbesserte er meine Leistung. »Ohne dich hätte ich's nicht geschafft, Larry!« Und er war auch immer für mich da, wenn mein Herz weh tat.

Zu meinen übrigen Kollegen gehören Susanne Whatley, Nachrichten-Koordinatorin, und Mark Denis, Redakteur vom Verkehrsfunk. Wir sind ein großartiges Team und gute Freunde geworden.

Meine Therapie-Kolleginnen in fast zwei Jahrzehnten, Dr. Rhoda Marcovitch und Dr. Judith Friedman, waren kreative Kritikerinnen und – noch wichtiger – Freundinnen. Ohne die beiden hätte ich's nicht durchgestanden.

Lew Bishop, meinem Mann, muß ich hier besondere Aufmerksamkeit schenken. Manchmal glaube ich, er ist verrückt, denn ich kann einfach nicht glauben, mit welch unerschütterlicher Liebe, Treue, Loyalität und Freundschaft er zu mir steht und wie aufopfernd er sich um meine Karriere bemüht. Und für Deryk ist er der »beste Daddy von der Welt«.

Eines Tages rief mich Suzanne Wickham von Random House an und sagte ohne Umschweife: »In Ihnen steckt ein Buch. Schreiben Sie's!« Ich hatte schreckliche Angst davor, mich gestrengen Kritikern auszusetzen, aber Suzannes positive Einstellung und Begeisterung halfen mir über die schlimmste Zeit hinweg, und jetzt kann ich's kaum erwarten, mein nächstes Buch zu schreiben.

Carolyn Fireside, meine Lektorin, ist ein ganz besonderer Mensch und sehr professionell. Bevor sie nach ihrem Rotstift griff, hörte sie sich zahlreiche Bandaufnahmen an und las meine Abhandlungen, um meinen Stil, meine Stimme und meine Message kennenzulernen. Das alles berücksichtigte sie, während sie das Buch bearbeitete, und ihre wertvollen Vorschläge und Korrekturen sind in hohem Maße am fertigen Produkt beteiligt, auf das ich sehr stolz bin. Danke, Carolyn.

Ich kann von Glück reden, weil mir all diese wundervollen Menschen beigestanden haben. Und so bin ich glücklich und dankbar.

L. C. Schlessinger, 1993

Vorwort

Dies ist kein Selbsthilfebuch, aber es wird den Frauen helfen, sich selbst zu helfen. Klingt das doppelzüngig? Seien Sie bitte so freundlich und lesen Sie weiter.

Nun kommen wir zu einem weiteren scheinbaren Widerspruch. Die Inspiration zu *Zehn Dummheiten, die Frauen machen, um ihr Leben zu ruinieren*, stammt aus zwei männlichen Quellen – vom Toningenieur meines Radiosenders KFI AM 640 in Los Angeles und von meinem Vater.

Zuerst der Toningenieur. Während er sechs Monate lang mit mir zusammenarbeitete – drei Stunden abends, an fünf Tagen in der Woche –, hörte er pro Sendung etwa fünfundzwanzig Frauen zu, die sich über einen »blöden Kerl« beklagten. »Wissen Sie, Laura«, sagte er einmal unvorsichtigerweise, »wenn man Ihre Sendung lange genug miterlebt hat, beginnt man zu glauben, die Frauen wären dumm.«

Nach meiner psychotherapeutischen, mitfühlenden, vorurteilsfreien Meinung grenzte diese Bemerkung an Ketzerei. Aber nach einer Weile fragte ich mich, ob nicht doch ein Körnchen Wahrheit darin steckte. Ja, wir werden von irrealen Wünschen und einer früh erwachten Sehnsucht motiviert, die mit einem niemals entdeckten Kindheitsparadies zusammenhängt. Ja, in der Praxis erscheinen unsere Entscheidungen und Ziele manchmal fast zu komplex, um ergründet, geschweige denn verwirklicht zu werden. Das alles gehört zum menschlichen Wesen. Aber wie ich zugeben muß, machen die Frauen wissentlich Dummheiten. Zum Beispiel jammern und weinen sie, setzen Zorn, Depressionen, Angst, Eßsucht und Chemikalien ein, um aktive Schritte zu vermeiden, die ihr Los verbessern könnten. Sie »weichen aus«, sie sind »feige«. *Sie verhalten sich dumm.*

Ein Beispiel: Einer meiner Anruferinnen »fiel es schwer«, abzunehmen. Sie behauptete, sie habe in jedem verfügbaren Selbsthilfebuch nach einer Situation gesucht, mit der sie sich identifizieren konnte, und keine gefunden. Deshalb wandte sie sich in ihrem Frust an mich.

Oh, großartig! Mit anderen Worten – solange sie ihr eigenes

Ich nicht in einem Buch wiederfindet (was zweifellos nie geschehen wird), hat sie einen perfekten Vorwand, um nichts zu tun. Vor allem weigert sie sich, ihre Faulheit zu erkennen. Ihr Lebensziel mag darin bestehen, wie ein Model auszusehen, was an sich schon albern und unrealistisch ist, aber sie ist nicht gewillt, sich anzustrengen und darauf hinzuarbeiten.

Sicher, es gibt keine psychiatrischen Diagnose-Kategorien für Faulheit, Unreife, Feigheit, Egoismus und schlichte Dummheit. Selbst wenn welche existierten, würde es keine Rolle spielen, denn niemand wäre bereit, darüber nachzudenken. Wissen Sie, warum? Im Zeitalter des »Opfers« ist kein Mensch an irgendwas schuld! Die oben genannten Wesenszüge werden einfach weggewischt, seit die Frauen – unterstützt von einer Flut nachsichtiger Selbsthilfebücher – ihr selbstzerstörerisches Verhalten mit »Krankkeit« identifizieren. Abhängig, süchtig, zu sehr geliebt, mit den Narben einer widrigen Vergangenheit behaftet – was auch immer, wir haben uns mit einer langen Liste neuer Identitäten versorgt, um in unseren Schwächen zu gelieren.

Hören Sie auf Dr. Laura! Um die Lage zu bessern, müssen diese Schwächen bloßgelegt und bekämpft werden. Wenn Sie sich damit abfinden, sind Sie ein Opfer. Und Sie können auch ohne wissenschaftliche Ausbildung herausfinden, bei wem die Schuld liegt. Dan, der Toningenieur, würde es ohne Zögern aussprechen – bei Ihnen! Das meinte er, als er sagte, er halte die Frauen für dumm.

Und die allerschlimmste Dumheit begehen Sie, wenn Sie sich die Selbstachtung versagen, die Sie verdienen. Falls Sie sich ein stärkeres Selbstwertgefühl wünschen, gibt es nur einen einzigen, zugegebenermaßen etwas altmodischen Weg, der dazu führt: Verdienen Sie es!

Nun zur zweiten Inspiration, die mich bewogen hat, dieses Buch zu schreiben. Mein Vater erklärte einmal beim Abendessen, die Männer könnten nur deshalb mit ihren politischen und privaten Untaten davonkommen, weil die Frauen es ihnen so leicht machen würden. Er zählte alle möglichen Vergehen auf – einfachen Diebstahl, Mißhandlung, Krieg, Korruption in Regierungskreisen und so weiter. Dann argumentierte er, die Frauen würden vor allem durch ihre sexuelle Hingabe und/oder ihr sexuelles Einverständnis Macht über die Männer ausüben.

Er liebte es, mich herauszufordern, besonders am Eßtisch, und ich mußte ihm einen großen Gefallen erwiesen haben, als ich prompt in Wut geriet. Typisch, wie manche Männer die Verantwortung für ihre Handlungsweise auf andere abwälzen… Aber dann überlegte ich, so wie nach Dans Bemerkung, ob an Vaters Theorie nicht doch was dran war. Eine Frau, sagte ich mir, ist nicht verantwortlich für die Entscheidungen eines Mannes, sondern nur für ihre eigenen, die viel zu oft die Tolerierung widerwärtigen männlichen Verhaltens einschließen, um zum Beispiel Einsamkeit, Selbständigkeit oder riskantes Selbstbewußtsein zu vermeiden.

Wenn eine Frau bei der ersten Begegnung mit einem Flegel ihr Mißfallen deutlich zeigt, wird er sich bessern oder mit dem Laufpaß rechnen. Aber wenn sie sich statt dessen auf ihre Abhängigkeit und ihre verzweifelte Sehnsucht nach männlicher Anerkennung konzentriert, *seine* Abhängigkeit und Sehnsucht nach Anerkennung vergißt und weiterhin sexuell verfügbar ist, bedeutet sie ihm, sie würde sein Verhalten dulden. Also muß ich meinem Vater in einigen Punkten recht geben. Leider lebt er nicht mehr, und das intellektuelle Gerangel ist nur mehr Geschichte.

Übrigens weiß ich, daß »man« den Psychologinnen im allgemeinen mißtraut und sie für männerfeindlich hält. Falls ein paar von euch Jungs zufällig einen Blick in dieses Buch werfen – regt euch ab. Ich will den *Frauen* die Leviten lesen. Und Sie, liebe Leserin, sollten sich wappnen, denn ich ziehe die Samthandschuhe aus und sage Ihnen die reine Wahrheit. Die müssen Sie hören, und das können Sie auch verkraften.

Jetzt geht's los: Nicht die Männer stürzen Sie ins Elend, sondern Sie selber. Wenn Sie mit einem Mann unglücklich sind, verlassen Sie ihn und suchen Sie sich einen besseren. Rücken Sie Ihre mangelnde Selbstachtung in die richtige Perspektive. Das Leben ist hart. Nur wer bereit ist, Selbstzweifel und schwierige Phasen voller Schmerzen, Verluste und Angst zu meistern, wird sich selber respektieren. So einfach ist das.

Wenn Sie das zu mühsam finden, akzeptieren Sie Ihren Entschluß, sich nicht weiterzuentwickeln. Veränderungen kosten Kraft, und falls Sie sich nicht anstrengen wollen, vergessen Sie's – oder gönnen Sie sich wenigstens ein bißchen seelische Entspannung. Sollten Sie Ihre innere Schwäche und Passivität mit der Ausrede entschuldigen, Sie müßten sich jahrzehntelang »erholen« – machen Sie nur so weiter. Es ist *Ihr* Leben. Aber wenn Sie sich selber helfen möchten (nicht durch die sogenannte Selbsthilfe, die eine endlose Suche nach der neuen, vom jeweiligen Guru des Monats propagierten Wunderkur bedeutet), dann ist dies das richtige Buch für Sie!

Frauen, rebelliert! Fallt nicht mehr auf aalglatte Erklärungen für die mitleiderregenden, aber verständlichen Hintergründe eures knieweichen Verhaltens herein! Ich habe dieses Buch geschrieben, um euch zu ermutigen. Ihr sollt euch klarmachen, was in euch steckt. Und wenn ihr es tut, werdet ihr beeindruckt sein, das garantiere ich euch.

Zehn Dummheiten, die Frauen machen, um ihr Leben zu ruinieren handelt nicht von schrittweisem Vorgehen, Syndromen oder Programmen. Mein Buch erklärt nicht, wie man sich »erholt«, es enthält keine »Wunderkur« für Ihre Probleme, die Erfolg ohne Schmerz verspricht. Es soll Ihnen die Augen öffnen und gewisse Dinge ins Bewußtsein rufen, Ihren Verstand schärfen. Nicht allen Frauen wird es nützen. Manche werden es ablehnen, weil man nicht immer ein »hübsches Bild« sieht, wenn man »in den Spiegel schaut«, und weil es wirklich weh tun kann, mit der eigenen Dummheit konfrontiert zu werden.

Vielleicht werden Sie mir sogar recht geben und sich trotzdem weigern, Ihr eigenes Ich objektiv zu betrachten. Dann sollten Sie sich keinen Zwang antun, die Früchte meiner Arbeit quer durchs Zimmer schleudern, verfluchen oder einfach ignorieren – aber nicht wegwerfen, zu Ihrem eigenen Wohl! Denn eines Tages, wenn Sie Ihre Situation, den Kummer und das Gefühl der Hilflosigkeit unerträglich finden, werden Sie nach meinem Buch greifen. Dann wird es Ihnen helfen, Ihren allerwichtigsten Entschluß zu fassen – sich von Ihrem Unglück zu befreien und Ihr Leben selbst in die Hand zu nehmen.

1. Ein Anhängsel des Mannes

Ist eine Frau wirklich nicht mehr?

Ich erinnere mich noch genau, wann mir klar wurde, daß ich dieses Buch schreiben mußte. Vor ein paar Jahren sah ich mit meinem Mann den Film *Der Club der toten Dichter* von Robin Williams. Er befaßt sich mit einer exklusiven Jungenschule und spielt in den fünfziger Jahren. Na und? Das ist wohl kaum ein Thema, das in einer Frau aus den neunziger Jahren starke Emotionen weckt. Trotzdem war ich tief erschüttert – und gleichermaßen verwirrt, weil meine Gefühle in keinem Verhältnis zu den besonderen Ereignissen des Films standen.

Während ich mit mir kämpfte, um meine »Überreaktion« zu begreifen, richtete sich mein ganzer Zorn gegen die Mutter der Hauptperson, eines sensiblen Schülers. Der Vater weigert sich, den Herzenswunsch seines Sohnes zu erfüllen und ihm eine schauspielerische Karriere zu erlauben. Der Junge muß Arzt werden, befiehlt der wütende Vater, und damit basta!

Während der Vater wettert, sitzt die Mutter einfach nur in einer Ecke und leidet stumm. Sie beobachtet, wie ihr Sohn völlig demoralisiert wird, unternimmt aber nichts. Bevor sie dem Ehemann pflichtschuldig ins Bett folgt, umarmt sie den Jungen und tätschelt ihm salbungsvoll den Rücken, dann geht sie traurig davon.

Der Junge benutzt den Revolver seines Vaters, um sich zu erschießen.

Vor Kummer verlor ich fast den Verstand. Daß eine Mutter untätig zusehen kann, wie ihr gefühlskalter, selbstsüchtiger Ehemann ihr eigenes Kind in den Tod treibt, entsetzte mich.

Als Lew und ich den Parkplatz erreichten, war ich schrecklich wütend über die Charakterschwäche, Feigheit und Unterwürfigkeit dieser Frau. Ich gab vor allem ihr die Schuld am Selbstmord ihres Sohnes, weniger dem Vater, der völlig in seinem wettbewerbsorientierten Macho-Gehabe aufging und in dem Jungen eine Ergänzung seines eigenen Selbstwertgefühls sah. Ist es denn so schlimm, wenn man sich einen Doktor in der Familie wünscht?

Aber die Mutter kannte die Seele ihres Sohnes und die Poesie in seinem Herzen, über dem kein Stethoskop zu hängen brauchte. Trotzdem wollte sie sich nicht gegen ihren autoritären Ehemann stellen.

Eine Frau in mittleren Jahren, die neben uns parkte, hörte mich über die Schuld der rückgratlosen Mutter klagen und versuchte, mich zu beruhigen. »So waren die Frauen eben in jener – meiner Zeit«, erklärte sie energisch. Offenbar empfand sie sogar Sympathie für diese Frau, die vor vierzig Jahren ihr Schicksal so untertänig hinnahm. Das machte mich noch wütender und trauriger.

Die Jungs sehnen sich nach Mut – die Mädchen möchten schöne Locken und keine Zellulitis bekommen

Auf der Heimfahrt wurde ich immer melancholischer und geriet in grüblerische Stimmung. Dann überraschte ich mich selbst mit der Bemerkung: »Weißt du, Lew, der Film hätte nicht in einer Mädchenschule spielen können – ganz egal, ob in den fünfziger Jahren oder jetzt. Darin geht es um Ideale und Hoffnungen, um persönliche Entdeckungen, die man durch mutige Aktivitäten macht, und nicht, indem man einer Organisation ›erwachsener Kinder unvollkommener Eltern‹ beitritt. Ich will dich mal was fragen. Würde der Film von einer privaten Mädchenschule handeln, würde ihn irgend jemand ernst nehmen? Würde er einen Sinn ergeben? Wäre das Anliegen des Autors verständlich?«

Mein Mann dachte eine Weile nach, dann erwiderte er: »Nein, ich glaube nicht.«

Sind Sie nur das Anhängsel eines Mannes?

Daß er dieser offenkundigen traurigen Wahrheit einfach zustimmte, frustrierte mich, und vor Zorn kamen mir beinahe die Tränen. Ich schämte mich für den Frauentyp, der auch meine

Trösterin auf dem Parkplatz angehörte. Wahrscheinlich auch Ihre Mutter oder Tante, Ihre Lehrerinnen oder Freundinnen, vielleicht sogar Sie selbst, die Frauen, die ein ganzes Arsenal von Entschuldigungen benutzen, um der Tatsache auszuweichen, daß sie ihre Rolle in der Welt ausschließlich durch Männer definieren – und dabei kommt es kaum darauf an, um was für einen Mann es jeweils geht. (Davon später. Und dazu habe ich noch sehr viel zu sagen.)

Übersehen Sie nicht die positiven Aspckte des männlichen Verhaltens

Während meiner fast fünfzehnjährigen Zusammenarbeit mit Männern und Frauen in der Privatpraxis und beim Rundfunk verblüffte es mich immer wieder, wie kurzsichtig die Frauen das Leben und sich selbst betrachten und wie verzweifelt sie sich über die Männer beschweren. Ich frage mich, ob die Talk-Show-Industrie überhaupt existieren würde, wenn es dicse ständigen Klagen über die Männer nicht gäbe. Meistens hört man in diesen Talk-Shows ein endloses Gejammer über die Männer, die nicht bereit sind, sich nach ein paar Minuten oder unzähligen Rendezvous an die Frauen zu binden.

Frauen scheinen lieber über Probleme zu klagen, als sie zu lösen. Hingegen wollen die Männer – und das ist typisch – Probleme eher lösen, als stundenlang darüber zu reden. Sie werden verunglimpft, wenn sie sich nicht wie Frauen benehmen, weil sie sich weigern zu reden, zu reden, zu reden, zu wimmern, zu winseln, zu analysieren und alles noch einmal zu analysieren, et cetera. Uff!

Manchmal ist es gar keine so schlechte Idee, auf das vertraute Zitat hinzuweisen: »Warum kann eine Frau nicht so sein wie ein Mann?« Die Frauen sind so darauf versessen, durch die Kraft der Männer zu existieren, daß sie es versäumen, sich am positiven männlichen Verhalten ein Beispiel zu nehmen.

Im Gegensatz zum feministischen Credo können wir sehr viel aus der männlichen Betrachtungsweise des Lebens und der persönlichen Identität lernen. Wenn man es ablehnt, etwas zu lernen, das einem Vorteile bringen kann, ist das schlicht und einfach dumm. Ich glaube wirklich, die Frauen würden ein erfüllteres Leben führen, wenn sie die männlichen Konzepte von Entschlossenheit, Mut, Schicksal, Zielstrebigkeit, Ehre, Träumen, Bemühungen, Durchhaltevermögen et cetera studieren. Dann würden sie sich bessere Männer aussuchen und bessere Beziehungen mit ihnen aufbauen.

»Ich bin Barbie, sieh doch, wie mein Haar wächst!«

Natürlich gibt es schon jetzt viele besondere, spektakuläre Frauen, die mit einem starken Gefühl für das persönliche Schicksal geboren worden sind oder es entwickelt haben. Vielleicht gehören Sie sogar dazu. Im allgemeinen stimmen Ambitionen und hohe Ansprüche nicht mit der Auffassung der Frauen von ihrer Weiblichkeit überein, weil der Entschluß, etwas Außerordentliches aus ihrem Leben zu machen, nicht typisch für das weibliche Denken ist. Um ganz ehrlich zu sein, es ist weder für Frauen noch für Männer leicht, Träume zu verwirklichen, denn man muß stets mit Widerständen, Enttäuschungen und Fehlschlägen rechnen. Wenn die Franzosen sagen: *»La vie est dure«*, das Leben ist hart, so gilt das für alle Menschen, nicht nur für die Frauen. Um eine reife Persönlichkeit zu entwickeln, muß man der Tatsache ins Auge schauen, daß schmerzlose Veränderungen nur im Märchen geschehen.

Also hören Sie auf, Ihre persönlichen Enttäuschungen den Männern oder der Gesellschaft oder irgendwelchen Umständen anzulasten. Führen Sie Ihr Selbstwertgefühl sich und anderen vor Augen. Dann werden Sie Ihren Alltag besser bewältigen.

Der ›hohe‹ Preis der ›niedrigen‹ weiblichen Selbstachtung

Der Preis, den man zahlen muß, wenn man kein persönliches Ziel anstrebt, war schon immer hoch, und so ist es auch heute noch. Da die Frauen ihre Selbstachtung und Entschlußkraft nicht automatisch durch persönliche Leistung definieren, gewinnen sie ihre Identität und ihren Lebensinhalt hauptsächlich durch Beziehungen mit Männern. Das verlief stets enttäuschend und destruktiv. In den dreißiger Jahren des neunzehnten Jahrhunderts schrieb Lord Byron: »Für die Männer ist die Liebe eines von vielen Dingen, für die Frauen ihr ganzes Leben.«

Unglücklicherweise hat sich bis heute nichts daran geändert.

»Wir sind noch nicht weit genug gegangen, Baby!«

Whitney Houston wurde in der *Los Angeles Times* zitiert (22.11.1992 – nicht 1892): »Man erwartet von den Frauen, daß sie Ehemänner haben. Danach werden wir eingeschätzt, und danach schätzen wir uns selber ein.« Sogar heute, am Vorabend des einundzwanzigsten Jahrhunderts, ist allein schon die Möglichkeit, daß es ein Leben außerhalb der Beziehung zu irgendeinem Kerl gibt, für viele junge Frauen eine Offenbarung. Am 2.11.1993 erschien in der *Los Angeles Times* ein erstaunlicher Artikel unter dem Titel »Neue Regeln für Teenager-Liebe«.

»...niemals hielt sie es für denkbar, daß ein Mädchen einen Samstagabend ohne ein Rendezvous mit einem Jungen verbringen und trotzdem glücklich sein konnte. ›Ich glaubte, man wäre eine Null, wenn man nicht mit einem Jungen zusammen ist. Dann ging ich am letzten Samstag mit Michelle ins Kino, und ich konnte kaum fassen, wie nett es ist, sich mit Mädchen zu amüsieren.‹«

Ein Hoffnungsschimmer? Vielleicht, aber...

Eine Einunddreißigjährige, die Affären mit Athleten in zwei Sportarten hatte, erklärte dem Magazin *Time* (25.11.1991): »Viele Frauen, die keinen tollen Beruf haben, können sich nur identifizieren, indem sie sagen, mit wem sie geschlafen haben. Eine Frau, die es mit vielen verschiedenen Männern treibt, wird als Hure bezeichnet. Aber eine Frau, die mit Magic Johnson geschlafen hat, ist eine Frau, die mit Magic Johnson geschlafen hat. Dadurch wird sie beinahe legitimiert.«

Das ist nichts Neues – die weibliche Identität durch die Verbindung mit einem grandiosen Mann. Und Gott helfe der Frau, wenn der Star in Ungnade fällt, denn dann erlischt auch ihr Glanz. Sie hört einfach zu existieren auf. Kein Wunder, daß so viele Frauen wütend auf ihre Männer sind, die von verzeihlichen menschlichen Schwächen befallen sind und in harten Zeiten nicht »ihren Mann stehen«.

Eine mathematische Gleichung: Heirat ist nicht gleich Selbstwertgefühl

»Susan aus Santa Clarita, Sie sind jetzt bei KFI auf Sendung.« So begann das Gespräch. Und die neunundzwanzigjährige Susan erzählte mir, sie habe vor fünfeinhalb Monaten geheiratet und fühle sich immer noch so schrecklich unbedeutend. Ihr Mann, die Ehe – das alles entspreche nicht ihren Vorstellungen. »Nichts in meinem Leben stärkt mein Selbstwertgefühl«, jammerte sie.

Betrachten Sie es einmal so: Wenn Sie Ihre eigenen Ziele und Träume und Ihr Selbstbewußtsein in die Ehe einbringen, kann die andere Person sehr viel Trost spenden und Ihnen helfen, wenn Ihre Karriere oder eine Ihrer Freundschaften gerade eine schwierige Phase durchmacht. Das gilt für alles, was Ihrem Ego einen schlimmen Schlag versetzt, und genauso können Sie auch Ihrem Partner beistehen.

Aber wenn Sie in eine Beziehung nichts einbringen außer Ihren Bedürfnissen, entsteht kein Gleichgewicht. Sie werden das Baby Ihres Mannes, für alle Zeiten seine »Maid in höchster Not«. So eine Maid mag zwar seine Macho-Instinkte befriedigen, wird aber bald zu einer konstanten emotionalen Belastung, eine Frau, die immer nur nimmt und nichts gibt. In einer so unausgeglichenen Beziehung werden Sie sich einsam fühlen, denn das Selbstwertgefühl entsteht nicht aus der Existenz oder Gegenwart eines Menschen in Ihrem Leben. Wenn man sich immer nur auf einen anderen verläßt, wird die Erkenntnis der persönlichen Minderwertigkeit noch schmerzlicher.

Was ist Selbstachtung? Wenden Sie die altmodische Methode an, um sie zu gewinnen – verdienen Sie sie!

Im Zusammenhang mit dem überaus wichtigen Thema der Selbstachtung hebt die Sozialpsychologin Carol Tavris einen besonderen Punkt hervor. Sie schreibt, heutzutage sei die Selbstachtung nur mehr ein Schatten ihrer einstigen Bedeutung. »Früher gab es ein fundamentales Selbstwertgefühl; heute hat es sich darauf reduziert, sich einfach nur gut zu fühlen. Die Selbstachtung beruhte einmal auf täglichen Bemühungen, auf Engagement und Leistungen, den Grundfesten des Charakters. Heute basiert sie auf leerer Luft, man existiert nur, statt etwas zu tun.«

Wenn also Frauen fragen, die wie Susan in einem deprimierenden Sumpf mangelnder Selbstachtung feststecken: »Wie kann ich mein Selbstwertgefühl steigern? Können Sie mir ein Buch empfehlen? Ein Seminar? Eine Therapiegruppe?«, dann lautet meine Antwort: »Man muß sich die Selbstachtung verdienen! Wenn Sie es wagen, zu träumen, den Traum zu verwirklichen, die Schmerzen, Opfer, Selbstzweifel und Widerstände zu erleiden – wenn Sie Mut und Ausdauer beweisen, dann werden Sie sich selber tief beeindrucken. Und was am allerwichtigsten ist, Sie werden Ihre eigene Person entsprechend behandeln und sich nicht von anderen herabwürdigen lassen – zumindest nicht mehr lange.«

Die Selbstachtung wächst durch Ihre Bemühungen. Ich begreife noch immer nicht, wie viele Frauen sich demütigen, um diesen Bemühungen auszuweichen.

Eine lausige Beziehung ist niemals besser als gar keine

Vanessa, eine siebenundzwanzigjährige Anruferin, geriet in helle Wut, weil ihr Freund, der sie körperlich und seelisch mißhandelt hatte, zu seiner Exfreundin zurückkehrte, über die er genauso grausam hergefallen war. Wie ich erstaunt feststellte, ärgerte sie sich nicht über die Mißhandlung, sondern über seinen Entschluß, sie zu verlassen.

Nicht ohne Ironie entgegnete ich: »Wenn Sie schon diesen ganzen Quatsch ertragen haben, soll er wenigstens nur *Sie* damit traktieren.«

Da sagte sie kichernd: »Ich weiß. Aber ich habe so viel aufgegeben. Und ich konnte mich selber nur akzeptieren, wenn er mich akzeptierte. Ich begreife einfach nicht, warum er das getan hat.« Also hatte sie sich schlecht behandeln lassen in der Hoffnung, dies würde ihr seine unsterbliche Liebe und Treue sichern, und es funktionierte nicht. Welch ein Schicksalsschlag! Als ich vorschlug, mir von ihrem Lebensziel zu erzählen, nur von einem einzigen, konnte sie es nicht. Und als ich betonte, mit harter, mühsamer Arbeit würde sie vielleicht etwas Besonderes aufbauen, verwarf sie diesen Gedanken, indem sie behauptete, sie sei eben einfach faul.

Ich fragte, ob die »Sturm und Drang«-Beziehung mit diesem verrückten Kerl »aufregend« gewesen sei. Da kicherte sie wieder und gestand: »O ja. Der Kampf, die Versöhnung, die Zweifel, das Leid – in gewisser Weise war das sehr aufregend. Es machte mein ganzes Leben aus.«

Und so etwas nennt man ein Leben?

Erwarten Sie nicht von einem Mann, daß er ebenso wie Sie die Liebe in den Mittelpunkt des Lebens stellt

Hoffentlich habe ich nicht umsonst an Vanessas sturer Haltung gekratzt und ihr ebenso wie Ihnen geholfen, etwas klarer zu sehen. Ich empfinde es als tragische Verschwendung, wenn junge Frauen sinnlos leiden, indem sie sich keine unabhängigen Ziele setzen, und sich so albern benehmen. Im Lauf der Jahre habe ich mit unzähligen Frauen zwischen zwanzig und dreißig gesprochen, die sich maßlos ärgern, weil ihre Freunde nicht heiraten wollen und sich in die Arbeit stürzen, um ihre Ausbildung abzuschließen oder eine Karriere aufzubauen. Wenn Sie zu diesen Frauen gehören, verstehen Sie den Wink mit dem Zaunpfahl – oder folgen Sie seinem Beispiel! Denn wie gesagt, Männer besitzen einige Eigenschaften, die wir nachahmen sollten, wenn wir klug sind.

Ein schönes Leben verlangt Mut

Ich möchte einen phantastischen Comic strip von Jules Feiffer beschreiben. Ein Mann trifft auf der Straße einen Guru und fragt: »Welcher Weg führt zum Erfolg?« Der bärtige Weise, der eine lange Robe trägt, zeigt schweigend auf einen Punkt in der Ferne. Beglückt über die Aussicht, ganz einfach und schnell Erfolg zu erringen, läuft der Mann in die angegebene Richtung. Plötzlich erklingt ein lautes »PLATSCH«. Verwirrt und schwer angeschlagen humpelt der Mann zurück und glaubt, er müßte die Message falsch verstanden haben. Er wiederholt seine Frage, und der Guru zeigt noch einmal in dieselbe Richtung. Gehorsam geht der Mann wieder davon. Diesmal ist das »PLATSCH« ohrenbetäubend, blutüberströmt und wütend kriecht er zurück. »Ich habe gefragt, welcher Weg zum Erfolg führt!« schreit er den Guru an. »Und ich bin der Richtung gefolgt, die Sie mir gezeigt haben. Aber da fiel ich auf die Schnauze! Zeigen Sie nicht mehr dahin oder dorthin! Reden Sie!« Da antwortet der Guru: »Dieser Weg führt zum Erfolg. Und der liegt ein kleines Stück *hinter* dem ›PLATSCH‹.«

Die Leistung, die zur Selbstachtung führt, besteht nicht darin, einfach nur irgend etwas zu tun. Man braucht den Mut, Schmerzen und Fehlschläge und Selbstzweifel zu verkraften, am PLATSCH vorbeizugehen.

Ich kann die Anruferinnen gar nicht mehr zählen, die ein trauriges Zeugnis für die unglaublichen und sinnlosen »romantischen« Situationen ablegen, in die Frauen geraten, weil sie niemals den Mut gefunden haben, am PLATSCH vorbeizugehen und sich auf die Mühe zu konzentrieren, die es nun einmal kostet, Selbstachtung und eine positive Identität zu erlangen.

Wahrscheinlich möchten einige Ultra-Feministinnen, die diese Zeilen lesen, mir jetzt den Schädel einschlagen und mir vorhalten, die Frauen könnten keine großartigen Dinge tun, weil die Männer es nicht zulassen würden. Natürlich will ich die Realitäten der männlichen Machtstruktur keineswegs bestreiten, aber ich fordere sie eindringlich auf, am PLATSCH vorbeizugehen. Neulich sprach ich mit mit mehreren gebildeten, erfolgreichen Frauen, die der Gruppe American Association of University Women angehören (Amerikanische Vereinigung von Akademikerinnen). Ich nahm an einer Sitzung teil, bei der die Frage gestellt wurde, was die Frauen daran hindert, mehr zu erreichen.

Welch eine Ironie! Da war ich von zahlreichen Karrierefrauen aller Altersstufen und Rassen umgeben. Warum eifern wir ihnen nicht nach? Offensichtlich kann man's schaffen. Wenn, wenn, wenn man nicht faul oder feige ist.

Es müßte ein Gesetz gegen romantische Verstrickung geben

Wenn eine Frau nicht wagt, zu träumen oder ein Ziel zu verfolgen, so gewinnt sie ihren Lebensinhalt tragischerweise sehr oft aus der übertriebenen Konzentration auf eine Beziehung mit einem Mann und / oder der Mutterschaft – manchmal benutzt sie die letztere sogar, um ersteren an sich zu binden. Die zweiundzwanzigjährige Jennifer aus Glendale war eine besonders erschreckende (und unglückliche) Verfechterin dieses Standpunkts. Unter Tränen berichtete sie, seit zwei Jahren sei sie mit ihrem Verlobten zusammen, würde aber nicht bei ihm leben. Als sie dem künftigen Daddy von ihrer Schwangerschaft erzählte, wurde er wütend und verlangte, sie solle das Baby abtreiben lassen. Nun war sie verzweifelt, weil die Beziehung zu scheitern drohte, weil sich der Mann ganz furchtbar über das Kind ärgerte und sich verraten fühlte... Aber im Grunde rief sie mich an, weil sie wütend auf ihn war!

DR. LAURA: »Habt ihr beide ein Verhütungsmittel benutzt?«

JENNIFER: »Nun ja, ich nahm die Pille, aber die setzte ich ab, als ich beschloß...«

DR. LAURA: »Also wurden Sie absichtlich schwanger?«

JENNIFER: »Eh – ja... Er wollte studieren und einen besseren Job kriegen, bevor wir heiraten, und ich hatte keine Lust, vier oder fünf Jahre zu warten.«

DR. LAURA: »Das kann ich einfach nicht fassen, Jennifer. Merken Sie denn nicht, daß Sie was ganz Schlimmes getan haben?«

JENNIFER: »Nun ja – aber...«

DR. LAURA: »Kein Aber! Wenn Sie beschließen, einen Mann hereinzulegen – selbst wenn Sie glauben, es würde aus Liebe geschehen –, ist es sein gutes Recht, Ihnen zu mißtrauen und Ihre Gefühle nicht mehr zu erwidern.«

JENNIFER: »Aber wie kann ich mit dem Baby glücklich sein?«

DR. LAURA: »Eine schwierige Frage. Sie haben diese Schwangerschaft nicht angestrebt, um Mutter zu werden oder eine Familie zu gründen. Statt dessen wollten Sie jemanden manipulieren und zwingen, sein Leben zu ändern, ehe er dazu bereit war. Das taten Sie, weil Sie keinen Lebenssinn außerhalb der Ehe sehen. Ich weiß, ich erzähle Ihnen Dinge, die Sie nicht hören wollen. Aber ich nehme an, das alles wissen Sie selber ohnehin schon. Wenn Sie erkennen, daß Sie nicht bereit sind, Mutter zu werden, und Ihr Verlobter ebensowenig Vater werden möchte, könnten Sie das Baby zur Adoption freigeben. Dann würde es bei liebevollen Eltern aufwachsen, die es wirklich haben wollen und es gut betreuen werden.«

JENNIFER: »Ich weiß einfach nicht, was ich tun muß, damit sich alles zum Guten wendet…«

DR. LAURA: »Vielleicht will er Sie nicht heiraten, aber er ist der Vater eines Kindes, ob ihm das nun in den Kram paßt oder nicht. Sie haben ihm die Vaterschaft aufgezwungen, obwohl er nicht dazu bereit war. Ich weiß nicht, wie sich alles zwischen Ihnen entwickeln wird. Aber Sie müssen sich zusammenreißen, die Verantwortung für Ihre Handlungsweise übernehmen und einsehen, welche Angst Sie vor dem Leben einer erwachsenen, unabhängigen Frau haben. Sonst hätten Sie nicht versucht, den Mann mit solchen Mitteln an sich zu binden. Das ist der falsche Weg, um Ehefrau und Mutter oder erwachsen zu werden. Jetzt sind Sie schwanger, also müssen Sie wichtige Entscheidungen treffen, und wenn Sie Ihrem Verlobten grollen, weil er nicht so reagiert wie erwartet, ist es der falsche Weg. Sein Ärger ist durchaus begreiflich, und das sollten Sie ihm sagen.«

JENNIFER: »Ich muß ihm doch nicht gestehen, daß ich ihn ausgetrickst habe?«

DR. LAURA: »Sie möchten ihn heiraten und trotzdem belügen? Hören Sie, die wichtigste Voraussetzung für ein Ehe und jede intime Beziehung ist Wahrheit, vor allem, was Ihre Schwächen und wunden Punkte betrifft. Wissen Sie, was ich denke? Der Junge wäre verrückt, wenn er Sie jetzt heiraten würde. Wenn Sie wollen, daß er sich's anders überlegt, sollten Sie ihm erst einmal sagen, wie schrecklich leid Ihnen das alles tut. Und dann verpflichten Sie sich, ehrlich zu sein – mit ihm und mit sich selbst. Gestehen Sie sich Ihre Furcht ein und suchen Sie therapeutische Hilfe. Weichen Sie nicht mehr aus, befassen Sie sich mit Ihrer Angst, keine Identität zu besitzen. Solche Probleme kann man besprechen, überleben und durchaus lernen. Und vergessen Sie nicht, Jennifer, Sie haben keine echte Zukunft mit Ihrem Verlobten, wenn Sie nicht mit der Wahrheit anfangen!«

Man kann nicht teilen, was man nicht besitzt, und das gilt besonders für das Verantwortungsgefühl

Beim Abschied klang Jennifers Stimme viel energischer als zu Beginn unseres Gesprächs. Vielleicht finden Sie, ich wäre zu hart mit ihr umgesprungen und sie würde sich zu Recht über ihren Freund ärgern; immerhin ließ er sich auf eine sexuelle Beziehung ein und wußte, daß so etwas nicht nur Freude, sondern auch gewisse Risiken mit sich bringt. Bei der Pille besteht eine Versagerquote von zwei Prozent. Also werden zwei von hundert Frauen, die ein Jahr lang die Pille nehmen, schwanger. Dabei handelt es sich nur um die theoretische Versagerquote, die nicht berücksichtigt, wie oft man die Pille einfach vergißt.

Hätte der Verlobte mich angerufen und Jennifer verurteilt, weil sie trotz der Pilleneinnahme schwanger geworden war und seine persönlichen Lebenspläne gestört hatte (ich bekam schon viele solche Anrufe von Männern), hätte ich geantwortet, er sei – ganz gleichgültig, ob die Pille bei seiner Freundin nicht gewirkt oder ob sie versäumt habe, sie zu schlucken – für sein eigenes Sperma verantwortlich. Nun müssen seine Pläne die Vaterschaft einbeziehen. Wenn erwachsene Menschen sexuell aktiv werden, tragen sie die Verantwortung für alle Risiken und Konsequenzen.

Jennifer gegenüber erwähnte ich mit Absicht nichts von dieser geteilten Verantwortung, denn ich wollte sie nachdrücklich auf ihre eigenen Pflichten hinweisen. Vor allem etwas versuchte ich, ihr klarzumachen, ebenso den Radiohörerinnen, die sich mit Jennifers persönlichen Ängsten vor dem Leben und der Unabhängigkeit identifizieren: Alle Entscheidungen und Aktivitäten, die Männer manipulieren und ihnen unerwünschte Verantwortung aufbürden wollen, sind gewissenlos, feige, selbstsüchtig und zerstörerisch. Damit basta.

In einem späteren Kapitel werden Sie noch etwas mehr über diesen schrecklichen Trick lesen, aber er ist nur eins von den dummen Dingen, mit denen Frauen ihr Leben durcheinanderbringen.

Besessenheit und Märtyrertum (unbezahlte Sozialarbeit) bilden einen armseligen wirkungslosen Schutz vor weiblicher Unabhängigkeit

Sind Sie besessen von der Sorge um Ihr Gewicht, Ihre Oberschenkel, Ihre Brüste, Ihr dünnes Haar? Wenn das alles anders wäre, würde man Sie dann lieben?

Syliva hatte ein echtes körperliches Problem – eine Glatze, wie sie normalerweise nur bei Männern vorkommt. Dieses seltene medizinische Phänomen war ihr sehr peinlich, und sie versuchte, es mit Hilfe eines Arztes unter Kontrolle zu bringen. Verständlicherweise fühlte sie sich wegen ihres Aussehens unwohl, aber das Ausmaß ihres Kummers grenzte an Besessenheit: Sie las alles, was über dieses Thema erschienen war, kaufte zahllose Medikamente, nahm jede nur erdenkliche Mühe auf sich, et cetera.

Ich fragte sie, wann sie sich ganz besonders intensiv mit ihrem Haarproblem befaßte, und sie gestand: »Seit fünf Jahren besuche ich eine Schule. Das fällt mir sehr schwer. Außerdem arbeite ich, und auch das ist schlimm. Gerade nehme ich an einem schwierigen Kurs teil, über Gerichtsreportagen. Manchmal kann ich mich kaum konzentrieren.«

Ich erklärte ihr, wenn sie ihr Leben hart, stressig und beängstigend findet, sei es manchmal viel einfacher, sich mit anderen Dingen zu beschäftigen, als die Arbeit zu erledigen. Das ist nicht überraschend. Alle Studenten kennen dieses Gefühl, die Spiele des Aufschubs und der Abwechslung. »Wenn Sie sich gestreßt fühlen«, sagte ich, »werden Sie bald besessen.« Ich schlug ihr auch vor, den Kampf gegen die harte Arbeit und die unbehaglichen Gefühle gelassener anzugehen. Sie müsse zu einer positiveren Einstellung gelangen und sich mehr Spaß im Leben gönnen.

Offensichtlich wirkt sich die besessene Sorge um Unvollkommenheit schädlich auf das Selbstwertgefühl aus. Und genauso, wie sich das Wasser seinen eigenen Pegel sucht, gleichen sich auch die Selbstwertgefühle in Männern und Frauen aus. Aber das liegt anscheinend nicht so klar auf der Hand.

Unzählige Frauen bleiben bei Männern, die drogen- oder alkoholabhängig sind, und/oder unreif und unverantwortlich, und/oder das Vertrauen emotional, sexuell und finanziell mißbrauchen, und/oder sich weder loyal noch hilfreich verhalten – die also keinesfalls zu den netten Jungs gehören, die da draußen herumlaufen.

Im allgemeinen erkennt man diese Tatsachen schon am Anfang einer Beziehung – und diese Erkenntnis ist der verführerische Haken, an dem man festhängt, statt die Anzeichen richtig einzuschätzen und in Deckung zu gehen. Indem Sie die Beziehung fortsetzen, stören Sie – aus Feigheit oder Selbstverleugnung – den Prozeß Ihrer Weiterentwicklung und opfern sich auf dem Altar der Schmerzen oder Bedürfnisse, die einen anderen betreffen. Darin liegt der Reiz – die Wahrscheinlichkeit, daß der Kerl bei Ihnen bleiben will, weil er von Ihrer Fürsorge abhängig ist. Zwischen seiner Abhängigkeit und Ihrer »Mission« gewinnen Sie eine Identität und ein Gefühl der Sicherheit, so verzerrt es auch anmuten mag, aber irgendwann werden Sie draufzahlen.

Wenn Sie Ihr Leben der Aufgabe weihen, »sich selbst zu finden«, werden Sie wahrscheinlich scheitern

Eine andere Methode, dem Kampf um Zielstrebigkeit und Identität auszuweichen, besteht darin, den Kopf in den Sand zu stekken, davonzulaufen und es einfach abzulehnen, sich in irgendeiner Form zu engagieren. Das galt für Sibella, eine Dreißigjährige, die mich aus Santa Monica anrief.

Sie versuchte zu entscheiden, ob sie nach Deutschland übersiedeln sollte, wo sie mit einem Freund zusammenleben und an einem philosophisch/spirituellen Seminar teilnehmen würde, oder ob es besser wäre, in Kalifornien zu bleiben und sich eine Karriere aufzubauen. Der einzige Haken an der ganzen Sache – sie hatte keine Ahnung, wie diese Karriere aussehen würde.

Wie sie mir schließlich gestand, glaubte sie, daß sie noch niemals eine besondere Leistung vollbracht hätte, obwohl man ihr stets versichern würde, sie sei sehr begabt...

DR. LAURA: »Es ist wohl ziemlich beängstigend, wenn man diese Begabung eines Tages testen muß, nicht wahr?«

SIBELLA: »Ja, und das ist komisch... Ich fürchte mich nicht vor Fehlschlägen, zumindest bilde ich mir das ein.«

DR. LAURA: »Oh, dann sind Sie der einzige Mensch auf der Welt, der keine Angst davor hat. Sie flunkern, Sibella, aber der Versuch ist ja ganz nett. Und ich sage Ihnen, die Frauen, die in einem solchen Dilemma stecken, beschließen meistens, mit ihrem Freund zusammenzuleben, während er in seiner Karriere schwelgt, die sie letzten Endes wie eine Rivalin hassen. Und was sie selber wollen, schieben sie immer weiter hinaus.«

SIBELLA: »Ja, und – ja, ich habe eine sehr ausgiebige Seelensuche betrieben, aber ich glaube, den wahren Sinn des Lebens kenne ich immer noch nicht.«

DR. LAURA: »Den sieht man doch jeden Tag. Ich sehe ihn, wenn ich in das hübsche Gesicht meines kleinen Sohnes schaue. Und wenn ich hier bei KFI am Telefon sitze, mit jemandem rede und spüre, ich könnte der Anruferin oder einigen Zuhörerinnen helfen. Vielleicht setzt sich der Lebenssinn aus vielen verschiedenen Augenblicken zusammen. Wenn Sie warten, bis Sie auf irgendwas stoßen, das ›viel großartiger‹ ist, bevor Sie irgendwas unternehmen – dann kehren Sie in die sechziger Jahre zurück, zum Motto: ›Ich kann nichts tun, bevor ich mich selbst finde.‹ Und das Nichts, das Sie geben, tun oder heraufbeschwören, das sind Sie selber, meine Liebe.«

SIBELLA: »Ja, genau!«

DR. LAURA: »Damit weichen Sie dem Leben aus. Für keinen Menschen ist es ein koordiniertes, komplettes Bild, sondern etwas, das man jeden Tag neu erschaffen muß, so gut man es vermag.«

SIBELLA: »Trotzdem gehen die meisten Menschen durchs Leben mit einem Ziel vor Augen oder einem besonderen Traum im Herzen.«

DR. LAURA: »Ich glaube, die meisten Menschen gehen durchs Leben, indem sie versuchen, jeden Tag irgendwie zu überleben. Ein Ziel? Bauen Sie ein Tadsch Mahal, machen Sie jemand anderem Hoffnung, lernen Sie etwas Neues, Aufregendes, und dann überlegen Sie, wie Sie es am besten nutzen können.«

SIBELLA: »Also meinen Sie, ich müßte einfach meine Angst überwinden, ich würde nur zaudern?«

DR. LAURA: »Das ist ein ziemlich großes ›Nur‹! Für irgend etwas müssen Sie sich engagieren, Sibella. Ich behaupte nicht, es müßte Ihr Lebenstraum sein oder es würde Ihnen den Nobelpreis einbringen. Aber es wird Ihnen zu größerer Selbstkontrolle verhelfen. Interessieren Sie sich für irgendwas – das ist die Essenz der Seelensuche. Im Augenblick suchen Sie Ihre Seele nicht, Sie grübeln über Ihre Angst vor negativer Kritik und Fehlschlägen nach, was Sie als Suche nach der ›letzten Weisheit‹ tarnen. Hören Sie auf damit, unternehmen Sie was.«

SIBELLA: »Und ich soll die Hoffnung auf alles andere aufgeben, was ich vielleicht gefunden oder getan hätte?«

DR. LAURA: »Meine Liebe, alles, was Sie in diesem oder jenem Augenblick tun, schließt etwas anderes aus. Aber dadurch gewinnen Sie auch einen Augenblick besonderer Tiefe in Ihrem Leben, wo Sie eine gewisse Bedeutung erlangen. Während ich hier mit Ihnen rede, fahre ich nicht Fahrrad. Auf diese Möglichkeit verzichte ich, weil ich dadurch etwas anderes, Neues bekomme – den Kontakt mit einem Menschen. Das genügt mir.«

SILBELLA: Ja, mir auch. Danke.«

Hoffentlich konnte ich Sibella etwas sehr Wichtiges begreiflich machen: Wenn man seine Identität nur erwirbt, indem man etwas ganz Besonderes tut, dann wird dieses Etwas zum Alles. Aber wenn die Identität aus der Tätigkeit erwächst, wird das Etwas sekundär. Brot zu backen, ist genauso wundervoll wie Blumen zu pflanzen, einen Herzpatienten mit einem Bypass zu versorgen, einem Kind Lesen und Schreiben beizubringen.

Die Moral von der Geschichte: Man sollte nicht danach streben, das Richtige zu tun, etwas Außergewöhnliches, das einem besonderen Ruhm eintragen wird. Der Prozeß der Aktivität, des Engagements für irgend etwas führt zur Lebensfreude, zur Zufriedenheit mit der eigenen Person.

Diese Denkungsart gilt auch für das ängstliche Zögern vieler Frauen, sich für einen Mann zu entscheiden, wenn der nächste vielleicht besser sein könnte. Solche Gedanken passen nicht zu einem Menschen, der bereit und gewillt und fähig ist, eine Partnerschaft einzugehen. So denkt eine Frau, die sich mittels einer Wunderkur zu einer wertvollen Persönlichkeit zu entwickeln hofft, zu einer Zierde ihres Geschlechts. Heutzutage sehen viele Frauen dieses erhoffte Wunder in schlecht getimter, schlecht gewählter, schlecht geplanter Ehe und Mutterschaft dahinschwinden.

Der weibliche Fluchtweg: Die schnellste Methode, sich selber in die Enge zu treiben

Obwohl mir stets bewußt ist, daß ich eine Frau bin, fühlte ich mich während meiner Schwangerschaft am weiblichsten. Wenn man sich das vorstellt – ein neues Leben wächst im eigenen Körper heran, und man kann es hegen und nähren. Wie großartig und unglaublich!

Nun, auch so schöne besondere Dinge wie Ehe und Mutterschaft müssen zur richtigen Zeit und am rechten Ort stattfinden und einen Sinn ergeben. Das Problem liegt darin, daß sich viele Frauen einfach dahinter verstecken wollen.

Vor kurzem erzählte mir eine Patientin – Anfang Dreißig, mit drei Kindern zwischen vierzehn und dreieinhalb Jahren – von ihrer Kindheit und ihrem Familienleben. Sie selbst und ihre Schwester wurden niemals ermutigt, sich ihr künftiges Leben als Erfüllung persönlicher Träume vorzustellen. Ihre wehmütigen Worte erschienen mir bemerkenswert: »Also wählte ich den weiblichen Fluchtweg, heiratete sofort nach der High-School und bekam Babys.«

Nach ihrem dreißigsten Geburtstag ist sie endlich bereit, »die Welt in Angriff zu nehmen«, eingeengt von einer Familie, die sie zu schnell und aus den falschen Motiven gegründet hat.

Manche Frauen sind ein bißchen glücklicher. Ihre Männer

wollen sich nicht mit Frauen belasten, die ihre Kreativität in einem sicheren Versteck verkümmern lassen.

Die einunddreißigjährige Carol, die mich aus Hollywood anrief, war das personifizierte Häufchen Elend. Sie war ihrem Freund aus Boston nach Los Angeles gefolgt, wo er sich eifrig bemühte, in der Hotelbranche Fuß zu fassen. Nach zwei Monaten im neuen Heim hatte sie keinen Job, kein Auto, keine Freunde, keine Familie, kein Geld. Sie haßte das alles. Freimütig gab sie zu, sie sei ohne irgendwelche Versprechungen von seiten des jungen Mannes übersiedelt, der nicht mal an eine Ehe und Familie denken wollte, bevor er sich in seinem Beruf etabliert hatte. Vergeblich übte sie Druck auf ihn aus. Er weigerte sich, ihr den ersehnten Fluchtweg zu verschaffen, und das trieb sie zur Verzweiflung.

Als ich ihr versicherte, ihr Freund habe recht und sie solle sich seine Denkungsart aneignen, konnte sie mir zunächst nicht einmal zuhören, so sehr war sie in Tränen, Leid und Angst aufgelöst. Aber mit der Frage nach »ihren Träumen« drang ich endlich zu ihrem Herzen vor. Erst bestritt sie, von irgendwas zu träumen, dann fügte sie schluchzend hinzu: »Ich möchte heiraten und Kinder bekommen.« Dann wollte ich wissen, was sie bis dahin mit sich selbst anzufangen plane, und sie erwiderte leise: »Ich glaube, nichts...« Sie behauptete, sie habe sich niemals irgendwelche Ziele gesetzt, woran ich zweifle. Wahrscheinlich war sie einfach nur völlig verängstigt.

Ich riet ihr, nach Boston zurückzukehren und eine Ausbildung zu absolvieren. Und ich erklärte ihr, sie sei nur ein Komma im Satz des Lebens, das ihr Freund führe, während er für sie den ganzen Text darstelle. Eine solche emotionale Unausgeglichenheit beschwört fast immer Katastrophen herauf.

Wenn Sie bereit sind, sich zu ändern, tun Sie's!

Sechs Monate nach diesem Telefonat zeichnete ich einen TV-Auftritt auf. Ein junger Mann, der im Studio arbeitete, kam strahlend auf mich zu und schüttelte mir die Hand. »Sie sind Dr. Laura! Meine Freundin aus Boston rief Sie vor etwa einem halben Jahr an.«

Sofort erinnerte ich mich an das Mädchen. Es war Carol.

»Wissen Sie«, fuhr er fort, »eigentlich machten Sie ihr nur klar, was ich ihr schon die ganze Zeit erzählt hatte. Aber Ihnen hörte sie zu! Ich war so erleichtert.« Freimütig gestand er mir, Carol bedeute ihm zwar sehr viel, sei aber zu einer Belastung geworden. »Ich versuchte, in meinem Beruf Fuß zu fassen, und sie wollte immer nur, daß ich mich um sie kümmere! Was ich Ihnen jetzt sage, werden Sie sicher gerne hören. Sie ist nach Hause zurückgekehrt und geht wieder auf die Schule. Dafür möchte ich Ihnen danken, im Namen von uns beiden. Wow! Und hurra!«

Ehe und Mutterschaft eignen sich nur für Erwachsene

Es stimmt, daß sich die netten Jungs eine richtige Frau wünschen – keine, die sie täglich an der Haustür begrüßt, in Zellophan gewickelt, sondern einen konzentrierten, selbstbewußten Menschen, der ihn als Gefährten, Liebhaber, Freund und Vater der gemeinsamen Kinder ins Leben einbezieht, aber nicht so dringend braucht wie die Luft zum Atmen.

Wie einer meiner Patienten einmal klagte – Männer haben nicht das Privileg, aus Angst vor Fehlschlägen davonzulaufen, sie müssen einen Beruf ausüben (nun ja, sie können auch Schnorrer oder »ausgehaltene Männer« werden). Aber Frauen dürfen sich stets in die Biologie flüchten und Babys kriegen.

Hätte ich den einzigen Lebenszweck in meinem Sohn gesehen, wäre er vermutlich psychisch zerstört worden – von meiner überwältigenden Forderung, er müsse meine Träume erfüllen oder ausgezeichnete Leistungen vollbringen, um meine Sehnsucht nach reflektierter Identität zu befriedigen. Das gilt auch für meine Ehe, in der ich Freude und Trost finde, aber ich bin nicht davon besessen, und sie ist auch nicht das Ziel irgendwelcher neurotischer Bedürfnisse.

Keine Superfrau – nur eine großartige Frau

Es ist Ihre Aufgabe als Frau und als Mensch, sich voll und ganz zu verwirklichen, indem Sie träumen, ein Ziel anstreben, eine

Identität aufbauen, Mut zeigen und sich für Dinge außerhalb des eigenen Ichs interessieren. Dadurch übernehmen Sie eine aktivere Rolle in der Qualität Ihres Lebens, so daß andere Leute – Freunde, Ehemänner, Kinder – Ihre persönliche Entwicklung eher teilen, als die Verantwortung dafür zu tragen. Dann werden Sie sich großartig fühlen. Und vielleicht zum erstenmal wie eine richtige Frau, nicht wie ein kleines Mädchen.

Und wenn es klappt, ist es wunderbar

Zu meiner Freude haben viele Frauen die Message verstanden. Um ein Beispiel anzuführen, zitiere ich den Brief einer Anruferin, auf den ich besonders stolz bin.

> »Liebe Dr. Laura, vor anderthalb Jahren halfen Sie mir zu erkennen, was ich bereits wußte, und ich beendete die sehr schlechte Beziehung zu meinem damaligen Freund. Ich suchte auch einen Therapeuten auf, der mir half, bessere Entscheidungen zu treffen. Nun bin ich mit einem netten, großzügigen, gütigen Mann zusammen (seit über einem Jahr), und wir leben in einer echten Partnerschaft. Jeder gibt und nimmt, und wir schließen jene Kompromisse, die für eine dauerhafte Freundschaft nötig sind und eine gute Grundlage für eine gemeinsame Zukunft bilden. Ich danke Ihnen sehr herzlich! Außerdem mache ich berufliche Fortschritte und fälle Entscheidungen, die nicht darauf beruhen, was *er* tut.‹ Ihre Kitty.«

Solche Briefe führen mir immer wieder vor Augen, wie sehr ich meine Tätigkeit liebe und wie viele Frauen bereit sind, sich zu ändern. Sie brauchen nur ein Sprungbrett!

Persönlicher Mut befähigt Sie, Ihre Wahl zu treffen

Fassen wir zusammen: Wenn Sie Ideale wie Mut und persönliche Leistungskraft in Ihre weibliche Identität einbeziehen wollen, möchte ich nicht mehr hören: »Ich weiß, er lügt (betrügt, stiehlt, was auch immer), aber ich bin neununddreißig. Wenn ich keinen anderen mehr finde?« Oder: »Ich weiß, er mißhandelt die

Kinder und mich. Aber ich fürchte mich vor der Einsamkeit.« Oder: »Ich weiß, ich sollte mich von ihm befreien (oder von irgendeinem zwanghaften Verhalten); aber mir ist so unbehaglich zumute, wenn ich nur daran denke. Dieses Gefühl mißfällt mir. Also geb ich's einfach auf.«

Es gibt noch viele andere Fallen, in die Frauen tappen, weil sie ihren eigenen Mumm weder erkennen noch trainieren. Davon handeln die nächsten Kapitel.

Aber lesen Sie und lernen Sie – und lassen Sie sich herausfordern.

2. Der Versuch, einen Mann zu umwerben

»Endlich habe ich jemanden gefunden, zu dem ich gehöre«, und andere alberne Ideen über das Rendezvous

Die Probleme der Anruferinnen in meiner Radiosendung können mich bekümmern, frustrieren oder sogar aufregen. Aber sie überraschen mich nur selten, nachdem ich fünfzehn Jahre als Beraterin tätig war, beim Rundfunk und anderswo, und viele Erfahrungen sammeln konnte.

Anfangs staunte ich nicht über jenen Anruf am Samstagabend – aber dann…

Er ist ein Vollidiot, aber warum hat er nicht angerufen?

Christine erweckte den Eindruck einer starken, positiv eingestellten, selbstsicheren jungen Frau, die ihr »erstes Rendezvous in der Hölle« schilderte, als wären wir die besten Freundinnen, in scherzhafter Stimmung nach dem Motto: »Sie werden nicht glauben, was dann geschah.«

Sie erzählte mir, sie sei mit einer Freundin zu einer Party gegangen. Dort unterhielt sie sich mit einem Mann, der ihr schließlich vorschlug, mit ihm woandershin zu gehen, wo sie in Ruhe reden könnten. Sie stimmte zu, überließ die Freundin ihrem Schicksal (dieses Verhalten verdient wirklich ein eigenes Kapitel!) und begleitete ihren neuen Bekannten in ein Café, das die ganze Nacht geöffnet hatte.

Ihr Bericht über den weiteren Verlauf des Abends erinnerte mich an ein Comedy Special im Fernsehen, das sich mit der schlimmsten Art von ersten Rendezvous oder Verabredungen mit Unbekannten befaßte. Der Mann rauchte, ohne Christine um Erlaubnis zu bitten oder sie auch nur zu fragen, ob es sie störe. Es störte sie tatsächlich, und das sagte sie auch. Er erkundigte sich nicht, was sie trinken wolle oder ob sie hungrig sei. Und er bestellte nur Kaffee für beide. Die ganze Zeit sprach er ausschließlich von sich selbst und zeigte ihr so lausige Zaubertricks, daß sie am liebsten im Erdboden versunken wäre. Dann erörterte er die tiefgründige Bedeutung der Astrologie als persönliche Lebensphilosophie. Kein einziges Mal hatte er nach ihren Interessen gefragt.

Während sie das alles erzählte, scherzten wir über ihren narzißtischen, flegelhaften Gefährten. Ich nahm an, sie hätte angerufen, um zu betonen, wie schwierig es sei, einen netten Mann zu finden – oder vielleicht, um mit mir zu sprechen, wie man so einen egoistischen Rüpel loswerden könne, ohne unhöflich oder kritisch zu wirken, denn manche Frauen neigen zur übertriebenen Sorge um die eigene Freundlichkeit.

Wie sehr täuschte ich mich... Denn als ich fragte, warum sie angerufen habe, änderte sich ihr Tonfall dramatisch. Die selbstsichere, humorvolle junge Frau verwandelte sich in ein niedergeschlagenes, enttäuschtes kleines Mädchen. »Vielleicht hätte ich mich doch nicht über seine Qualmerei beschweren sollen. Nach jenem Abend rief er mich nicht an. Obwohl er sich meine Nummer geben ließ, hörte ich nichts mehr von ihm. Ich weiß, wo er arbeitet. Vielleicht sollte ich ihn anrufen?«

Machte sie Witze? Ich glaube nicht!

Man verabredet sich mit einem Mann, um eine Wahl zu treffen – und nicht, um selber erkoren zu werden

So wie Christine benehmen sich viel zu viele Frauen bei einem Rendezvous wie Bettlerinnen, statt selber zu entscheiden. Sie hoffen, erwählt zu werden, statt selber zu wählen. Zum Beispiel: Die vierundzwanzigjährige Annette aus Los Angeles rief mich an, um über ihre Neigung zu klagen, stets den »falschen Männertyp« auszusuchen. Im Augenblick war es ein Einundzwanzigjähriger. »Ist das nicht schrecklich?« jammerte sie. Als ich fragte, was daran so schrecklich sei, erwiderte sie, er würde überhaupt nicht zu ihr passen. »Nicht nur wegen meines Alters«, erklärte sie, »sondern wegen meiner gesellschaftlichen Situation. Ich habe einen siebenjährigen Sohn, und dadurch wirke ich noch älter.« Ich gab zu, das sei ein interessanter Punkt, und dann kamen wir zur Sache.

Wenn Sie mit dem Strom schwimmen, können Sie von der Unterströmung eingefangen werden

Was ich Annette geantwortet hatte, gilt für viele Frauen. Wir alle lassen uns zu sehr von der ungeheuren Erleichterung beeinflussen, die wir empfinden, wenn wir merken, daß sich irgend jemand für uns interessiert – weil wir uns einsam fühlen oder nach Liebe sehnen. Also schwimmen wir mit dem Strom, ohne tatsächlich eine Wahl zu treffen. Verstehen Sie den wesentlichen Unterschied? Wenn man sich mit einem verfügbaren Mann einläßt, wählt man ihn nicht aus.

Diesen fundamentalen Unterschied erklärte ich Annette und betonte, sie müsse sich Zeit nehmen und überlegen, was sie in dieser bestimmten Lebensphase wirklich wünsche und brauche. Wenn sie – und diesen Eindruck gewann ich – ihre Mutterrolle erfüllen und ihre Energie eher ihrem Sohn widmen wollte als ihrem gesellschaftlichen Leben, mußte sie diese schwierige Zeit ertragen, so wie wir alle, wenn wir uns allein fühlen.

Schwere Zeiten

Wie überstehen wir schwere Zeiten? Indem wir an uns glauben, uns beschäftigen, uns weiterentwickeln, so daß wir die Unannehmlichkeiten der jetzigen Situation verkraften und uns auf den nächsten Triumph freuen können. Wie ich bereits sagte, ohne Leid gibt es keinen Gewinn – das trifft auf Emotionen genauso zu wie aufs Aerobic-Training. Warum wollen wir die Einsamkeit nicht ertragen und letzten Endes gestärkt aus dieser problematischen Phase hervorgehen? Warum bereichern wir nicht unseren Geist und unser Herz und hören auf, die Beziehung zu einem Mann als Ersatz für jene innere Erfüllung zu benutzen?

Schluß mit den Märchen!

Zum Glück ist keine von uns ein Aschenputtel, das zufällig das Paradebeispiel einer Frau ist, die auf einen Mann wartet, um ihm alles Weitere zu überlassen. Wie traurig, daß wir Frauen im Glauben an solche Märchen aufwachsen und dann völlig verzweifelt sind, weil sie nicht mit dem wirklichen Leben übereinstimmen... In der realen Welt müssen wir uns um unsere persönliche Weiterentwicklung kümmern. Dann können wir warten, bis wir einem Mann begegnen, der sowohl etwas Besonderes ist als auch – um mit Annette zu reden – »zu uns paßt«.

Meiden Sie die Verliererstraße

Und welche verräterischen Gefühle sagen Ihnen, daß Sie mit einem »unpassenden« Mann der Verliererstraße folgen? Sie empfinden Erleichterung, weil Sie nicht mehr allein sind, Dankbarkeit, weil er Sie erwählt hat und Panik, sobald er Ihr Blickfeld verläßt. Solche Gefühle gestehen wir uns nicht gern ein, und sie führen uns die Angst vor dem Leben, dem Erwachsensein, der Verantwortung und Unabhängigkeit vor Augen. Aber solche Ängste sind ganz normal und natürlich. Jeder hat sie im Laufe seines Lebens bis zu einem gewissen Grad verspürt. Eins müssen Sie allerdings bedenken – alle Qualitäten und befriedigenden Inhalte, die Sie aus ihrem Leben herausholen, hängen davon ab, wie Sie diese Ängste bewältigen. Und wenn Sie eine unbefriedigende Beziehung benutzen, um die Ängste zu tarnen, schaden Sie Ihrem Selbstwertgefühl.

Für diese Denkungsart wählte eine meiner Patientinnen den Begriff »weiblicher Fluchtweg«. Das ist eine gesellschaftlich akzeptable Methode, der Entwicklung zur individuellen Persönlichkeit auszuweichen, das Anhängsel eines Mannes zu werden.

Sie können vor sich selbst davonlaufen, aber Sie können sich nicht verstecken

Als mich die zweiundzwanzigjährige Kristin anrief, erklärte sie in hysterischer Panik, sie habe einen Fehler begangen, den sie nicht mehr gutmachen könne. Es ging um den jungen Mann, mit dem sie seit vier Jahren befreundet war. Sie bezeichnete ihn als ihren »besten Freund«. Doch das Problem begann, als er verkündete, er würde während der Frühlingsferien eine Reise nur mit »Jungs« unternehmen und sie im Stich lassen. Zumindest kam es ihr so vor.

Nach seiner Rückkehr waren sie alle im Haus seines besten Freundes zum Dinner eingeladen, auch Kristin, die ein Glas zuviel trank und »sich zum Narren machte«, wie sie es ausdrückte. Sie sagte unmißverständlich, wenn der Mann in ihrem Leben sie nicht in alles einbeziehe, was er unternehme, wolle sie Schluß mit ihm machen. »Und das stimmt auch irgendwie«, gestand sie mir. »Trotzdem bereue ich es jetzt. Mein Freund weinte, und ich bin völlig durcheinander und verlegen. Ich habe aus einer Mücke einen Elefanten gemacht, und jetzt weiß ich nicht, wie ich aus dem ganzen Schlamassel rauskommen soll.«

Man erreicht keine Intimität, wenn man sich an den Partner klammert

Zunächst schlug ich Kristin vor, sich zu beruhigen, dann betonte ich, jeder würde hin und wieder die Beherrschung verlieren. Aber man sollte verstehen, warum. Ich vermutete, Kristins Gefühlsausbruch würde auf ihren Wunsch hinweisen, dem weiblichen Fluchtweg zu folgen, indem sie darauf bestand, immer mit ihrem Mann beisammen zu sein. Wenn eine Frau von ihrem Freund erwartet, ihr ganzes Leben zu regeln und zu bestimmen, so ist das unrealistisch und sogar unfair. Denn das ist einfach nicht sein Job. Die Männer sind da, um unser Leben zu teilen, nicht um unser Leben zu verkörpern. Dabei geht es nicht um das Problem, daß wir zu viele Erwartungen an sie stellen, sondern zu wenige an uns selbst.

Man muß die Angst vor der realen Welt überwinden

Ich empfahl Kristin, was ich allen Frauen empfehle: »Tun Sie etwas, nehmen Sie an einem Kurs teil, oder engagieren Sie sich in der Gemeinde – oder suchen Sie irgend etwas, was Ihrem Leben auch außerhalb der Beziehung einen Sinn gibt. Dann verlieren Sie die Angst vor dem Leben, denn Sie sind glücklich, weil Sie Ihren ureigensten Platz darin gefunden haben. Ist das nicht viel besser, als ein Abhängigkeitsverhältnis zu schaffen, in dem man sich allein schon vor dem Gedanken fürchtet, man könnte einmal allein sein?«

Ich riet Kristin, eine eigenständige Persönlichkeit zu werden. Auf dem Weg dazu wäre es ein guter Anfang, ihrem Freund zu erzählen, vor lauter Kummer über den Zwischenfall habe sie sich an mich gewandt und bemühe sich jetzt um ihre Unabhängigkeit. Dann solle sie sich einfach entschuldigen und ihm viel Spaß bei allem wünschen, was er ohne sie unternehmen würde.

Kristin kann von Glück reden, weil sie sich mit dem Thema der Abhängigkeit von Männern bereits mit zweiundzwanzig auseinandersetzen mußte, nicht erst mit siebenundvierzig. Damit begann sie schon zu einem Zeitpunkt, wo noch viele produktive Jahre vor ihr lagen. In aller Ruhe konnte sie ihre Gefühle, Träume und die Position erforschen, die sie in der Welt einnehmen wollte.

Mit der Angst vor dem Unbekannten beginnen die wirklich großen Dinge

Erinnern Sie sich an die Menschen, die im Planwagen nach Westen zogen. Sie hatten Angst und keine Ahnung, was sie erwartete. Denken Sie an die ersten Astronauten, die auf dem Mond landeten. Diese Pioniere mögen Helden gewesen sein, aber ich versichere Ihnen – auch sie fürchteten das Unbekannte. Doch das hinderte sie nicht daran, die Initiative zu ergreifen. Jede Veränderung ist erschreckend, aber der einzige Weg zum Fortschritt. Vielleicht hilft es Ihnen, wenn Sie sich Ihre Angst als Lampenfieber vorstellen, während Sie sich auf eine Oscar-verdächtige Leistung vorbereiten.

Wenn man das Unmögliche anstrebt, kann man nicht gewinnen

Falls Sie meinen Standpunkt zu persönlich finden und glauben, ich würde meine Vorlieben und Abneigungen zu sehr betonen und zuviel voraussetzen, so verstehe ich das. Immerhin ist es beunruhigend, die Möglichkeit zu erwägen, die Frauen würden sich nur deshalb so sehr auf die Männer konzentrieren, weil sie keine vernünftigen Entscheidungen treffen können. Aber sehr viele streben nach einer festen Beziehung, um ihre Identität zu erlangen, Bestätigung, Anerkennung, einen Lebensinhalt und Sicherheit – lauter Werte, die eigentlich nur in ihrem eigenen Wesen entstehen können. Wenn die unvermeidliche Enttäuschung eintrifft, beklagen sich solche Frauen bitter über ihre Männer und fühlen sich im Stich gelassen.

Wagen Sie es bloß nicht, das Telefon anzurühren!

Mein Gespräch mit der zwanzigjährigen Stephanie führte mir diese grundlegende Wahrheit klar vor Augen. Sie gestand mir ihre Angst vor der Einsamkeit, was sie mit der fehlenden Beziehung zu einem Mann gleichsetzte. Und ich fragte, wovor sie sich denn fürchte, wenn sie keinen Freund habe.

STEPHANIE: »Ich weiß nicht recht... Aber so geht das schon seit Jahren. Meine Beziehungen scheinen sich immer zu überschneiden. Vielleicht kenne ich mich selber nicht. Und ich glaube, ich gewinne meine Identität nur durch diese Jungs.«

DR. LAURA: »Also sind Sie eine Art Spielzeug in der Grauzone. Wenn Sie von jemandem festgehalten werden, fühlen Sie sich lebendig. Und wenn der Mann Sie beiseite legt und das Zimmer verläßt, werden Sie ein lebloser Gegenstand. Kein Wunder, daß Sie ständig einen Freund in Ihrer Nähe brauchen, als eine Batterie, die Ihnen buchstäblich Leben schenkt.«

STEPHANIE: »Ja. Und Sicherheit.«

DR. LAURA: »Ach ja? Welche Sicherheit? Sie flattern von einem Mann zum nächsten – wie können Sie da Sicherheit finden? So etwas nennt man ›Illusion‹, Schätzchen.«

STEPHANIE: »Aber so will ich nicht sein... Ich möchte eine Zeitlang für mich selber sorgen.«

DR. LAURA: »›Für mich selber sorgen‹ – das ist gut ausgedrückt, das gefällt mir.«

STEPHANIE: »Leichter gesagt als getan... Irgendwie lande ich doch immer wieder in einer Beziehung zu einem Mann...«

DR. LAURA: »Sie suchen mit aller Macht danach?«

STEPHANIE: »Ich versuch's ja zu ändern...«

DR. LAURA: »Aber es fällt Ihnen schwer, so wie Sie einem Stück Käsekuchen nicht widerstehen können? Wie wollen Sie lernen, nein zu sagen? Sie fühlen sich unglücklich und unbedeutend, wenn Sie mit sich selber allein sind, und empfinden keine Lebensfreude, und deshalb müssen Sie einen Mann an sich reißen und ihn mit Haut und Haaren verschlingen – weil das wie eine Droge ist, nicht wahr?«

STEPHANIE: »Ich muß mich ganz gewaltig zusammenreißen, um nicht den Telefonhörer abzuheben und einen Freund anzurufen.«

DR. LAURA: »Trotzdem dürfen Sie's nicht tun. Wissen Sie, woher die Selbstachtung kommt? Indem man jenen Augenblick übersteht und nicht telefoniert. Indem man keinen neuen Mann verführt, sondern den Schmerz durchleidet. Aber Sie besitzen die Courage, die man dafür braucht, Stephanie. Sie fürchten sich nur davor, diesen Mut zu testen.«

Wenn Sie sich gedrängt fühlen, etwas falsch zu machen, gibt es fünf Methoden, das Richtige zu tun

Stephanie brauchte ein Programm, um jene »dunklen Nächte der Seele« zu bekämpfen. Sie mußte sich sagen: Wenn ich Angst habe – ob sich das nun als Langeweile, Einsamkeit oder einem Gefühl der Verlorenheit zeigt, oder wenn ich keinen Sinn in meinem Leben sehe, keine Richtung, dann hole ich meine Liste der fünf guten Dinge hervor. Davon suche ich mir eines oder mehrere aus. Diese Dinge helfen den Frauen, den schrecklichen Augenblick der Selbstzweifel und Furcht zu überwinden – ohne Käsekuchen zu essen.

Zu diesen fünf Dingen könnten der Anruf bei einer Freundin gehören, die Sie gut kennt und Ihre Situation versteht – jemand, der Ihren falschen Plänen eine glatte Absage erteilt. Auf der Liste könnten auch ein Bad, ein Spaziergang, schriftstellerische Tätigkeit, sportliches Training, Meditation oder eine heiße Tasse Tee stehen – alles, was Zeit und Energie zwischen die »Impulse zu handeln« und den tatsächlichen Entschluß zur Aktion schiebt. Wenn man sich auf diese oder jene Aktivitäten konzentriert, kann man den Schmerz normalerweise überwinden und neue Pläne für die Selbstverwirklichung schmieden.

Wollen Sie Ihr Selbstwertgefühl von einem Mann taxieren lassen?

Wie wir bereits festgestellt haben, benutzen viele Frauen ihre Männer nicht nur, um sich vor den Schwierigkeiten und Unannehmlichkeiten zu verstecken, die es mit sich bringt, wenn man sich zu einem unabhängigen Menschen entwickelt. Oft werden die Männer auch mit der Aufgabe belastet, das junge, unsichere oder sogar geschädigte Selbstwertgefühl der Frauen zu bestätigen und anzuerkennen.

Wenn sie erreicht, daß er bei ihr bleibt, ist sie okay. Wenn er sie verläßt, ist sie nicht okay. Einer Person, die man zufällig im unberechenbaren Würfelspiel des Lebens trifft, eine so göttergleiche Macht zuzubilligen, ist – um es mit einem einzigen Wort auszudrücken – dumm. Und bedenken Sie – diese Art von Dummheit hat nichts mit dem Intelligenzquotienten zu tun, denn es steht eindeutig fest, daß gerade die intelligentesten Frauen oft die dümmsten Dinge tun.

Wenn ich nun was mache und alles verderbe?

Emily, eine zwanzigjährige Pädagogikstudentin, behauptete, sie sei sehr glücklich in ihrer Beziehung zu einem Siebenundzwanzigjährigen, die vor zehn Monaten begonnen hatte. Aber als sie mich anrief, weinte sie und gestand, sie fürchte sich ständig, was Falsches zu tun und alles zu verderben.

Ich fragte sie, ob sie auch Angst habe, er könnte etwas falsch machen und alles verderben. Das verneinte sie energisch, doch als ich in sie drang, gab sie bald zu, er würde vielleicht einen Job außerhalb ihres Heimatstaates bekommen und sie verlassen. »Er könnte sagen, ich sei es nicht wert, daß er mich mitnimmt«, jammerte sie, »zu jung oder zu unreif, um eine solche Situation zu verkraften.« Da erklärte ich ihr, das sei durchaus möglich, fügte jedoch hinzu, im Grunde fürchte sie nur, sich eine Blöße zu geben und ihm ihr wirkliches Ich zu zeigen.

Die Rolle der Vernunft

Bald gestand mir Emily ihre Angst, sie wäre nicht klug genug, um ihr Ziel zu erreichen und Kindergärtnerin oder Vorschullehrerin zu werden. Sie versicherte, sie sei engagiert und ausdauernd, nur ihre mangelnde Intelligenz bereite ihr Sorgen. »Die Leute verlassen sich nicht auf mich«, betonte sie, und als ich sie nach einem spezifischen Beispiel fragte, antwortete sie prompt: »Meine Familie.«

DR. LAURA: »Wer in Ihrer Familie verläßt sich nicht auf Sie?«
EMILY: »Meine Mutter.«
DR. LAURA: »Wieso wissen Sie das? Und was sagt sie?«
EMILY (weint noch lauter): »Oooh, noch nie habe ich mit jemandem so geredet... Eh – als ich zu studieren anfing, prophezeite sie: ›Du wirst das nie zu Ende bringen.‹«
DR. LAURA: »Und was sagte sie noch?«
EMILY (schluchzend): »Daß ich genauso bin wie meine Schwestern – dumm, unverläßlich, verantwortungslos. Aber das bin ich nicht! Nichts, was ich sage oder tue... Entschuldigen Sie mich, ich muß mich erst mal beruhigen.«
DR. LAURA: »Ich glaube, Ihre Mutter beschuldigt Sie zu Unrecht. Warum tut sie das?«
EMILY: »Es fällt ihr sehr leicht, mich zu kränken.«
DR. LAURA: »Hat sie irgendwas in ihrem Leben geleistet?«
EMILY: »Nein.«
DR. LAURA: »Was glauben Sie, wie das mit ihrer Neigung zusammenhängt, alle anderen Leute herabzuwürdigen?«

EMILY: »Sie ist neidisch auf mich. Wenn ich mit meinen Freunden ausgehe, sagt sie manchmal: ›Warum soll ich dich gehen lassen, wenn ich das niemals durfte, als ich in deinem Alter war?‹ Und ich erwidere: ›Mutter, das sind andere Zeiten...‹«

DR. LAURA: »Darauf kommt es nicht an. Sie sollten wissen, daß Ihre Mutter sehr viel Hilfe braucht.«

EMILY: »Ja, das stimmt.«

DR. LAURA: »Nun, das mag Ihnen bewußt sein. Aber Sie trennen, was Sie vom Verstand her wissen, von Ihrem Gefühl. Und Sie fühlen zu oft, daß Ihre Mom recht hat – immerhin ist sie Ihre Mom. Doch in Wirklichkeit sind Sie einfach nur ein junger, unsicherer Mensch, und das ist ganz normal.«

Wissen ist nicht immer Glauben

Ich erklärte Emily die Wurzeln ihres Problems: Vom Verstand her wußte sie, daß ihre Mom neidisch, ein bißchen verdreht und sogar grausam war, aber sie hatte viel zu oft das Gefühl, ihre Mom hätte recht. Immerhin *war* sie ihre Mutter, also mußte sie alles besser wissen. Und jeder erlebt ganz normale Phasen des Selbstzweifels. Wenn man diese Faktoren zusammenfügt, erhält man das Bild einer verzweifelten, gekränkten und verängstigten jungen Frau, die befürchtet, ihr Freund würde ihr ebenso negativ gegenüberstehen wie ihre Mutter. Von soviel Unsicherheit und Abhängigkeit erfüllt, riskiert sie, dem Mann zur Last zu fallen – es sei denn, sie löst ihre emotionalen Konflikte in einer Therapie.

Der Mann als Trostpflaster

Jeder schleppt emotionalen Ballast mit sich herum, und besondere Eigenheiten – so ist das nun mal im Leben. Aber wenn eine Frau in ihrem Mann ein Trostpflaster für ihren Kummer sieht, verpaßt sie die Gelegenheit, in ihrer Beziehung auf Gleichberechtigung zu pochen und Selbstvertrauen zu entwickeln. Frauen müssen an sich arbeiten, ehe sie vernünftige Entscheidungen treffen und im Zusammenleben mit Männern als vernünftige Partnerinnen fungieren können.

Manchmal halte ich es für ein Verbrechen, vor dem dreißigsten Geburtstag zu heiraten. Warum? Weil die Frauen so »gezwungen« wären, sich Zeit zu nehmen, um ihre eigene Persönlichkeit kennenzulernen und unabhängig zu werden. Dann wäre ein Rendezvous keine Notwendigkeit, bei der es um Leben und Tod ginge. Wenn Sie Entschlüsse aus Verzweiflung fassen, verlieren Sie mehr Boden unter den Füßen, als Sie gewinnen.

Entscheiden oder verlieren

Man muß keine radikale Feministin sein, um zu glauben, daß Frauen ihre eigenen Entscheidungen treffen sollten. Leider geschieht das viel zu selten. Ich kann es nicht oft genug betonen – dieses Buch schreibe ich nicht zuletzt deshalb, weil sich viele Frauen in Ermangelung eigener Fähigkeiten an die Männer hängen. Die Worte »ich liebe ihn«, befreien sie von der Aufgabe, ihre Persönlichkeit zu entwickeln und Verantwortung für sich selbst zu übernehmen. Außerdem ist es einem Mann gegenüber unfair, ihn derart zu vereinnahmen.

Geraten Sie nicht in die »Falle des Opfers«!

Das Frauenthema, das in den populären Medien wahrscheinlich am häufigsten diskutiert wird, ist die »ungerechte Behandlung« des weiblichen, zum »Opferlamm« degradierten Geschlechts. Dies wird mit anschaulichen Geschichten über Fehlfunktionen, Alkoholismus et cetera illustriert, und dadurch bestärkt man die Frauen in dem Gefühl, sie müßten sich endlos lange von einer schrecklichen Vergangenheit »erholen«. Ich muß gestehen, ich habe ein Problem mit diesen Ansichten.

Jeder Mensch hat eine Geschichte, die Traumata und Enttäuschungen sind real. Und jedes Individuum reagiert auf diese Realitäten auf seine ureigene Weise. Wir sind nicht einfach physikalische Formen von Ursache und Wirkung. Letztlich hängt die Qualität unseres Lebens von dem Mut ab, den wir aufbieten, um mit Kummer und Risiken kreativ umzugehen: Das ist der Weg zu einer ständig wachsenden Selbstachtung.

Und solche Herausforderungen sind in jeder Altersstufe verfügbar.

Können flatternde Nerven am Hochzeitstag eine Warnung sein? Sollte man es lieber bleibenlassen?

Stacy, meine einundzwanzigjährige Anruferin, und ihr einunddreißigjähriger Freund, der nicht mit ihr zusammenlebte, verlobten sich, fünf Monate, nachdem sie sich kennengelernt hatten. Vor der Verlobung war alles wundervoll gewesen. Aber dann bemerkte Stacy, wie sich das Verhalten ihres Prince Charming veränderte. Er wurde eifersüchtig, autoritär und besitzergreifend. Bald hatte sie die Nase voll, wußte aber nicht, ob es richtig wäre, ihn zu verlassen.

Ich erklärte ihr, es sei verständlich, wenn sie ihr Leben nicht mit einem Mann verbringen wolle, der sie ständig mit seiner Eifersucht verfolgen, kontrollieren und als sein persönliches Eigentum betrachten würde. Dann stellte ich meine Theorie von den ersten achtzehn Monaten einer Beziehung auf.

Bevor man die Ehe eingeht, sollte man eine Zeitlang warten

Ich glaube, man sollte sich etwa anderthalb Jahre kennen, ehe man eine feste Bindung erwägt. So lange braucht man, um sich ein klares Bild von einem anderen Menschen zu machen. Stacy verlobte sich zu früh, also bevor sie richtig Bescheid wußte. Wenn man so schnell einen Verlobungsring am Finger trägt und der Welt verkündet, man würde heiraten, und erst danach völlig inakzeptable Eigenschaften am Verlobten entdeckt, ist es sehr peinlich, zu tun, was man tun muß, und sich von ihm zu trennen – um jeden Preis.

Blicken Sie der Realität ins Auge: Der Schlüssel zur Persönlichkeitsentfaltung

Stacy gestand mir sehr schnell, eigentlich sei sie gegen die Verlobung gewesen, aber ihr Freund habe darauf bestanden. Eine Zwanzigjährige, die in einem freien Land lebte, beugte sich dem stärkeren Willen eines unsicheren Tyrannen, weil es ihr an der Kraft ihrer eigenen Überzeugungen fehlte. Wahrscheinlich suchte er sich eine viel jüngere Frau aus, damit er eine schwächere Partnerin herumkommandieren konnte.

Man muß lernen, sich selbst zu trauen

Ich erklärte Stacy, die Chancen, daß ihr Verlobter sich ändern würde, seien gleich Null, was sie inzwischen schon selbst herausgefunden haben müsse. Und dann empfahl ich ihr, zu tun, was sie für richtig halte, den Ring tapfer von ihrem Finger zu ziehen, dem Mann zurückzugeben und zu sagen: »Du kontrollierst mich zu sehr. Erst einmal will ich mein eigenes Leben führen. Auf deine Angst und Unsicherheit kann ich keine Rücksicht nehmen.«

Ich erkannte – und Stacy hoffentlich ebenso, daß sie schon vor dem Gespräch mit mir gewußt hatte, was sie tun wollte. Um es mit ihren Worten auszudrücken, sie mußte es nur »von jemand anderem hören«. Und was am wichtigsten für sie war – sie mußte lernen, sich selbst zu trauen, auf ihre eigene innere Stimme zu hören, ihren Entschluß als richtig zu akzeptieren und damit zu leben. Dies alles ist ein Teil des schwierigen Prozesses, erwachsen zu werden.

Wie ein Mann das Spiel namens Rendezvous betrachtet

Nun wollen wir mal eine Pause einlegen, liebe Leserinnen, und das Rendezvous aus dem männlichen Blickwinkel sehen. Glauben Sie, ein Mann ist so gefühllos, daß er nicht merkt, ob Sie ihn wirklich mögen oder nur verzweifelt eine Beziehung brauchen?

Oh, doch, das merkt er! Und manche Männer, so wie Stacys Freund, nutzen die Notlage einer Frau, um ihre eigene Unsicherheit zu überspielen. Eine solche Situation kann schmerzlich werden, wenn der Mann die Frau immer intensiver kontrolliert – vielleicht als Reaktion auf ihre wachsende Reife und Unabhängigkeit, die schließlich zum Wunsch führen, sich von ihm zu trennen.

Auch Männer können sich wie Objekte fühlen

Eins dürfen wir nicht vergessen – viele Männer können unsere verzweifelte Sehnsucht nach einer festen Bindung spüren. Dann gewinnen sie den Eindruck, nicht um ihrer selbst willen geliebt, sondern benutzt zu werden.

Der neunundzwanzigjährige Tony war seit einem Jahr mit einer Frau zusammen. Er unterzog sich einer Therapie, um seine intimen Probleme zu lösen, doch das Verhalten seiner Freundin bestürzte ihn zusehends.

Ständig schaute sie ihn mit schmachtenden Augen an und rühmte die Vollkommenheit der Beziehung, obwohl er ihre Gefühle nicht einmal annähernd erwiderte. Trotz ihrer ungewöhnlichen Hingabe schien sie sich nie für seine wahren Gedanken und Emotionen zu interessieren. Vielleicht wollte sie, so meinte er, einer Wahrheit, die ihr Phantasiebild zerstören könnte, nicht ins Auge blicken.

TONY: »Ich verstehe das nicht. Einmal fragte ich sie: ›Warum willst du mit jemandem zusammensein, der dir nicht zurückgibt, was du ihm gibst?‹ Schließlich erklärte sie: ›Hör mal, ich hab's satt, die Rolle der leidenden Frau zu spielen…‹«

DR. LAURA: »Gut, das freut mich.«

TONY: »Das sagte sie also, und das war ja auch okay. Aber sie ruft mich immer noch an und leidet und begreift nicht, warum sie leidet. Sie habe doch nichts verbrochen, um das zu verdienen, betont sie immer wieder. Zum Beispiel gestern abend – da zog sie in ein neues Apartment, es regnete, und ihr war irgendwie unheimlich zumute. Also rief sie mich an – sehr spät – völlig verängstigt.«

DR. LAURA: »Offensichtlich versucht sie, Ihnen zu suggerieren, Sie seien für sie verantwortlich. Und wie Sie sagen, möchte sie nicht einmal eine intime Beziehung mit Ihnen eingehen. Sie will nur eine BEZIEHUNG – in Großbuchstaben. Aber die bekommt sie nicht, indem sie Ihnen erklärt, die Freundschaft sei perfekt oder sie würde sich in ihrem neuen Apartment fürchten, denn sie informiert sich nicht über Sie persönlich – Ihre Gedanken, Gefühle, Bedürfnisse. Dieses Mädchen braucht Sie nur als Mann im allgemeinen, als Freund oder Begleiter, wenn sie ausgeht. Habe ich recht?«

TONY: »Tausendprozentig.«

Eine realistische Betrachtung der Dinge ist das einzig Wahre

Niemand wird bestreiten, wie sehr es unserem Ego schmeichelt, wenn sich jemand zu uns hingezogen fühlt. Es ist wundervoll, mit jemandem glücklich zu sein. Und es ist angenehm, wenn man mit dem Partner in vielen Dingen einer Meinung ist. Bestätigung, Anerkennung und eine enge Bindung sind großartige, erstrebenswerte Aspekte einer Beziehung. Und wenn das alles zusammenkommt – um so besser. Diese Dinge zählen zu den vielen Vorzügen des zwischenmenschlichen Umgangs.

Wenn Sie sich verzweifelt nach Bestätigung, Anerkennung und einer engen Bindung sehnen, wenn Sie dankbar sind, falls Sie von einem Mann erwählt wurden, und deshalb nicht so wählerisch sind, wenn Sie sich mit irgend etwas abfinden, statt Ansprüche zu stellen – dann suchen Sie sich vermutlich den falschen Mann aus, und das ist sehr dumm. Überlegen Sie mal: Würde der Männertyp, der Sie wirklich interessiert, so ein Mädchen haben wollen? Nein.

*

Am 7. Januar 1993 rief mich die dreißigjährige Suzanne an, völlig verwirrt. Sie wußte nicht, ob sie ihre Beziehung zu ihrem zweiunddreißigjährigen Freund, den sie seit drei Monaten kannte, fortsetzen sollte. Wenn seine Mutter in die Stadt kam, wohnte sie in seinem Haus. Und nicht nur das. Sie schlief mit ihm in seinem Bett.

»Er behauptet, sie würden nichts miteinander treiben«, jammerte sie. »Also fragte ich, warum seine Mutter nicht in einem anderen Bett schläft. Da erwiderte er, ich sei zu konservativ. Ist das okay? Ich weiß einfach nicht, ob ich mich von ihm trennen soll. Ist meine Reaktion übertrieben?«

Muß ich noch mehr sagen?

3. Ergebenheit

»Aber ich liebe ihn doch« und anderer romantischer Schwachsinn

Sie können sich gar nicht vorstellen, wie sehr es mich frustriert, immer wieder die Rechtfertigung »ich liebe ihn« zu hören, wenn sich eine Anruferin den falschen Mann ausgesucht hat. Diese Frauen wollen nicht wahrhaben, daß sie in einer offensichtlich unmöglichen Situation erstarren und dankbar Verhaltensweisen hinnehmen, die ein Mann bei einer Partnerin keine fünf Sekunden lang dulden würde. Ihre Definition von Liebe ist – von der Pop-Kultur unterstützt – einfach nicht richtig und ein Synonym für Anhänglichkeit geworden.

Wer behauptet, Kapitulation sei romantisch, hat ein großes Problem

Betrachten wir einmal die derzeit populären Rollenmodelle für liebende Frauen, wie sie in modernen Märchen personifiziert werden, die alle unsere Kinder auswendig kennen.

Ariel, die kleine Meerjungfrau, strebt nach »Höherem« und landet bei einem dummen Prinzen, der sie nur wegen ihrer Stimme liebt, ganz egal, wie wundervoll sie ist. Deshalb gibt sie ihre Welt, ihre Familie und ihre Schwanzflossen auf.

Belle – in *Die Schöne und das Biest* – strebt nach »Höherem« und landet bei einem miesen (oh, vielleicht ändert er sich noch...) Prinzen, der sich nur um sie bemüht, um einen Fluch zu entkräften. Okay, okay, später kam er ja zur Besinnung – aber hätte sich der hübsche Prinz so lange mit einer Hexe abgegeben? Das glaube ich kaum. Und deshalb gibt sie ihre Pläne und Träume von einer Weltreise auf.

Mir wäre es lieber gewesen, sie hätte sich an seiner erfolgreichen geistigen Verwandlung beteiligt, seinen Kopf getätschelt und ihm ihre Adresse an der Universität gegeben. Auch in *Ala-*

din und die Wunderlampe verzichtet die Prinzessin auf ihren Wunschtraum, allein in die Welt zu ziehen, als der Prinz – in einen Bettler verwandelt – sie auf einem fliegenden Teppich entführt. Er wird ihr die Welt zeigen – daß er sie selber nie gesehen hat, ist natürlich unwichtig.

Falls Sie den Standpunkt vertreten, diese »Märchen« hätten im wirklichen Leben keine Bedeutung – denken Sie mal nach! Zahllose Mädchen und Jungen, die solche Filme sehen, glauben an den romantischen Unsinn und versinken in Träumen, die sich später zu Alpträumen entwickeln könnten.

Manche Träume sind gefährlich

Da wir gerade von Träumen reden, möchte ich auf den wesentlichen Unterschied zwischen echter Liebe zu einem Menschen und der verzweifelten Sehnsucht nach einem Traum hinweisen. Eine Frau, die vor allem für ihren Traum lebt, die von einer Beziehung zu ihrem Mann völlig abhängig ist, schließt oft Kompromisse, die sie zerstören können. Dafür ist Lisas Geschichte ein gutes Beispiel:

Hol mich, überzeug mich und zeig mir, daß du mich liebst!

Lisa erklärte, sie würde sich zur Zeit in einer Zwangslage befinden, was – wie sich herausstellte – die Untertreibung der Woche war. Seit anderthalb Jahren war sie mit einem Mann zusammen (das von mir empfohlene Minimum einer Wartezeit vor der Hochzeit) und vor kurzem hatte er ihr einen Heiratsantrag gemacht. Sie nahm sich Zeit, um gründlich darüber nachzudenken, und gab ihm dann einen Korb wegen seiner vielen Probleme – unter anderem Drogenkonsum und Gewalttätigkeit.

Sie behauptete zwar, ihr Freund würde sich bemühen, sein Temperament ein wenig zu zügeln, und habe sie drei Monate lang nicht mehr tätlich angegriffen. Trotzdem sorgte sie sich wegen seines letzten Gewaltakts anläßlich ihres Versuchs, ihre Beziehung zu beenden.

DR. LAURA: »Lisa, warum zum Teufel geben Sie sich immer noch mit ihm ab?«

LISA: »Das weiß ich nicht. Ich habe wirklich versucht, da rauszukommen... Aber ich kann ihn nicht loswerden. Ich weigere mich, mit ihm zu telefonieren, öffne ihm nicht mehr die Tür – aber er kommt trotzdem und bricht das Schloß auf.«

DR. LAURA: »Dann rufen Sie doch die Polizei.«

LISA: »Das bringe ich nicht übers Herz...«

DR. LAURA: »Nicht übers Herz! Lisa, was er treibt, verstößt gegen das Gesetz. Es ist kriminell, jemanden zu verfolgen und in sein Haus einzubrechen!«

LISA: »Aber manchmal kann er...«

DR. LAURA: »Manchmal, das genügt nicht! Was ich jetzt sagen werde, klingt vielleicht sehr hart, Lisa. Aber Sie können es sich nicht länger leisten, die Rolle der schwachen, übertrieben mitleidigen, verängstigten Frau zu spielen, weil Sie sich dadurch in ernsthafte körperliche Gefahr bringen. Sie müssen die nötigen Schritte unternehmen, um sich zu schützen, und ihn wissen lassen, daß Sie kein dramatisches Liebesspiel mit ihm treiben – ›Hol mich, überzeug mich, zeig mir, daß du mich liebst, obwohl ich nein sage‹. Schaffen Sie das?«

LISA: »Ja...«

DR. LAURA: »Sie müssen ihm klarmachen, daß Sie es wirklich ernst meinen, wenn Sie ihn wegschicken. Selbst, wenn er manchmal nett ist. Selbst, wenn er auf die Knie fällt und schwört, er würde versuchen, sich zu ändern. Ein gewalttätiger, aufdringlicher Drogensüchtiger kann einfach kein guter Vater für Ihre künftigen Kinder sein. Oder glauben Sie das?«

LISA: »Nein... Aber ist es natürlich, daß ich immer noch dieses Gefühl habe, ich würde ihn lieben?«

DR. LAURA: »Vielleicht lieben Sie einen Traum oder jene Augenblicke, wo Ihnen die Beziehung angenehm erscheint. Bedauerlicherweise lebt eine Beziehung nicht nur von solchen Momenten, sondern von allem, was dazugehört. Sie müssen sich von diesem Mann abwenden, ohne wehmütig auf jene schönen Momente zurückzublicken. Sagen Sie sich: Im großen und ganzen habe ich eine schlechte Wahl getroffen. Und dann machen Sie sich schleunigst aus dem Staub.«

LISA: »Okay, danke.«

Obwohl Lisa die Probleme dieses Mannes deutlich erkennt, empfindet sie immer noch etwas für ihn. Worum geht es also wirklich? Es ist äußerst kompliziert, aber ich würde es zumindest auf eine Weise erklären.

Wir alle kennen den Spruch: Nur eine Mutter kann so ein Gesicht lieben. Darin liegt ein Anhaltspunkt, der uns ermöglicht, das Rätsel zu lösen. Genau kann ich nicht sagen, was für eine Kombination von Natur und mütterlicher Neigung hier wirksam ist, aber anscheinend sind viele Frauen fähig (und nur zu gern bereit), mühsam nach erfreulichen Eigenschaften in ihren Männern zu suchen. Aufgrund dieser Einstellung dulden sie die schlimmsten Charakterzüge, und zum Dank dafür dürfen sie nur kurze Augenblicke des Glücks und der Zufriedenheit genießen.

Es ist widerwärtig, wenn mit zweierlei Maß gemessen wird

Ich erinnere mich an die Ann Landers-Kolumne, in der eine Frau klagt, wie schwierig es für eine ›distinguierte Dame über fünfunddreißig‹ sei, einen netten Mann zu finden. »Es fasziniert mich«, schrieb Ann Landers, »daß viele Frauen freiwillig Glatzköpfe, Bierbäuche, karierte Hemden mit getupften Krawatten übersehen. Aber ein Mann zieht mich beiseite und flüstert: ›Sie ist okay, aber ihre Oberschenkel bewegen sich in verschiedenen Zeitzonen.‹«

Und denken Sie doch an all die Bierwerbespots! Die Kerle sind fett und träge, aber ihre Frauen müssen so aussehen, daß sie sich auf dem Titelbild eines Sportblatts im Badeanzug zeigen könnten. Erwartet man von uns ›normalen‹ Frauen, wir sollten uns mit solchen Typen nicht nur zufriedengeben, sondern innige Dankbarkeit empfinden, wenn sie sich herablassen und uns ihre Aufmerksamkeit schenken?

Geben Sie sich nicht zufrieden, sondern treffen Sie bewußt Ihre Wahl!

Leider hört die Bereitschaft der Frauen, unangenehme Wesenszüge zu übersehen, nicht bei Korpulenz und Trägheit auf. Sie schließt zum Beispiel auch Alkohol- und Drogenprobleme ein, Gewalttätigkeit – Unreife, Unverantwortlichkeit – und noch viel mehr.

Sehr viel mehr.

Und das alles nur, um sich mit Phantasieversionen von Liebe, wechselseitiger Verpflichtung, Sicherheit, enger Bindung, Identität und Lebenssinn zu begnügen.

Warum geben Sie sich zufrieden? Warum sind Sie nicht wählerischer? Warum sind Sie nicht kritischer?

Warum nennen Sie so etwas Liebe?

Weil Sie's selber nicht glauben!

Und wenn Sie's selber nicht glauben, ist es um so dümmer, sich so etwas einzureden.

Warum ertragen so viele Frauen verlogene Rüpel?

Suzanne war seit sechs Monaten mit ihrem Freund zusammen, als er verkündete, er würde wieder zu seiner Exfrau ziehen – für drei Monate – aus finanziellen Gründen. Um das Ganze noch schlimmer zu machen, war er nach wie vor mit der Frau verheiratet, wie Suzanne bald herausfand. Sieben Jahre lang waren sie getrennt gewesen, und sie hatten einen siebenjährigen Sohn.

Bei einer Begegnung mit der Ehefrau erfuhr Suzanne, daß die ›Scheidung‹ nur die Spitze des Eisbergs aus lauter Lügen gewesen war. Während er sie umworben und sogar von Heirat gesprochen hatte, war er ständig mit seiner Frau im Bett gewesen. Soviel die Ehegattin wußte, gab es keine finanziellen Gründe und auch keine dreimonatige Frist für das neuerliche Zusammenleben; sie wollten es einfach wieder miteinander versuchen. Als Suzanne den Widerling zur Rede stellte, stritt er alles ab und gab ihr auch noch das Gefühl, *sie* wäre es, die ein Problem hätte.

Und dann hörte ich die schockierende Erklärung: »Aber ich liebe ihn noch immer, wirklich.«

Ich deutete an, wahrscheinlich verstehe es dieser Mann meisterlich, Frauen zu manipulieren, die wegen ihrer Selbstzweifel verletzlich seien und deshalb sehr leicht Schuldgefühle entwikkeln würden. Das erschien ihr durchaus plausibel. Nachdem sie erwähnt hatte, er sei über ein Jahr lang bei den Anonymen Alkoholikern gewesen, hörte sie sich meine Antwort interessiert an: »Na und, Suzanne? Mir ist es egal, wie lange er bei ihnen war. Man kann ihn nur einschätzen, wenn man seine Aktivitäten außerhalb dieses Vereins beurteilt.«

Dann vertraute sie mir an, er habe seine Frau mit mindestens fünf anderen betrogen. Als ich zu murren anfing, erwiderte sie: »Ich weiß, ich benehme mich albern – und das haben mir schon viele Leute gesagt. Aber ich muß es wohl auch von einem Profi hören.«

DR. LAURA: »Das ist ein ganz übler Kerl, Suzanne, ein Lügner, der Sie manipuliert. Warum sind Sie nicht wütend und entsetzt und angewidert? Warum geben Sie ihm nicht den Laufpaß?«

SUZANNE: »Das liegt wahrscheinlich an meiner Erziehung. Da wurde viel manipuliert, aber nie wirklich gelogen – o ja, doch.«

DR. LAURA: »Also finden Sie das alles ›normal‹. Gegen diese ›Normalität‹ müssen Sie ankämpfen, damit Sie eine neue, vernünftigere gewinnen. Sicher wird er Sie zum Essen einladen, Ihnen Blumen schicken und versuchen, Sie zurückzugewinnen. Aber solche Menschen ändern sich nicht. Fragen Sie seine Frau, wie sehr er sich in den letzten zwei Jahrzehnten verändert hat. Und fragen Sie sich selbst, wie sich Ihre Familie geändert hat.«

SUZANNE: »Genau, Sie haben recht... Aber wie kann ich verhindern, daß ich zu ihm zurückkehre? Ich bin zwar bei den Anonymen Alkoholikern, also bei einer Gruppe, die mich unterstützt. Trotzdem habe ich Angst.«

DR. LAURA: »Bieten Sie Ihren ganzen Mut auf. Dafür brauchen Sie keine Zauberei. Die Anonymen Alkoholiker werden Ihnen nicht Mut machen. Ebensowenig wie ich. Nichts und niemand hat die Macht, Ihnen etwas abzunehmen, was Sie selber tun müssen.«

SUZANNE: (sehr leise): »Ja, das stimmt.«

DR. LAURA: »Alles liegt bei Ihnen, Kind. Sie möchten Ihr Leben schön und unterhaltsam gestalten; greifen Sie danach und Ihre Seele wird es festhalten.«

SUZANNE: (eine lange Pause voller Seufzer): »Ich kann's noch immer nicht fassen, daß ich ihn für einen guten Menschen gehalten habe.«

DR. LAURA: »Daran wollten Sie glauben, weil er Ihnen sagte, was Sie gern hörten. Er weckte ein Gefühl in Ihnen, nach dem Sie sich so sehr gesehnt hatten, daß Ihnen sein Charakter im Grunde genommen egal war. Das klingt auch jetzt noch in Ihrer Stimme mit. Und es wäre Ihnen auch jetzt noch lieber, Sie müßten sich nicht darum kümmern, wie er ist. Es geht um seine Frau, nicht wahr? Sie ist ein Biest, und wenn wir sie loswerden, ist alles okay.«

SUZANNE: »Ja, ich meine nein. Ich mag sie wirklich...«

DR. LAURA: »Gut, dann treffen Sie sich lieber mit ihr als mit ihm!«

SUZANNE: »Eine gute Idee!«

Leugnen hilft nichts

Wenn Sie einen Frosch küssen, kriegen Sie keinen Prinzen, sondern Schleim auf die Lippen und böse Erinnerungen. Sie weigern sich, die Realität zu akzeptieren, Sie leugnen alles, ignorieren es, versuchen es vernünftig zu betrachten, rechtfertigen es, und letzten Endes kehren Sie in jene armseligste Defensive zurück: »Aber ich liebe ihn.«

Was soll das überhaupt bedeuten? »Ich liebe ihn«, und deshalb rastet Ihr Verstand aus? Das ist wirklich dumm!

Die große Dummheit: Aber ich liebe ihn

»Aber ich liebe ihn!« rief meine Anruferin Jody flehend. Ihre Vorstellung von Liebe – nach allem, was sie mir darüber erzählte –, hatte sie schon oft in Schwierigkeiten gebracht und würde ihr auch weiterhin Kummer bereiten. Deshalb empfahl ich ihr, jenes Gefühl, das sie Liebe nannte, nicht zu berücksichtigen, wenn sie sich zu einer Beziehung entschloß. Unweigerlich würde es sie zu einer falschen Entscheidung führen, deswegen sollte sie es sofort aus ihrem Herzen reißen und sich endloses Leid ersparen.

Die sogenannte Liebe ist kein brauchbarer Leitfaden

Frauen wie Jody müssen lernen, daß die Hormone und das Herz nicht unbedingt unsere besten Ratgeber sind. Dieser ganze Liebesquatsch ist weder ein Omen noch ein göttlicher Fingerzeig, also hören Sie auf, sich darin zu wälzen. Wenn Sie merken, daß Ihre Vernunft von schwammigen Gefühlen verdrängt wird, wissen Sie, daß Sie wahrscheinlich die falsche Richtung einschlagen. Reden Sie sich nicht ein: »Oh, ich weiß, er ist... (Fügen Sie an dieser Stelle ein, was Ihnen beliebt: *gewalttätig, gemein, gefühlskalt, wortkarg, negativ eingestellt, autoritär, grausam, alkoholsüchtig, besitzergreifend, eifersüchtig, ein Workaholic, et cetera.*), aber ich liebe ihn.« Die Worte »Ich liebe ihn« löschen keineswegs aus, was Sie zuvor erkannt haben!

Meine Feuerprobe für wahre Liebe

Nach meiner Ansicht hängt das, was viele Frauen Liebe nennen (in vielen häßlichen, gefährlichen und manchmal scherzhaften Situationen), eher mit Leidenschaft und Versprechen und Phantasie und verzweifelten Abhängigkeiten und Ängsten vor Alternativen zusammen.

Wahre Liebe ist ein allmähliches Zusammenwirken von Qualitäten, die mit Respekt, Bewunderung, Anerkennung, Charakter, Zuneigung, Zusammenarbeit, Ehrgefühl und Opferbereitschaft zu tun haben. Allen Frauen, die behaupten: »Ich liebe ihn«, stelle ich dieselbe Frage: »Wenn Sie eine Mutter wären, würden Sie diesen Typen mit Ihrer Tochter bekannt machen?«

Komischerweise ist die Antwort stets ein entschiedenes Nein.

Warum können Sie sich nicht selbst an die erste Stelle setzen?

Meine nächste Frage lautet: Warum kümmern Sie sich um Ihre eigene Person nicht genauso wie um Ihre Tochter? Warum beurteilen Sie Ihre Situation nicht ebenso verstandesmäßig?

Warum? Warum? Warum?

Was geht Ihnen durch den Sinn?

- »Wenn er mich nicht will, bin ich wertlos.«
- »Ich werde keinen anderen finden, der mich erträgt.«
- »Ich will nicht allein sein.«
- »Es ist besser als gar nichts.«
- »Es ist besser als meine früheren Beziehungen.«
- »Ich bin nun neunundzwanzig (neununddreißig, neunundvierzig, neunundfünfzig – es ist immer eine Zahl mit einer Neun), und ich habe nicht mehr viel Zeit.«
- »Ich glaube wirklich, daß ich keinen besseren finde.«
- »Manchmal ist er gar nicht so übel.«
- »Ich weiß ohnehin nicht, was ich mit meinem Leben anfangen soll.«
- »Meine eigenen Probleme sind mir so unangenehm, daß ich mich nicht damit befassen will. Ich fühle mich viel besser, wenn ich versuche, ihm zu helfen.«
- »Wenn ich für ihn sorge, komme ich mir wichtig vor.«
- »Ich fürchte mich zu sehr, um dem Unbekannten ins Auge zu blicken, in mir selbst oder draußen in der Welt.«
- »So schlimm ist es ja gar nicht.«
- »Es ist so schwierig, jemanden zu finden, mit dem man sich amüsieren kann.«

Geringe Selbstachtung ist keine Entschuldigung für Untätigkeit

Die oben angefügten Aussagen weisen auf Probleme mit der Selbstachtung hin, nicht wahr?

Dieses Problem ist besonders komplex, da ein negatives Selbstwertgefühl als Waffe dienen kann, die manche Frau gegen sich selbst einsetzt. So oft frage ich Frauen nach unglücklichen Entscheidungen, nach der Hilflosigkeit, die sie befällt, wenn sie über ihr eigenes Leben bestimmen sollen. Und da antworten sie meistens: »Nun ja, das hängt wohl mit meiner geringen Selbstachtung zusammen.«

Wenn ich auch nicht bezweifle, daß der Wert, den sie sich selber zugestehen, zum Großteil den Nutzen festlegt, den sie aus der Begegnung mit Menschen und aus sich ergebenden Situationen ziehen, so bekümmert es mich doch, wie häufig die geringe Selbstachtung als Ausrede für mangelnde Initiative fungiert. Man hält nicht viel von sich selber, fühlt sich schlecht und inkompetent, und deshalb geht man kein Risiko ein.

Das Leid der Vergangenheit kann die Feigheit der Gegenwart nicht entschuldigen

Was tun Sie, wenn Sie sich ständig elend fühlen? Wahrscheinlich suchen Sie nach Kümmernissen in der Kindheit, die Sie in diesen Schlamassel gebracht haben, dann schließen Sie sich einer Gruppe für ›Erwachsene Kinder‹ oder dergleichen an, um Ihre Hilflosigkeit bestätigen zu lassen. Die Informationen und die Unterstützung, die Sie aus Selbsthilfe-Büchern und -Gruppen und/oder aus einer Therapie gewinnen, sollten Ihnen helfen, jene reflexiven, emotional herbeigeführten unsinnigen Verhaltensweisen in Entscheidungen zu bekämpfen, Risiken einzugehen und nicht mehr in einer negativen Einstellung zu verharren.

Denn nur durch Wagnisse wachsen Ihre Unabhängigkeit und die Kraft Ihrer Persönlichkeit, vor allem, wenn Sie durch Ihre Gefühle in die andere Richtung gedrängt werden.

Bedenken Sie – die Selbstachtung ist nicht nur ein Produkt der Existenz oder des Mangels von verbalen, emotionalen oder physischen Kränkungen. Sehr viele Leute laufen mit positiven Selbstwertgefühlen und vernünftigen Anschauungen herum, trotz ihrer schrecklichen Erziehung. Also geht die Gleichung zwischen einstigen Traumata und geringfügiger Selbstwertschätzung nicht immer auf. Ich leugne keineswegs den Einfluß früherer Familienkrisen oder zerstörerischer Kindheitserlebnisse. Aber es liegt bei Ihnen, so etwas zu überwinden und Ihre ureigene Persönlichkeit zu finden.

Was kommt zuerst, Wut oder ein positives Selbstwertgefühl?

Diskussionen über den Begriff des Muts höre ich fast nur, wenn ich die Sendung *Rescue 911* sehe. Aber der Mut ist sehr wichtig für den Aufbau oder die Wiederherstellung des Selbstbewußtseins oder der Identität.

Mein Standpunkt: Das Leben mit all seinen Risiken und Herausforderungen ist beängstigend. Oft streben wir nach sofortiger Befriedigung, statt eine reifere Entscheidung zu treffen und die Freude auf künftigen Gewinn hinauszuschieben. Und wir lassen uns zu schnell auf Ausweichmanöver ein, um der Gefahr von Fehlschlägen oder Leiden zu entrinnen.

Was kommt also zuerst? Die niedrige Selbstachtung oder der Mangel unabhängiger, kreativer Bemühungen im Leben? So wie beim uralten Rätsel »Henne oder Ei« ist es völlig irrelevant, was zuerst kommt. Mangelnde Selbstachtung und mangelnder Mut zu unabhängigen, kreativen Bemühungen werden einander immer stärken – für alle Zeiten. Ich fürchte, dieses doppelte Scheitern kann zu einer schlechten Gewohnheit werden, die sich selber nährt und am Leben erhält.

Selbstwertgefühl – ein Geschenk, das man sich verdienen muß

Wenn Sie auf ein positives Selbstwertgefühl warten, bevor Sie sich ins Leben stürzen, werden wir wahrscheinlich nebeneinander im Schaukelstuhl sitzen, und noch darüber reden, was alles hätte geschehen können, wenn doch nur…

Die Taten müssen oft vor den Gefühlen erfolgen, vielleicht sogar trotz dieser Gefühle. Mut ist nicht der Mangel an Angst, sondern Angst plus Aktion. Sie müssen sich die Selbstachtung und das vernünftige Verhalten wie ineinandergeschlungene Spiralen vorstellen: Unentwegt nährt das eine das andere.

Eine Therapie ist gesund, verzweifelte Abhängigkeit nicht

Letzten Endes sind Sie die Architektin Ihres Lebens. Vielleicht wurde ein bißchen Rohmaterial weggelassen – oder während des langen Wegs beschädigt, aber Sie sind immer noch die Architektin Ihres eigenen Lebens.

Wenn Sie also die Baupläne Ihrer Beziehung studieren, sehen Sie – mal ganz ehrlich – ein stabiles Gebäude oder ein Kartenhaus? Letztendlich wird Ihre Lebensqualität davon abhängen, ob Sie den Mut finden, schon am Anfang vernünftige Entscheidungen bezüglich Ihrer Beziehung zu treffen. Das bedeutet, daß Sie sich mit den realen und irrationalen Gefühlen des Selbstzweifels und der Bedeutungslosigkeit direkt auseinandersetzen müssen, zum Beispiel durch eine Therapie, und nicht indirekt, durch verzweifelte Abhängigkeit.

Andernfalls ist das Gefühl, was Sie Liebe nennen, der unglückliche Schrei nach Bedeutung. Der Verlust jener sogenannten Liebe ist nicht nur ein persönlicher, sondern der Verlust einer Persönlichkeit – Ihrer eigenen! Diese Qual mußte die sechsunddreißigjährige Linda erleiden.

Wie überlebt man den Verlust einer Abhängigkeit?

Linda war mit einer vierundzwanzigjährigen Frau liiert, die ihr erklärt hatte, sie würde sie nicht lieben und sie wolle andere Leute sehen. Aber Linda war unfähig, ihrer Freundin gewisse Freiheiten zuzubilligen. Wie ich ihr erklärte, gehe es nicht so sehr darum, daß sie ihre Geliebte nicht loslassen konnte, sondern außerstande war, an ihrer eigenen Person festzuhalten. Immerhin besteht ein großer Unterschied zwischen der Kränkung und Enttäuschung, wenn man zurückgewiesen wurde (wir alle wurden schon einmal zurückgewiesen) und der nächsten Stufe: »Ich bin wertlos und nicht liebenswürdig.« Auf dieser Stufe stand Linda.

Bindung statt Abhängigkeit

Während unseres Gesprächs gestand Linda, sie neige dazu, alle ihre intimen Beziehungen ins Zentrum ihres Universums zu rücken. Ich bemerkte, ein solches Verhalten sei typisch weiblich. Männer haben nicht das Gefühl, sie müßten sich an eine Frau klammern, um zu existieren. Statt dessen verspüren sie das Bedürfnis, etwas zu tun: Schnelle Autos zu fahren, etwas zu erfinden, einen Berg zu ersteigen, eine Firma zu leiten – irgend etwas draußen in der Welt. Auf diese Weise gewinnen sie ihre Identität. Danach streben die Frauen nicht so energisch. Und Linda schon gar nicht.

Erwarten Sie nicht, daß die Motivation vom Himmel fällt

»Sie sollten mit Hilfe einer Therapie erforschen«, riet ich ihr, »wieso Sie – vielleicht in Ihrer Familie – nicht ermutigt wurden, unabhängig und autonom zu werden. Außerdem müßten Sie Ihr Minderwertigkeitsgefühl bekämpfen und den Mut aufbringen, etwas in dieser Welt zu leisten, auf das Sie stolz sein können. Und erwarten Sie nicht, daß die Motivation vom Himmel fällt. In diesem Augenblick muß die Motivation wahrscheinlich aus dem rationalen Denken entstehen. Und der rationale Gedanke heißt: Wenn ich das nicht tue, werde ich immer diesen Schmerz empfinden.«

Abhängige Frauen gewinnen die Selbstachtung, die ihnen von Natur aus fehlt, durch ihre Abhängigkeit von anderen Menschen. Das ist eine dumme Methode, das Selbstwertgefühl aufzubauen. Und es ist der Ausdruck reiner Verzweiflung, die Abhängigkeit von einer Person, die kaum Zuwendung zeigt, als Liebe zu proklamieren. Ständig fragen sie sich, ob eine Änderung im Verhalten oder der Einstellung dieser Person mangelndes Interesse bedeuten könnte – und die drohende Trennung. Dadurch wird das Leben zu einem heiklen Experiment.

Diese Geisteshaltung veranlaßt die Frauen, an den falschen

Orten nach Potential zu suchen und folgendermaßen zu klagen:

LEONORA: »Irgendwie bin ich verletzt und enttäuscht. Ich lernte bei der Arbeit einen Mann kennen, traf mich mehrmals mit ihm, etwa einen Monat lang, und merkte, daß er eine ganze Menge trinkt. Was glauben Sie, wo sein Potential liegt?«

DR. LAURA: »Sein Potential – wofür? Für eine Gefängnisstrafe wegen Trunkenheit am Steuer?«

DEBBY: »Vor drei Monaten lernte ich einen Mann kennen, und wir verabredeten uns ein paarmal. Dann fand ich heraus, daß er in eine Schießerei verwickelt gewesen war. Soll ich bei ihm bleiben?«

DR. LAURA: »Nur, wenn Sie *Bonny und Clyde* gesehen haben, denn dann wüßten Sie, was Sie anziehen müssen.«

LINDA: »Nun, er neigt zum Lügen – eigentlich lügt er sehr oft. Aber in anderer Hinsicht ist er sehr nett, wenn Sie verstehen, was ich meine. Also, was glauben Sie?«

DR. LAURA: »Was gefällt Ihnen an diesem Mann? Steigert sich seine Potenz proportional zu seinen Lügen? Können Sie wirklich mit einem Pinocchio glücklich werden, nur weil er zu sexueller Hochleistung fähig ist?«

DENISE: »Ich bin achtundzwanzig und seit fünf Jahren mit ihm zusammen. Vor zwei Monaten haben wir uns verlobt. Ich weiß nicht, warum, aber ich traue ihm noch immer nicht. In fianziellen Dingen ist er verantwortungslos, und er kannte einige andere Frauen. Aber er behauptet, er würde mich lieben. Kann ich mich auf ihn verlassen?«

DR. LAURA: »Auf eins können Sie sich ganz sicher verlassen. Wahrscheinlich wird er nie vertrauenswürdig sein. Und das ist großartig, wenn Sie nichts gegen unangenehme Überraschungen haben.«

Soll man sich an den Mann verkaufen, der am wenigsten bietet?

Können Sie's glauben? Das sind typische Fragen! Es ist keineswegs so, daß diese oder jene Frau den Mann schon jahrelang kannte und der erst kürzlich in eine Lebenskrise geriet, in der er sich falsch verhielt. Im allgemeinen tauchen diese häßlichen Situationen schon zu Beginn einer Beziehung auf. Statt sich zu sagen: Nein, das ist nicht der Richtige für mich, halten diese Frauen zwanghaft an dem fest, was verfügbar ist, und versuchen die Beziehung um jeden Preis fortzusetzen. Viel zu viele verkaufen sich an den verfügbaren Mann (der meistens am wenigsten zu bieten hat).

Wenn man sich an sinnlose Hoffnungen klammert, riskiert man tiefste Verzweiflung

Der herzzerreißende Brief einer Hörerin illustriert diesen Punkt geradezu vollkommen. Die Schreiberin berichtet von ihrer »Beziehung« zu einem Lehrer an einer Abendschule, die keine Freundschaften zwischen Lehrer und Schüler gestattet. Wenn nun die Direktion von dem Verhältnis erführe, würde sie den Mann sofort entlassen. »Ich frage mich, warum er so viel riskiert, nur für unsere Freundschaft.«

Wie romantisch, diese »Freundschaft« als Opferbereitschaft zu interpretieren, weil der Mann so viel für die Frau empfindet... Leider halte ich ihn eher für unmoralisch und selbstsüchtig. Aber diese realistische Erkenntnis würde die Träume, Hoffnungen und Bedürfnisse der Briefschreiberin nicht erfüllen. Das kommt bei der Lektüre der nächsten Enthüllung noch deutlicher zum Ausdruck: »Ich sollte noch hinzufügen, daß ich nach dem Selbstmord meines Sohnes und dem Tod meines Mannes an dieser Schule sehr viel Zuwendung und freundschaftliche Unterstützung fand.«

Es ist riskant, sich einem Traum hinzugeben

Was muß in dieser Frau vorgehen? Ich kann mir unmöglich das ganze Ausmaß ihrer schmerzlichen Trauer vorstellen, ihres schweren Verlustes, vielleicht auch ihrer Schuldgefühle und Ängste, ihrer Bedürfnisse. Nun kann ich besser verstehen, wie verzweifelt sie sich an jede noch so schwache Hoffnung klammert. Und das ist gefährlich. Denn meistens wissen wir nur, was wir wissen wollen, und sehen nur das, was wir so dringend brauchen.

Es ist ein großer Unterschied, ob wir echte Gefühle für einen Menschen entwickeln oder nur für einen Traum, den wir als emotionales Trostpflaster benötigen. Wenn man sich einem Traum hingibt, kann man nicht geheilt werden oder eine reife Persönlichkeit entwickeln. Man wird nur verletzt, von anderer Seite. Wenn in Ihrer Beziehung nichts zusammenpaßt und wenn es auch nicht hilft, die Mängel zu ignorieren, abzustreiten und wegzurationalisieren – dann verwandeln Sie sich doch in ein Chamäleon. Sehen Sie zu, daß Sie zu Ihrem Partner passen – um jeden Preis.

Die Krise der »freiwilligen« Geisel

Die sechsunddreißigjährige Becky lebt mit einem Mann zusammen, der trinkt, sie beschimpft, zu Gewalttätigkeit neigt, Schußwaffen besitzt und jetzt auch noch Probleme mit seinem Job hat. Muß das alles nicht automatisch zur Katastrophe führen? »Aber solange ich mich um alles kümmere«, sagt sie, »solange ich alles mache, wie er es will – dann ist es okay.«

Tatsächlich? Das bezweifle ich. Offensichtlich ist Becky eine freiwillige Geisel – sie macht das Beste aus einer Situation, in der es also buchstäblich um Leben und Tod gehen kann.

Der Versuch, sich anzupassen, ist schrecklich dumm

Viele Frauen versuchen nicht nur, den Dämon zu besänftigen (den Kerl, den sie sooo lieben), indem sie ihm jeden Wunsch von den Augen ablesen – sie überschlagen sich geradezu, um ihn glücklich zu machen. Wenn er glücklich ist, sind Sie auch glücklich und die ganze Welt ist in Ordnung. Denn wenn er glücklich ist, ist er nett zu Ihnen und liebt Sie und bleibt bei Ihnen. Richtig? Falsch! Ein aufschlußreiches Beispiel:

Rückkehr zum Tatort

Die zweiundzwanzigjährige Valerie war seit über zwei Jahren mit einem Mann in ihrem Alter zusammen. In dieser Beziehung gab es einige Schwierigkeiten, und Valerie beschloß, ihre Probleme zu lösen, indem sie sich seinen Idealen anpaßte und alles tat, was er wollte. Unglücklicherweise funktionierte diese Taktik nicht. Ihr Mann war immer noch unzufrieden. Schließlich hatte sie die Nase voll. Aber wann immer sie versuchte, die Affäre zu beenden, wurde sie von ihrer Einsamkeit so überwältigt, daß sie unweigerlich zu ihm zurückkehrte. Als ich fragte, warum sie immer wieder zum Tatort zurückkehre, gab sie zunächst vor, sie würde es nicht wissen. Dann erwiderte sie: »Wahrscheinlich, weil ich ihn vermisse.« Wie kann man einen Menschen mit ständig negativer Kritik und Ablehnung vermissen – bloß für ein bißchen Sex und Händchenhalten? Und dafür wollte sie so viel von ihrer eigenen Persönlichkeit aufgeben?

Ich erklärte ihr, sie würde zuviel von sich selbst aufgeben und dafür zuwenig positive Dinge von diesem unsicheren, unreifen, autoritären, jungen Mann bekommen.

Man soll altes Leid nicht wiederholen

Es machte mich neugierig, warum Valerie einen Jungen, der kaum mehr Erfahrung hatte als sie selbst, die Macht zugestand, über sie zu bestimmen. Den Grund dafür erkannte ich bald, als ich ihr weitere Fragen stellte. Sie stammte aus einem unglücklichen Elternhaus. Als sie sechs Jahre alt gewesen war, hatte ihr Vater die Familie verlassen und die Gefühle, die damit zusammenhingen, konnte sie bis heute nicht bewältigen. Nun versuchte sie, auf ihre Art damit fertigzuwerden, indem sie sich unterwürfig den Wünschen ihres Freundes fügte – aus Angst, sie könnte wie ihre Mutter etwas Falsches machen, den Mann dadurch vertreiben und »Daddy« wieder verlieren.

Am Ende unseres Gespräches war Valerie offensichtlich dazu bereit, sich von ihrem Freund zu trennen, da sie beide Zeit brauchten, um etwas reifer zu werden. Außerdem blickte sie der Tatsache ins Auge, daß sie in ihrer jetzigen Lebenssituation den Kummer und die Enttäuschungen der Vergangenheit wiederholte. Nun wollte sie ihre eigene Liebenswürdigkeit akzeptieren, ihre eigenen Wünsche und Träume erforschen.

Romantisches Wiederholungsspiel

Valeries Dilemma deutete auf eine Verhaltensweise hin, der ich sehr oft begegne: Man benutzt die Liebe als Ersatz für einen früheren Verlust – meistens eines Elternteils.

Nicht dieser neue Mann ist das Ziel von Valeries Liebe, sondern das, was er symbolisiert, die zweite Chance, die er ihr gibt. Und deswegen wirkt das Ende einer solchen Beziehung so vernichtend: Das Leid der Vergangenheit erwacht von neuem.

Warum die Frauen neuen Herausforderungen ausweichen – mit aller Macht

Es gibt zwei starke Beweggründe, an der Beziehung mit dem gerade verfügbaren Mann festzuhalten: Man versucht, Wunden zu heilen, und möchte Risiken vermeiden. Leider führt weder das eine noch das andere Bestreben zum Erfolg – nicht einmal, wenn man von romantischen, leidenschaftlichen Gefühlen völlig hingerissen wird. Wenn die Realität zurückkehrt, verspürt man eine innere Leere und versucht herauszufinden, warum man immer noch nicht glücklich ist. Bei neun von zehn Malen gelangt man zu folgender Antwort: Er muß sich ändern! Dann wird alles gut.

Widerstand gegen das Risiko und Minderwertigkeitsgefühle – das tödliche Duo

Die zweiundvierzigjährige Diane hat einen Freund, den sie als selbstsüchtig beschreibt. »Ständig setzt er mich herab und nimmt keine Rücksicht auf mich«, klagt sie. »Deshalb streiten wir dauernd. Ich versuche immer wieder, ihm das klarzumachen. Er müßte sich doch endlich ändern.«

Ich frage sie, welche Vorteile sie sich erhofft, wenn sie ihm ständig einredet, er sollte sich ändern.

»Erstens«, antwortete sie, »muß *ich* mich nicht ändern. Zweitens möchte ich die Zweisamkeit und die Sicherheit, die er mir gibt, nicht verlieren. Drittens wäre es mir unangenehm, allein oder mit jemand anderem zusammenzusein. Und viertens würde es mich kränken, wenn er sich nicht ändert – ich glaube nämlich, er hat recht, wenn er mich negativ beurteilt.«

Wow! Welch eine bewundernswerte Selbsterkenntnis und Ehrlichkeit! Da sind wir also wieder bei denselben alten Schreckgespenstern: Widerstand gegen das Risiko und Minderwertigkeitsgefühle – als das »tödliche Duo« bekannt.

Das fatale »Aber...«

Soll ich Ihnen noch auf andere Art und Weise beweisen, daß Sie auf dem falschen Dampfer sitzen? Sie wissen, wie dumm Sie sich verhalten, und gestehen das auch ein, fügen aber das Wörtchen *aber* hinzu. Oh, ich weiß, aber vielleicht, wenn... Liebe Leserin, Sie können sich's nicht leisten, im Lande »Wenn« zu leben. Denn Sie – und ich und alle anderen – leben im Lande der Realität. Bitte richten Sie sich dort ein und betrachten Sie das »Aber« als das, was es ist – den letzten verzweifelten Kampf gegen den unvermeidlichen letzten Schritt.

Wie bringe ich ihm bei, mich zu respektieren

Glauben Sie bloß nicht, Sie könnten mein Mitleid erregen! Elizabeth schreibt mir: »Diese Beleidigungen ertrage ich nicht mehr.

Sie tun mir weh, und wenn er mir böse ist, merke ich's immer erst, wenn es schon zu spät ist. Hilfe! Wie bringe ich ihm bei, mich zu respektieren?«

Indem Sie tun, was jeder normale Mensch tun würde, der über eine gesunde Selbstachtung verfügt: Gehen Sie. Damit erteilen Sie ihm die wichtigste Lektion, die er von Ihnen lernen kann.

Sind Sie eine romantische Märtyrerin?

Barbara beschwert sich: »Mein Freund und ich kennen uns seit über einem Jahr. Bisher gab es keine Intimität zwischen uns und kaum eine zärtliche Berührung. Er mag es nicht, wenn man ihn anfaßt, zumindest sagt er das. Angesichts seiner Vergangenheit ist das verständlich. Sein Vater mißhandelte ihn, ebenso seine Mutter und die fünf Schwestern, auch sexuell.«

»Empfehlen Sie ihm einen guten Therapeuten«, erwidere ich, »dann vergessen Sie ihn. Und wenn die Überlegung ›Was wäre, wenn‹ Sie dermaßen fasziniert, müssen wir von Ihrer Angst vor der Intimität reden. Darauf kommt's nämlich an – wenn Sie mit einem Mann zusammen sind, der keine Intimität erleben kann oder will, sind *Sie* es, die es nicht tut. Vielleicht gefällt Ihnen gerade das – Sie machen sich zur Märtyrerin seiner Dämonen, denn dann müssen Sie ihren eigenen nicht ins Auge blicken.«

Wenn man dem Partner etwas gibt, garantiert das noch lange nicht, daß man etwas zurückbekommt

Wenn Ihre Identität davon abhängt, unentbehrlich zu sein, werden Sie eine Menge Leute um sich versammeln, die etwas nehmen. Aber wahrscheinlich werden Sie nur wenige finden, die Ihre Fürsorge vergelten. Sie erhalten etwas, indem Sie Ihr Bedürfnis mitteilen und das Geschenk bereitwillig akzeptieren, aber niemals, wenn Sie sich mit einer unerfreulichen Situation abfinden.

Was geschieht, wenn Sie einen Mann zu Ihrem eigenen Besten verändern wollen?

Wann immer Frauen versuchen, ihre Identität und ihr Selbstwertgefühl durch die Abhängigkeit von einem Mann zu erlangen, passiert etwas Seltsames: Sie suchen krankhaft nach seinen Fehlern – denn wenn er unvollkommen ist, sind Sie es auch, eben durch diese enge Bindung. Dann versuchen Sie, ihn so zu ändern, daß er Ihren Vorstellungen entspricht. Dadurch fühlt er sich natürlich kastriert. Er findet Sie niederträchtig, lieblos und unnachgiebig. Also wird er sich kaum ändern, weil er keinen Anlaß dazu sieht, im Gegensatz zu Ihnen. Bedauerlicherweise erkennen Sie nicht, wer sich wirklich ändern muß – Sie selber.

Wieviel sinnloses Leid können Sie ertragen?

Es ist erstaunlich, wieviel unproduktives Leid (Mißbrauch, unvereinbare Gegensätze, Verachtung, Desinteresse) manche Frauen ertragen, um produktive Formen des Leids zu vermeiden (Selbsterkenntnis, Unabhängigkeit, die Bereitschaft, die Herausforderungen des Lebens anzunehmen und einen persönlichen Traum zu verwirklichen). Ich betone ausdrücklich: Eine wahre Liebe, die Erfüllung schenkt, ist unmöglich, wenn ihr keine Selbstliebe vorausgeht.

Die uralte Debatte zwischen Herz und Verstand

Fassen wir zusammen: Bitte verwechseln Sie Vertrautheit, Engagement, Sex, Versprechungen, Hoffnungen und Phantasien nicht mit Liebe. Wenn das die Dinge sind, die an Ihrem Herzen zerren, vergessen Sie's!

Immer werde ich gefragt, ob Entscheidungen bezüglich der Partnerschaft mit dem Herzen oder dem Verstand getroffen werden sollen. Sicher können Sie meinen Standpunkt erraten:

Immer mit dem Verstand. Denn das Herz ist berüchtigt wegen seiner verschwommenen Realität.

Und wenn es zu einer dauerhaften Beziehung mit gegenseitigen Verpflichtungen kommt – Liebe allein genügt nicht. Da gibt es noch Ehrgefühl, Respekt, Gleichberechtigung, Opferbereitschaft, Anerkennung, Hilfsbereitschaft, vereinbare Anschauungen, Lebenswerte und Moral, um nur einige Dinge zu nennen. Die erreicht man nicht kampflos, aber die Mühe lohnt sich.

P. S.: Kann eine Frau wirklich so sein?

Ob Sie's glauben oder nicht, liebe Leserinnen, dies ist eine wahre Geschichte, am 9. März 1993 von der Associated Press veröffentlicht:

»Ein Mann wird beschuldigt, er habe seine Frau mit einem zyanidhaltigen Grippemittel zu vergiften versucht und zwei andere Personen auf die gleiche Weise getötet. Trotzdem hält die Frau ihre eheliche Beziehung für normal, obwohl sie einmal während eines Streites die Nummer der Polizei wählte, um Hilfe zu erbitten.

Joseph Meling wird in sechs Fällen der Produktverfälschung angeklagt, in zwei Fällen des Meineids und in drei Fällen des Versicherungsbetrugs. Man wirft ihm vor, er habe im Februar 1991 eine Zyanidkapsel in eine Sudafed-Packung befördert, um seine Frau zu ermorden und von ihrer Lebensversicherung siebenhunderttausend Dollar zu erhalten. Außerdem wird er angeklagt, fünf Sudafed-Packungen in Geschäften Zyanid beigemischt zu haben, um den Eindruck zu erwecken, ein Zufallskiller wäre am Werk.

Kathleen Daneker, 40, aus Tacoma und Stan McWhorter, 44, aus Lacey, starben an einer Zyanidvergiftung, nachdem sie in Tacoma und Olympia Sudafed gekauft hatten. Drei andere Zyanidkapseln wurden in Sudafed-Packungen gefunden, nachdem man das Präparat aus allen Regalen entfernt hatte.

Mrs. Meling starb beinahe, erholte sich aber von dem Mordversuch. Bald danach reichte sie die Scheidung ein, kehrte aber später zu ihrem Mann zurück und sagt nun vor Gericht zu seinen Gunsten aus.

Mrs. Meling erklärte, sie betrachte den Konflikt in ihrer Ehe als normal. Und sie versicherte, manchmal unter Tränen, sie würde Meling immer noch lieben und an seine Unschuld glauben.

Können Sie sich das vorstellen?

4. Leidenschaft

»Oooh, aaah, wir keuchen so laut… Das muß Liebe sein!«

Ich erinnere mich an eine Werbespot-Serie, die vor einigen Jahren lief. Darin tönte Orson Welles: »Wir verkaufen keinen Wein vor seiner Zeit.« Würden die Frauen doch genauso denken, wenn's um Sex geht!

Werfen Sie mir bitte nicht vor, ich würde in die alten Zeiten der doppelten Moral zurückkehren! Berücksichtigen Sie lieber, wie beängstigend die Zahl der unerwünschten Schwangerschaften, Abtreibungen, Geschlechtskrankheiten und gebrochenen Herzen gewachsen ist, seit die sexuelle Revolution verkündet hat: »He, Baby, du hast das gleiche Recht auf deinen Spaß wie die Männer.«

Seither sind wir einen weiten Weg gegangen, aber noch immer nicht dort angelangt, wo wir sein sollten – weil die Frauen den Sex zu sehr romantisieren.

Ist eine Nacht im Himmel das Nachspiel in der Hölle wert?

Ellen rief mich an, während ich Sally Jessy Raphael in ihrer ABC Radio Network-Sendung vertrat. »Ich bin Sekretärin, und seit einem Jahr liebe ich meinen Boß. Darüber redete ich nie mit ihm, und er schlug immer nur einen geschäftsmäßigen Ton an. Vor etwa einem Monat lud er mich Freitag abends zum Dinner ein. Danach fuhren wir zu seinem Haus, wo wir Wein tranken und uns unterhielten. Ich verbrachte das ganze Wochenende bei ihm, und es war großartig. Phantastischer Sex, so romantisch – wie ein Traum, der Wirklichkeit wurde… Bevor ich am Sonntagabend heimging, besprachen wir nicht, was im Büro geschehen oder wie sich alles weiterentwickeln würde. Okay. Das ist jetzt fast drei Wochen her, und er behandelt mich genauso wie vor jenem

Wochenende! Kein einziges Wort hat er darüber verloren. Meine Gefühle sind verletzt, und ich weiß nicht, was ich tun soll. Mir ist so unbehaglich zumute.«

Hoffnung bedeutet Resignation

Zeigen Sie mir eine Frau, die den Kummer und die Verlegenheit dieser Anruferin nicht nachempfinden könnte. Da wären wir wieder bei der altmodischen Frage: »Aber wird er mich am nächsten Morgen noch respektieren?« Auch das steht auf unserer fatalen »Aber«-Liste. Doch in Wirklichkeit geht es nicht um den Respekt des Mannes, sondern um die weibliche Neigung, in Träumen zu versinken, statt Fragen zu stellen und zu diskutieren. Wir halten den Atem an und hoffen auf ein Happy-End. Ich möchte den Nobelpreisträger Albert Camus zitieren: »Hoffnung bedeutet Resignation, und wir leben nicht, um zu resignieren.«

Ich fragte Ellen, warum sie sich auf eine sexuelle Affäre mit ihrem Boß eingelassen habe, ohne vorher die weitere Beziehung zu erörtern. Da entgegnete sie: »Ich dachte, wenn er mit mir schläft, würde er meine Gefühle erwidern.«

Hoffnungsvolle Phantasie...

»Jungfrau bis zum Tod«

Lassen Sie mich wiederholen – es geht nicht um seinen Respekt oder die alte Doppelmoral. Und ich behaupte keineswegs, eine Frau müsse bis zu ihrem Tod Jungfrau bleiben, um sich einem Mann rein und gut zu präsentieren, als ein kostbarer Preis, den er erobern muß. Die gewünschte Wirkung würde nur ein Mann zeigen, der an Minderwertigkeitskomplexen leidet. Ein Mann mit ausgeprägter fundamentalistischer Mentalität verlangt eine Partnerin, die zu ihm paßt – vielleicht ein besseres Konzept als unser derzeitiges sexuelles Chaos.

Hüten Sie sich vor den Don Juans dieser Welt!

Finden wir uns mit den Tatsachen ab – es ist durchaus möglich, mit einem Mann zu reden, der sich scheinbar auf der gleichen Wellenlänge befindet wie wir, und später herauszufinden, daß er ein Lügner ist und mit den Frauen spielt. So etwas gibt es, hat es immer gegeben und wird es immer geben. Erinnern Sie sich an Don Juan (dessen eigentliches Problem natürlich seine Mutter war)? Wie ich Ihnen leider mitteilen muß, ist er quicklebendig und putzmunter und tritt überall in Erscheinung. Und was mich viel mehr bedrückt – die Sorge, Sie könnten mit sich selber spielen und ein ewiges Glück erwarten, während Sie sich in Wirklichkeit nur Kummer einhandeln.

Ich fühle mich, als hätte ich meine Freundin verraten!

So dachte meine Anruferin Tiffany, während sie glaubte, die Situation wäre viel substantieller, als es den Tatsachen entsprach. In meiner Radiosendung vertraute sie mir an: »Ich habe einen Fehler gemacht, und damit komme ich nicht klar.« Ihr »Fehler« war eine sexuelle Beziehung zum Ehemann einer sehr guten Freundin. (Sie selbst ist unverheiratet). Sie bereute das alles ganz schrecklich und wünschte, es wäre nie geschehen. Obwohl es nur einmal passiert war, vor etwa fünf Wochen, litt sie immer noch darunter. Als ich fragte, warum sie es zugelassen habe, antwortete sie zunächst, das wisse sie nicht, und dann...

TIFFANY: »Nun ja, er unternahm einen Annäherungsversuch. Und was mich am allermeisten quält – ich ging darauf ein. Warum, weiß ich nicht genau... Ich dachte, irgendwie müßte ich ihm helfen, denn seine Frau – meine Freundin – war zwei Wochen zuvor gestorben. Und nun glaube ich, daß ich sie verraten habe. So als würde sie mich fragen: ›Warum hast du mir das angetan?‹«

DR. LAURA: »Sie haben ihr nichts angetan, sondern sich selbst verletzt. Mögen Sie diesen Mann? Empfanden Sie etwas für ihn, als seine Frau noch lebte?«

TIFFANY: »Ich glaube nicht... Nun – ja und nein – ja...«

DR. LAURA: »Also stand er Ihrem Herzen bereits nahe. Und dann ergab sich eine Gelegenheit. Aber nun fühlen Sie sich unbehaglich, weil er sich zurückgezogen hat?«

TIFFANY: »Ja, aber das beruht auf Gegenseitigkeit.«

DR. LAURA: »Okay, zog er sich zuerst zurück? Ist es vielleicht das, was Sie quält und kränkt?«

TIFFANY: »Ja.«

DR. LAURA: »Wahrscheinlich fühlen Sie sich ausgenutzt. Es könnte Ihnen helfen, wenn Sie mit ihm darüber reden.«

TIFFANY: »Nun, wir haben überhaupt nicht miteinander geredet.«

DR. LAURA: »Dann rate ich Ihnen, ihn anzurufen und über alles zu sprechen. Selbst wenn Sie rot werden, schneiden Sie das Thema ohne Umschweife an, möglichst beiläufig. Zum Beispiel könnten Sie sagen: ›Ich mochte dich schon immer, und als du zu mir kamst, wollte ich dir über die schwere Zeit hinweghelfen. Aber jetzt fühle ich mich ein bißchen ausgenutzt.‹ Erklären Sie ihm, es sei in beiderseitigem Einverständnis geschehen. Aber jetzt müßten Sie den Rückzug antreten.«

TIFFANY: »Oh, ich weiß nicht, ob ich das kann...«

DR. LAURA: »Denken Sie über die Alternative nach. Ist es einfacher, untätig dazusitzen und sich Vorwürfe zu machen, weil Sie eine Freundin verraten haben? Dabei haben Sie das nicht einmal getan!«

TIFFANY: »Ja, okay.«

DR. LAURA: »Und wenn er wieder zu Ihnen kommt, Tiffany – lassen Sie sich nicht hinreißen, bevor Sie – im Lauf einiger Monate oder Jahre – ganz sicher sind, daß er den Tod seiner Frau überwunden hat und wirklich bereit ist für eine neue Beziehung. Alles klar? Passen Sie gut auf sich auf.«

Intimität und Sexualität sind nicht ein und dasselbe

Männer rufen mich ebenso an wie Frauen, um über ihre Beziehungen zu reden. Beide benutzen den Begriff »intim«, wenn sie auf ein sexuelles Verhältnis hinweisen wollen. Sind Intimität und Sexualität also synonym? Keineswegs!

Schon in der nächsten Stunde könnten Sie wilden Sex mit

einem völlig Fremden erleben. Das ist offensichtlich keine Intimität. Sie ist nicht die Fähigkeit, »es« zu tun – das können auch Schmeißfliegen. Intimität ist die Fähigkeit, über alles zu reden, von der Bedeutung der Sexualität bis zum Sinn des Lebens.

In meiner Sendung habe ich oft gesagt: »Tun Sie mit Ihrem Partner nichts, worüber Sie nicht reden können!«

Erst reden, dann Sex

Warum reden Sie nicht vorher und verschieben den Sex auf später? Nun, manchen Frauen fällt es schwer, die richtigen Worte zu finden. Sie fürchten, zurückgewiesen oder kritisiert zu werden. Einmal wollte ich von einer Anruferin wissen, warum sie ihren Freund, den sie seit einem Monat kennt, nicht fragt, ob er auch andere Frauen trifft. Da erwiderte sie: »Ich möchte mich nicht über die Antwort aufregen.«

»Aber Sie regen sich ohnehin auf«, konterte ich, »weil Sie sich sorgen und ständig überlegen, ob er auch andere Frauen hat.«

»Ja, ich weiß. Ich rege mich nur verstandesmäßig auf. Wenn ich Gewißheit hätte, würde es mich womöglich verletzen.«

Soll ich anrufen oder warten, bis er mich anruft?

Am folgenden Beispiel läßt sich erkennen, wie unartikuliert die Phantasie funktioniert – oder eher nicht funktioniert.

Diana, eine alleinerziehende, seit zwei Jahren geschiedene Mutter, verspürte das menschliche Bedürfnis, einem anderen Menschen nahe zu sein, geliebt und umsorgt zu werden. Deshalb erneuerte sie ihre Freundschaft mit einem Mann, den sie als Teenager gekannt hatte.

Ursprünglich beschränkte sich die Beziehung darauf, daß er in ihrem Haus Handwerkerjobs erledigte, wann immer sie männliche Hilfe brauchte. Bis zu dem Abend, an dem ihre Kinder nicht daheim waren und sie ihn zum Dinner einlud, um ihm zu »danken«. Zu ihrem Dank gehörte auch, daß sie mit ihm schlief. Seitdem hörte sie nichts mehr von ihm, gab aber freimütig zu, zuvor habe *sie* ihn immer angerufen.

Als Diana das Wort »Romantik« benutzte, um die Begegnung zu beschreiben, betonte ich, für die Männer müßte Sex nicht unbedingt Romantik einschließen. Aber weil wir Frauen beides miteinander verbinden, nehmen wir an, unsere Partner würden genauso denken. In Dianas Fall hatte eine bestimmte Situation zu einer sexuellen Affäre geführt, nicht zur Romantik. Zumindest nicht in den Augen ihres Freundes.

DIANA: »Richtig. Okay, aber jetzt weiß ich nicht, ob ich's dabei bewenden lassen oder ihn anrufen soll, um für klare Verhältnisse zu sorgen...«

DR. LAURA: »Und was würden Sie ihm sagen? Sie müssen ehrlich zu ihm sein. Vielleicht glaubt er, nachdem Sie mit ihm geschlafen haben, würden Sie eine ernsthafte Beziehung anstreben, und diese Verantwortung möchte er nicht übernehmen.«

DIANA: »Nun – ja.«

DR. LAURA: »Jedenfalls müssen Sie sich Klarheit verschaffen. Es wäre unfair, diesem Mann zu grollen, denn Sie haben nie gesagt: ›Diskutieren wir über unsere Freundschaft und unsere Einstellung zum Sex.‹ Zuvor habt ihr beide euch über nichts geeinigt. Es ist einfach passiert.«

DIANA: »Ein Teil von mir ist wütend darüber – aber ich glaube, ich brauchte ein bißchen menschliche Nähe. So lange war ich allein. Als es geschah, war ich glücklich. Und bevor er ging, versprach er: ›Du hörst von mir.‹ Und dann fragte ich mich: Oh, was habe ich getan. Einen Monat wartete ich geduldig, denn ich wollte nicht den Eindruck erwecken, ich würde ihm nachlaufen. Aber er hat sich noch immer nicht gemeldet.«

DR. LAURA: »Hm, Diana, da haben Sie Ihre Antwort.«

DIANA: »Ja, aber ich weiß nicht, ob ich vielleicht doch...«

DR. LAURA: »Offensichtlich wollen Sie damit sagen: ›Wenn ich ihn anrufe, könnte ich vielleicht wieder mein Bedürfnis an menschlicher Nähe befriedigen.‹ Aber Sie müssen einsehen, daß das nicht klappen wird.«

DIANA: »Wir verstanden uns wirklich gut, als wir nur Freunde waren.«

DR. LAURA: »Wissen Sie, Diana, ich finde, die Frauen sollten sich ihre romantische Phantasie abgewöhnen und Klartext reden, bevor sie ins Bett sinken. Denn wir müssen schon vorher sagen, was wir uns vorstellen, sonst dürfen wir uns hinterher nicht beklagen, wenn wir uns mißverstanden oder ausgenutzt fühlen.«

DIANA: »Und was, glauben Sie, soll ich jetzt tun? Ihn anrufen – oder warten, bis er *mich* anruft?«

DR. LAURA: »Sie können anrufen und eine Nachricht auf seinen Anrufbeantworter sprechen. In etwa: ›Ich will deine Freundschaft nicht verlieren, indem ich einen netten, aber offensichtlich rein sexuellen Zwischenfall romantisiere. Besuch mich doch von Zeit zu Zeit ohne Verpflichtungen und Verantwortung.‹ Hoffentlich respektiert er so viel Chuzpe. Aber rufen Sie ihn nur an, wenn Sie das auch wirklich ernst meinen, Diana. Sonst würden Sie ihn manipulieren.«

DIANA: »Ja, okay. Das klingt gut. Danke.«

Oft sieht man nur, was man sehen will

Dianas Freund hat ein paar handwerkliche Arbeiten für sie erledigt, mit ihr gegessen und Hoffnungen erweckt. Daß er niemals anrief oder auf persönliche Art die Initiative ergriff, ignorierte sie einfach. Irrtümlich glaubte sie, mit ein bißchen Sex wäre alles okay. Viele Frauen lassen sich zu schnell auf Sex ein, weil sie ihn benutzen, um ihre Einsamkeit zu bekämpfen oder ihre Sehnsucht nach Anerkennung zu befriedigen.

Der sexuelle Teufelskreis

Die neunzehnjährige Maria rief mich an und erklärte: »Ich schlafe mit diesem Mann, obwohl er klar und deutlich gesagt hat, er würde mich nicht lieben und mich niemals heiraten. Warum, weiß ich nicht, aber ich sehe ihn immer wieder und gehe mit ihm ins Bett. Er ist etwas älter. Wahrscheinlich glaubte ich, er müßte mich lieben, wenn ich ihn in sexueller Hinsicht interessiere. Aber jetzt weiß ich, daß das nicht stimmt.«

Dann erzählte sie mir, sie sei in einem lieblosen Elternhaus aufgewachsen. Die einzigen Momente, wo sie Liebe zu erfahren glaube, sei jene Sexualität. Das fand sie zu wichtig, um darauf zu verzichten. Und so entsteht der Teufelskreis: Man fühlt sich nicht geliebt und liebenswert, benutzt die Sexualität, um Liebe zu erfahren – erkennt später, daß es nur Sex war und keine Liebe – fühlt sich nicht geliebt oder liebenswert et cetera. Was sich in diesem Fall besonders fatal auswirkt – Marias Verhalten bestärkt sie immer mehr in der Annahme, sie wäre nicht liebenswert.

Hören Sie auf, um Zuneigung zu betteln!

Ich machte Maria klar, Kinder seien von Natur aus liebenswert. Wenn die Eltern sie nicht lieben, dann nur, weil sie nicht lieben können – und deshalb seien sie noch bedauernswerter als die Kinder. Außerdem betonte ich, verzweifelte Abhängigkeit von diesem Mann würde ihre Entwicklung zur Liebesfähigkeit hemmen.

Abschließend erklärte ich: »Maria, Sie konzentrieren Ihre ganze Kraft darauf, zu bekommen, was Sie für Zuneigung oder Anerkennung halten. Geben Sie acht, sonst verbringen Sie Ihr ganzes Leben auf diese Weise. Niemals könnten Sie einem Mann etwas geben, niemals eine reife Persönlichkeit werden – Sie würden immer nur versuchen, leere Felder abzuernten.«

Der Mythos der Sexualität wird oft als Mittel gegen Einsamkeit mißdeutet

Sex funktioniert niemals als erhoffte Heilkur oder Narkose, wenn man sich unzulänglich und leer fühlt, beschämt, einsam oder verängstigt, wenn man Selbstekel empfindet et cetera. Hätte er doch die Macht, uns von solchen Emotionen zu befreien. Ich habe mit vielen mehr oder weniger gebildeten und erfolgreichen Frauen diskutiert, die das sexuelle Interesse eines

Mannes nutzten, um ihre Minderwertigkeitsgefühle loszuwerden. Das Problem liegt darin, daß das nur für ein paar Minuten klappt, wenn überhaupt.

Wenn man neben einem Fremden aufwacht, den man nicht ausstehen kann

Meine Privatpatientin Caroline war vor kurzem von einem – wie sie sich ausdrückte – »wahnsinnig attraktiven, aber hoffnungslos unreifen« Mann geschieden worden. Sie selbst – recht hübsch, überaus intelligent, kreativ und begabt – sah längst nicht so gut aus wie ihr Exmann. Im Gegensatz zu ihrer Familie, die hauptsächlich aus Anwälten bestand, besaß sie eine eher künstlerische Ader. Sie war groß und schlaksig und paßte irgendwie nicht dazu. Obwohl ihre Familie sie liebte und unterstützte, fühlte sich Caroline »unattraktiv und sonderbar«, weil sie sich so stark von den anderen unterschied. Ihre sexuellen Beziehungen zu Männern verliefen stets auf die gleiche typische Art: Sie steigerte sich sofort in sexuelle Leidenschaft hinein, dann erwachte sie am nächsten Morgen, und der Mann, der neben ihr im Bett lag, interessierte sie nicht mehr oder widerte sie sogar an. Wenn jemand länger als nur eine Nacht blieb, gehörte er stets zur unkonventionellen Kategorie, bei der sie sich wohler fühlte.

Es gibt auch Erfolgsstorys!

Als Caroline ihr typisches Verhalten nicht mehr ertrug, unterzog sie sich einer Therapie, um dagegen zu kämpfen. Und ich kann von einem erfreulichen Resultat dieser Behandlung berichten.

Sie schloß sich wieder enger an ihre Familie an und wurde optimistischer. Gemeinsam legten wir eine Regel fest: Wenn sie einen Mann kennenlernt – sechs Wochen keinen Sex (für sie eine Ewigkeit)! Sie hielt sich daran und gab der neuen Freundschaft Zeit, damit ein wechselseitiges Verständnis und eine gewisse Verletzlichkeit entstehen konnten, ehe sie zwischen die Bettlaken kroch.

In Carolines Fall gab ihr die Abkehr vom vorschnellen Sex das Gefühl, akzeptiert zu werden und die Kontrolle zu behalten. Anfangs wies sie den Mann ab, und damit schützte sie sich davor, selbst abgewiesen zu werden.

Riskieren Sie es, Ihr negatives Selbstwertgefühl zu testen

Martha, eine andere Patientin, überlegt laut: »Ich glaube, Sex ist das einzige, das wirklich bei mir klappt. Was sollte ein Junge denn sonst an mir finden, wie könnte ich ihn halten?«

Auf meinen Vorschlag hin testet sie diese Mutmaßung. Sie geht wieder zur Schule, weil sie ihre Selbstachtung aufbauen möchte, und vollbringt großartige Leistungen. Jetzt experimentiert sie mit Männern auf andere Art: Sie verbringt viel Zeit mit ihnen, um festzustellen, ob sie recht hat – das heißt, ob sich niemand für sie interessieren würde, wenn keine sexuelle Begegnung stattfindet. Zu ihrer Verblüffung merkt sie, daß sie sich geirrt hat. Man muß viel Mut aufbringen, um die Realität zu erforschen, so wie bei allen Dingen im Leben, die sich lohnen.

Sexuelle Leidenschaft im Gegensatz zu reifer Liebe

Sexuelle Leidenschaft ist ein verzehrendes Gefühl. Man kann weder denken noch arbeiten noch schlafen oder irgend etwas tun, ohne von heftigen Emotionen abgelenkt zu werden, die sich alle im Bauch abspielen. Reife Liebe bringt die sexuelle Leidenschaft mit anderen Empfindungen in Zusammenhang, rückt sie in eine weniger überwältigende Perspektive. Manche Frauen sind von dieser Tatsache enttäuscht, weil sie ihnen vor Augen führt, wie sie wirklich sind, und sie wieder demaskiert.

Wenn die Erregung nachläßt…

Die fünfundzwanzigjährige Monica rief mich an und erzählte: »Seit drei Jahren kenne ich meinen Freund, und im ersten Jahr hatten wir wirklich phantastischen Sex, der uns beide völlig befriedigte. In seinen Armen fühlte ich mich sehr sexy und hemmungslos, konnte ganz ich selber sein, und es war wundervoll.« Nach anderthalb Jahren merkte sie, wie ihre Sexualität »aus irgendeinem Grund erstarrte«.

Als ich in sie drang, gestand sie mir den Grund: Sie fühlte sich unbehaglich, weil sie stets auf ihre Figur geachtet hatte, aber trotzdem zunahm. Gleichzeitig nahm ihr Sexualtrieb ab. Sie glaubte, sie habe sich die überflüssigen Pfunde zugelegt, weil sie nicht mehr ins Fitneßzentrum gehen konnte. Dieses Versäumnis hing mit ihrem Job zusammen, der sie niemals zufriedengestellt hatte.

DR. LAURA: »Also haben Sie sich niemals ihren Traum erfüllt?«
MONICA: »Genau.«
DR. LAURA: »Und wovon träumen Sie?«
MONICA: »Ich würde gern mit Tieren arbeiten, am liebsten im Zoo.«
DR. LAURA: »Und warum tun Sie's nicht?«
MONICA: »Nun ja, ich glaube, die würden mich nicht einstellen.«
DR. LAURA: »Wer? Die Tiere?«
MONICA: »Nein, die Leute, bei denen ich mich bewerben müßte.«
DR. LAURA: »Sie mußten sich ja auch vorstellen, um Ihren jetzigen Job zu kriegen. Warum sollte man Sie denn ablehnen?«
MONICA: »Vielleicht genügt meine Ausbildung nicht.«
DR. LAURA: »Natürlich nicht! Sie müßten einiges dazulernen. Also waren Sie unglücklich mit sich selbst und mit Ihrem Leben, dann lernten Sie Ihren Freund kennen, der sie glücklich machte, und Sie fühlten sich großartig. Dadurch wurde Ihr Frust verdrängt. Aber der kehrte nach einiger Zeit zurück, und nun setzten Sie sich wieder mit der Person Monica auseinander. Hier geht es nicht um Sex, sondern um Ihre Schwächen im Leben.«

MONICA: »Das ist interessant.«

DR. LAURA: »Also sollten Sie was Anständiges anziehen, zum Beispiel Army-Stiefel, wie sie die Leute tragen, wenn sie im Zoo herummarschieren. Rufen Sie an, lassen Sie sich einen Termin geben, und nehmen Sie jeden Job, den man Ihnen anbietet – wenn er auch noch so untergeordnet ist. Lernen Sie soviel wie möglich, arbeiten Sie sich nach oben, um Ihren Traum zu verwirklichen. So etwas nennt man ›Erfahrungen sammeln‹, und es ist ein Segen, kein Fluch. Denn wenn Sie hart arbeiten, um Ihr Ziel zu erreichen und Ihren Kummer loszuwerden, werden Sie den Sex nicht mehr als schmerzstillendes Mittel benutzen.«

MONICA: »Wow! Und ich dachte, mit meiner Sexualität würde irgendwas nicht stimmen.«

DR. LAURA: »Nur eins stimmt nicht mit Ihnen – daß Sie Ihren Traum aufgegeben haben. Legen Sie gleich los, Monica! Sie leben nur ein einziges Mal. Machen Sie das Beste daraus.«

Aber ich kann mir nicht helfen – ich bin süchtig nach Sex

Monica glaubte, die sexuelle Leidenschaft würde ihr helfen, den Rest ihres Lebens zu bewältigen. Aber das funktioniert nur, wenn man sich jedes Jahr in einen neuen Mann verknallt. Viele Leute tun das und nennen es eine Krankheit: »Ich bin süchtig nach Sex.«

Doch sie sind nicht krank. Sie versuchen nur immer wieder, sich in begeisterte Hochstimmung hineinzusteigern, statt ihre persönlichen Probleme zu lösen und um Selbstkontrolle zu kämpfen. Monica wird eine angenehme Überraschung erleben – das ungeheure High, sich im Zoo um einen Job zu bewerben und zu sagen: »Bitte, ich tue alles, ich räume sogar den Elefantenmist weg, aber geben Sie mir eine Chance!«

So wie Monica erwarten viele Frauen, die sexuelle Leidenschaft würde sie durch das ganze Leben begleiten und für unerfüllte Träume entschädigen. Aber da täuschen sie sich ganz gewaltig.

Das schockierende Eingeständnis, daß alles bei Ihnen selbst liegt

Manche Frauen beginnen ihr Sexualleben viel zu früh und setzen sich dann kritisch damit auseinander. Die zweiundzwanzigjährige Lisa erzählte mir, sie habe ihren Ehemann vor einem halben Jahr verlassen. Mit achtzehn, gleich nach der High-School, hatte sie wegen einer ungeplanten Schwangerschaft geheiratet. Jetzt war sie Mutter eines dreijährigen Sohnes. Damals hatte sie noch keine Zukunftspläne geschmiedet, abgesehen von einem glücklichen Leben als gute Ehefrau und Mutter. Sie erklärte, die Schule habe sie nie interessiert und sie sei als Teenager völlig verrückt nach »Jungs« gewesen. Dann überraschte sie mich, indem sie ihr Verhalten sehr vernünftig interpretierte: »Ich wollte nur Freunde haben, damit ich mich selber gut fühlte. Weil ich unter Minderwertigkeitsgefühlen litt, brauchte ich immer einen Freund. Auf diesen einen Jungen waren alle Mädchen scharf, und ich bekam ihn.«

»Also haben Sie nicht aus Liebe geheiratet«, erwiderte ich, »sondern um Ihre innere Leere zu füllen.«

Sie stimmte zu, dann schilderte sie die echte Erfüllung ihrer Mutterschaft und fügte hinzu: »Und jetzt arbeite ich sogar, aus eigenem Antrieb.« Ihr Exmann hatte ihr eingeredet, dazu sei sie unfähig.

Die ungeheure Befriedigung der Unabhängigkeit

Lisas Exmann hatte nur ihre eigene Angst in Worte gefaßt und gesagt: »Du wirst niemals irgendwas tun.« Nun wußte sie, daß sie sich beide geirrt hatten, und konnte triumphieren. Sogar die doppelte Belastung, im Job gute Leistungen zu bringen und vierundzwanzig Stunden am Tag für ihren angebeteten Sohn dazusein, war eine Quelle der Genugtuung, weil sie das alles selbständig tat. Sie ging auch mit Männern aus, aber bisher hatte sie keinen gefunden, der ihr wirklich gefiel. Lachend vertraute sie mir an: »Mein Exmann ist gar nicht so übel, aber ich fühle mich nicht mehr zu ihm hingezogen.«

»Sie haben ja auch gar nicht aus Liebe geheiratet«, entgegnete ich, »und er half Ihnen nicht, Ihre eigene Persönlichkeit zu entwickeln. Das wäre die Grundlage wahrer Liebe gewesen. Aber Sie haben aus Verzweiflung geheiratet. Und sich schon vorher ins Sexualleben gestürzt – ebenfalls aus Verzweiflung, aus emotionaler Verzweiflung. Das ist keine Liebe. Deshalb ist es kein Wunder, daß Ihr Exmann Ihnen nichts mehr bedeutet.«

Aus Fehlern kann man lernen

Ich empfahl Lisa, zu akzeptieren, daß ihre Ehe ein Fehler gewesen war, und sich auf ihr jetziges Leben zu konzentrieren. Was ihre Beziehung zu einem Mann betraf, meinte ich, vielleicht brauche sie derzeit nur ein einziges männliches Wesen, nämlich ihren Sohn. Nur sie allein konnte ihr Selbstwertgefühl aufbauen, kein anderer, und das schien sie instinktiv zu wissen. Abschließend riet ich ihr: »Stellen Sie sich in Ihren Träumen vor, wie Ihr Leben in zwanzig Jahren aussehen wird. Und rufen Sie mich bitte wieder an, wenn Sie einen besonderen Traum gefunden haben. Der muß nicht unbedingt Wahrheit werden. Meine eigenen Träume haben sich oft geändert. Aber es ist wichtig zu träumen. Denn wenn Sie von Ihrer Zukunft träumen können, so bedeutet das, daß Sie jetzt an sich glauben.«

Übersehen Sie nicht, wie Sie persönlich reifer werden

Das alles verstand Lisa, erkannte und würdigte aber nicht, wie ihre Persönlichkeit reifer wurde. Darauf wies ich sie nur zu gern hin, und das zeigt, wie dringend wir alle ein objektives Feedback und die Stütze anderer Menschen brauchen. Unsere inneren Veränderungen laufen so langsam ab, daß wir sie manchmal nicht bemerken, weil wir uns zu sehr aufs Überleben konzentrieren.

Verfrühter Sex kann zu einer lebenslangen Strafe werden

Wenn eine Frau sexuell aktiv wird, bevor sie dazu bereit ist (im Kopf, im Herzen und in ihrem Leben), zieht das manchmal schwerwiegende Folgen nach sich. Es kann zu ernsten Komplikationen und emotionalen Katatstrophen führen.

Als ich Karens Anruf entgegennahm, verriet mir ihre Stimme sofort, wie aufgeregt und wütend sie war. Doch sie begann eher beiläufig, von ihrer Beziehung zu einem »Gentleman« zu erzählen, mit dem sie seit drei Jahren zusammenlebte. Dann fügte sie hinzu, sie sei zwanzig (oh! ah!) und – jetzt kommt der große Hammer – sie habe ein acht Monate altes Baby. Sie versicherte zwar, sie sei mit dem Kindesvater verlobt, ließ aber gleich darauf eine weitere Bombe platzen. »Wie ich erst gestern erfuhr, hat er noch ein Kind mit seiner Exfreundin, das eben erst geboren wurde.«

Ich gab ihr zu verstehen, offenbar wolle sich dieser Kerl (ich ertrug es nicht, ihn »Gentleman« zu nennen) mehrere Möglichkeiten offenhalten, und fragte, ob er bereits einen Hochzeitstermin festgelegt habe. Natürlich nicht. »Ich kann's kaum erwarten, Ihre Frage zu hören«, seufzte ich.

»Ich weiß einfach nicht, was ich tun soll. Würden Sie's mir sagen?«

Sexuelle Intimität führt selten zu einer sofortigen festen Bindung

Ich antwortete, das sei nicht wahr. Denn sie wußte ganz genau, was sie tun mußte – oder was sie tun würde, wenn sie sich nicht in einer scheinbar ausweglosen Situation befände. »Wenn Sie einen aussichtsreichen Job und kein Kind hätten, würden Sie diesem Kerl sicher den Laufpaß geben.«

Sie stimmte zu, und ich betonte, er sei ohnehin kein geeigneter Partner fürs Leben. Karens romantische Vorstellung, die sexuelle Intimität müßte augenblicklich zu einer engen Beziehung führen, hatte die ganze Zeit ihr Urteilsvermögen getrübt.

Ihre derzeitigen Schwierigkeiten beruhten auf der Hast, mit

der sie sich in Dinge gestürzt hatte, für die sie noch nicht bereit gewesen war. Ich empfahl ihr, ein paar Jahre mit dem Heiraten zu warten und nicht mehr mit ihrem sogenannten Verlobten zusammenzuleben. In der Entwöhnungsphase, während sie höflich miteinander umgingen und ihre elterlichen Pflichten wahrnahmen, würde Karen sehen, ob der Mann zu der liebevollen Monogamie fähig war, die sie sich wünschte, und gleichzeitig die komplizierten Verpflichtungen seinen beiden Kindern gegenüber erfüllen konnte. »Am besten lassen Sie sich zwei Jahre Zeit, bevor Sie eine Entscheidung treffen – selbst wenn Sie ständig gegen das Bedürfnis ankämpfen müssen, ihn zu heiraten oder sich endgültig von ihm zu trennen. Ehe Sie einen Entschluß fassen, der Ihr ganzes weiteres Leben beeinflussen wird, müssen Sie gründlich und in aller Ruhe überlegen.«

Solange man am Leben ist, hat man die Wahl

Wie ich Karens offenkundiger Erleichterung entnahm, war ihr zuvor nicht bewußt geworden, daß sie die Wahl hatte. Ich empfinde großes Mitleid mit jungen Frauen, wenn sie gerade in einem Lebensabschnitt, den sie frei und unbeschwert genießen sollten, dermaßen hart kämpfen müssen. So wie schwangere Teenager weigern sich auch ältere Frauen, die klaren Zeichen an der Wand zu sehen, bis sie dazu gezwungen werden – weil die ganze Wand unter dem Gewicht der Graffiti einstürzt. Dann ist es leider oft zu spät.

Je jünger die Frau, desto reger die Phantasie

Neulich rief mich ein entrüsteter Vater in meiner Radiosendung an und fragte, wie er seine sechzehnjährige Tochter bestrafen solle, die ihre Jungfräulichkeit verloren habe. Das wußte er von der Großmutter des Mädchens, die zufällig (wie macht man das?) das Tagebuch ihrer Enkelin gelesen hatte. Ich erklärte ihm, eine Woche ohne Fernsehen würde wahrscheinlich nicht die gewünschte Wirkung erzielen, und er müsse in dieser Situation mehr Verständnis und Einfühlsamkeit zeigen. Vermutlich hörte er mir gar nicht richtig zu, aber ich möchte wiederholen, was ich ihm gesagt habe:

Wenn eine junge Frau mit einem Mann schläft – insbesondere, wenn das zu früh geschieht –, hält sie die Affäre für viel bedeutsamer, als es ohne die körperliche Intimität wahrscheinlich der Fall wäre.

Wie mir eine Anruferin erzählte: »Ich beging den Fehler, schon sehr früh mit einem Mann ins Bett zu gehen – bevor ich ihn richtig kannte. Seither sind wir, zumindest in diesem Sinn, ›intim‹ miteinander, und ich fühle mich gefangen.«

Eine solche Situation wird noch zusätzlich belastet, weil viele junge Leute in Identitätskrisen stecken, keine Erfahrungen besitzen und von ihrem Bedürfnis nach Abhängigkeit getrieben werden.

In welcher Altersstufe soll man sexuell aktiv werden?

Während meines Auftritts in der mittlerweile abgesetzten Ron Reagan TV-Show bedrängte mich Mr. Reagan, ihm ganz genau zu sagen, in welchem Alter die Kids ihr erstes sexuelles Abenteuer erleben sollen. Meine Antwort schien seinem Talk-Show-Format nicht ganz zu entsprechen. Ich erklärte, wir sollten uns erst dann auf sexuelle Aktivitäten einlassen, wenn wir reif genug sind, die möglichen Konsequenzen unseres Verhaltens zu begreifen, vorauszusehen und zu akzeptieren. Eine allgemein gültige, richtige Altersstufe könnte man in diesem Zusammenhang nur nennen, wenn alle Menschen im selben Tempo heranreifen würden und identische Charakterzüge besäßen. So ist es aber nicht, und darin liegt der Kern des Problems.

Eierstöcke, Hoden, Penisse, Vaginas und Gebärmütter funktionieren schon lange, bevor die Individuen, die diese Organe beherbergen, über die nötige Weisheit und Reife verfügen, um die Konsequenzen zu tragen: Schwangerschaft oder Geschlechtskrankheiten oder Herzenskummer. Viele junge Leute glauben, der Sex würde als »Kitt« in einer Beziehung fungieren, als Rettungsanker in einem angstvollen Leben. Wenn ihnen dann die Augen geöffnet werden, sind sie bitter enttäuscht. Aber nicht nur Teenager stürzen sich zu früh in sexuelle Aktivitäten...

Verfrühter Sex ist verspätete Selbstliebe

Die fünfundzwanzigjährige Hilda erklärt ihre Neigung zu vorschnellem Sex: »Ich möchte alles auf einmal, um zu verbergen, wer ich bin.« Verfrühter Sex ist verspätete Selbstliebe.

Das erkennt auch die dreiunddreißigjährige Carolyn. Ihr dreijähriger Sohn ist das Produkt einer Affäre mit einem Nachbarn, die nur eine Nacht dauerte. »Damals wußte ich, daß es nicht wichtig war. Und ich tat es trotzdem.«

»Warum?« fragte ich unverblümt.

»Nun ja, um ehrlich zu sein – ich war einsam und übergewichtig, hatte nicht allzu viele Verehrer, keinen Sex seit meinem siebzehnten Lebensjahr, und ich fühlte mich isoliert. Erst vor kurzem hatte ich mein neues Haus in einer fremden Gegend bezogen. Ich dachte, es würde mir guttun, mich mit diesem Mann einzulassen.«

»Und jetzt?«

»Nun, jetzt habe ich einen wundervollen kleinen Jungen, den ich innig liebe und der keinen Daddy hat.«

Offensichtlich beschwor das emotionale Vakuum in Carolyns Leben einen impulsiven Entschluß herauf, dem sie ihren Sohn verdankt.

Vor allem kommt es auf die Selbstachtung an

Die zweiundvierzigjährige Joan zögerte sogar, den betreffenden Mann in ihrem Leben als Freund zu bezeichnen. Nach nur vierwöchiger Bekanntschaft hatte er sie vor vierzehn Tagen sitzenlassen, mit der Erklärung, er wünsche sich eine lockere Beziehung, ohne Verpflichtungen, ohne irgendwelche Ansprüche erfüllen zu müssen. Mit anderen Worten, er wollte seinen »Spaß« haben, also Sex, aber keine Bindung.

»Einerseits werde ich den Sex vermissen, wenn ich mich von ihm trenne«, klagte sie, »andererseits wirkt sich die jetzige Situation sehr ungünstig auf mein Ego aus.«

»Und was ist Ihnen wichtiger?« fragte ich.

»Also, in gewissen Monatsphasen – der Sex!«

Darüber lachten wir beide. Aber Joan ist eine typische Vertreterin des weiblichen Schemas: Ich möchte mich gut fühlen. Ich möchte mich sicher fühlen. Ich will geliebt und umhegt werden. Ich will alles sofort. Deshalb muß ich jetzt Sex haben. Das wird mir auch sämtliche anderen Dinge verschaffen. Dann kann ich mich bei meinen Freundinnen und bei dem Mann beschweren, weil er meine Gefühle verletzt.

Verfrühter Sex kann zur Verzweiflung führen

Bevor wir fortfahren, möchte ich betonen: Ganz egal, wie alt Sie sind, die Sexualität – eine machtvolle Erfahrung und treibende Kraft – vermag weder Ihre Persönlichkeit, noch Ihre Beziehung aufzuwerten. Es läuft eher umgekehrt. Vorschneller Sex kann Minderwertigkeitskomplexe hervorrufen, tiefe Verzweiflung – und das Gefühl schrecklicher Einsamkeit.

5. Zusammenleben

Die schlimmste weibliche Selbsttäuschung

Als ich vor fünfzehn Jahren beim Rundfunk zu arbeiten begann, gaben nur wenige Anruferinnen zu, sie würden in wilder Ehe leben. Inzwischen haben sich ihre Wertmaßstäbe und Normen etwas gelockert.

Heutzutage gilt es nicht mehr als verrucht, wenn eine Frau und ein Mann ohne Trauschein zusammenleben. Man findet es sogar erstrebenswert. Denn auf diese Weise können sich die beiden besser kennenlernen und der späteren Ehe eine solidere Grundlage geben als die Paare, die aufs Geratewohl heiraten.

Könnte diese Denkart falsch sein?

Versetzt das Zusammenleben einer Beziehung den Todesstoß?

Laut Dr. David Myers, Psychologe und Autor von *The Pursuit of Happiness*, ergaben kürzlich sieben Untersuchungen, daß sich Paare, die vor der Ehe zusammenleben, häufiger scheiden lassen als andere. Das geht auch aus drei Umfragen hervor: In den USA befragte man 1300 Erwachsene, und wie sich herausstellte, war bei Paaren, die vor der Hochzeit zusammenlebten, die Wahrscheinlichkeit einer Scheidung innerhalb des ersten Jahrzehnts um ein Drittel höher. In Kanada wurden 5300 Frauen befragt – bei 54 Prozent, die vor der Ehe mit ihrem Partner zusammengelebt hatten, bestand während der ersten fünfzehn Jahre die Möglichkeit einer Scheidung. Und wie die Befragung von 4300 Schwedinnen demonstrierte, führt das voreheliche Zusammenleben zu einem um 80 Prozent höheren Scheidungsrisiko.

Warum spielen Sie mit Ihrem Lebenspartner russisches Roulette?

Nun, Sie und ich wissen, wie leicht es ist, all diese Daten zu ignorieren. Man sagt einfach: »Meine Situation ist ganz anders.«

Sicher gilt das für viele Frauen. Sie wechseln erfolgreich von der wilden zur richtigen Ehe über, doch dies ist keineswegs die Regel. Warum sind Sie dann so versessen drauf, mit Ihrem Lebenspartner russisches Roulette zu spielen? Aus Verzweiflung, aus Angst, niemanden zu haben und Ihr Leben zu vergeuden, wenn sich kein Mann für Sie entscheidet.

In meinen Dialogen mit Ihnen geben Sie's letztendlich immer zu. Wollen Sie sich nicht den Streß ersparen, die Wahrheit auf die harte Tour herauszufinden?

Vielleicht ist es zu mühsam, zu warten und reifer, unabhängig und selbstsicher zu werden – vor allem, wenn man jung und von Wunschträumen erfüllt ist oder einer unglücklichen Vergangenheit zu entrinnen hofft.

Ich liebe ihn, aber ich traue ihm nicht...

Jessica, eine neunzehnjährige aufstrebende Tänzerin, stammte aus einem konfliktreichen Elternhaus. Der Vater hatte die Mutter immer wieder betrogen. Die Tochter war in einer ungewissen Atmosphäre aufgewachsen und unfähig, irgend jemandem zu vertrauen. Trotzdem lebte sie seit vier Monaten mit ihrem Freund zusammen und behauptete, ihn zu lieben, obwohl sie an seinen Gefühlen und seiner Treue zweifelte. Sie hoffte auf »irgend etwas Wunderbares«, mit anderen Worten auf die Ehe, den Beweis seiner Zuneigung.

Ich erklärte ihr, sie sei sehr unsicher, und wies auf die Gründe hin, die viele blutjunge Frauen veranlassen, mit einem Mann schon am Anfang der Beziehung zusammenzuleben: Sie hoffen, eine so enge Bindung (die vorzugsweise zur Ehe führen soll) würde ihnen helfen, sich besser zu fühlen und ihr Leben sinnvoll zu gestalten. Und wissen Sie was? Auf diese Weise funktioniert das nie.

Das Zusammenleben mit einem Mann behindert die Entwicklung zur persönlichen Reife

Jessica sollte sich bemühen, ihr Selbstbewußtsein zu stärken und lebenstüchtiger zu werden. Wenn sie das schafft, muß sie sich nicht an einen Mann binden, nur um die Wunden der Vergangenheit zu heilen. Statt dessen wird sie eine Beziehung eingehen, weil sie ihre Persönlichkeit und ihre Erfahrungen mit jemandem teilen möchte. Deshalb glaube ich nicht, daß die persönliche Reife vom verfrühten Zusammenleben profitiert – schon gar nicht im Alter Jessicas, die außerdem noch an ihrer unglücklichen Kindheit leidet.

Hoffnung kann sehr weh tun

Bei allen Dingen im Leben gibt es Ausnahmen, unendlich viele Kombinationen und Verdrängungen. Meistens beginnen die Frauen, so wie Jessica, ihre wilde Ehe voller schöner Träume und Hoffnungen – und mit einem Programm, das sie sich nicht einmal selber eingestehen.

Jessica wünscht sich »etwas Wunderbares«. Ganz automatisch entsteht die vergebliche Hoffnung, das Zusammenleben mit einem Mann würde irgendwelche magischen Ereignisse heraufbeschwören. So denkt nicht nur Jessica. Jeder malt sich zuweilen aus, er könnte sich die harte Arbeit des Erwachsenwerdens ersparen, indem er sich an eine starke Schulter lehnt.

Doch das kann man nicht, wenn man in seinem Leben Erfüllung finden will. Wenn Jessica sich anstrengt und lernt, für sich selber zu sorgen, muß sie nicht mehr auf »etwas Wunderbares« hoffen. Sie wird es aus eigener Kraft bewirken.

Nur Sie selbst können sich glücklich machen

»Und wenn sie nicht gestorben sind, dann leben sie noch heute.« Mit dieser märchenhaften Verheißung sind wir Mädchen alle aufgewachsen. Und wenn Sie ein unglückliches junges Mädchen sind – gibt es denn ein besseres Heilmittel, als mit einem Mann zusammenzuziehen? Das Problem ist nur – so leicht läßt sich das Glück nicht erobern. Und es kommt nicht drauf an, mit wem *Sie* zusammen sind, sondern mit wem *er* zusammen ist (nämlich mit Ihnen).

Nur Sie allein besitzen die Macht, sich selber glücklich zu machen. Wenn Sie sich an einen Mann klammern, laufen Sie Gefahr, den Kummer, dem Sie entfliehen wollten, immer wieder von neuem zu erleben. Deshalb leidet Jessica unter der Unfähigkeit, ihrem Mann zu trauen – ganz egal, was ihr Instinkt sagt.

Verleugnung

Die Verleugnung ist ein wichtiger Faktor im Zusammenleben mit einem Mann. Die Variationen reichen – wie Sie im Laufe dieses Kapitels noch sehen werden – vom Verleugnen der eigenen Bedürfnisse und Sehnsüchte bis zum Ignorieren aller Dinge, die *ihm* vorschweben.

Letzteres wurde mir von einer Anruferin namens Jane bestätigt. »Ich spüre, daß er mich liebt, aber er hält sich zurück.« Damit erklärte sie den Wunsch ihres Freundes, mit dem sie zusammenlebte, andere Paare zu treffen und die Partner zu tauschen. Tragischerweise fügte sie hinzu: »Ihm zuliebe würde ich's tun, wenn ich genau wüßte, wie's um uns beide steht...«

Wenn er mich wirklich liebte, müßte er mich doch heiraten

Wenn Sie mit einem Mann zusammenziehen, ohne zu wissen, was er für Sie empfindet, versuchen Sie, Gefühle in ihm zu wekken. Das ist entwürdigend und dumm. Sie müssen doch nicht für eine Theateraufführung proben.

Diana wußte das. Seit über einem Jahr kannte sie ihren Freund, und seit fünf Monaten wohnten sie zusammen. Sie behauptete zwar, sie würden ständig von Heirat reden, aber das galt wohl eher für sie allein. Wann immer sie ihren Liebhaber bedrängte, versicherte er ihr, er wolle sie heiraten, wisse aber noch nicht, wann, weil er vorerst »nicht dazu bereit« sei.

DIANA: »Soll ich rumhängen und warten? Das könnte noch fünf oder sechs Jahre dauern.«

DR. LAURA: »Sind Sie wirklich sicher, daß Sie seine Reaktion richtig deuten, Diana? Vielleicht möchte er Sie gar nicht heiraten. Wenn er sagt, er sei nicht bereit, können wir nicht interpretieren, was er eigentlich meint, aber herausfinden, warum Sie sich in diese frustrierende Situation bringen. Sie leben mit Ihrem Freund zusammen, um für den Ernstfall zu proben, für ein Theaterstück, in dem Sie die Rolle der Braut zu übernehmen hoffen. Habe ich recht?«

DIANA: »Nun – ja...«

DR. LAURA: »Bisher ist das mißlungen, und das bedeutet, daß Sie keinen guten Plan geschmiedet haben. Er ist mit der jetzigen Situation zufrieden – Sie sind es nicht. Sie wollen etwas daran ändern, er will es nicht. Zufriedene Leute sehen keinen Grund, irgendwas zu verändern, nicht wahr?«

DIANA: »Das stimmt.«

DR. LAURA: »Also sind *Sie* es, die eine Veränderung herbeiführen muß. Ziehen Sie aus, und wenn Sie ihn immer noch mögen, verabreden Sie sich mit ihm.«

DIANA: »Genau darüber haben wir in letzter Zeit oft gesprochen.«

DR. LAURA: »Sehr vernünftig.«

DIANA: »Er sagte auch, er würde eine Therapie mit mir machen und über alles diskutieren.«

DR. LAURA: »Das ist nett von ihm. Aber im Augenblick interessiert er mich nicht. Ich sorge mich um Sie. Geben Sie diese Wohngemeinschaft auf, Diana, denn wenn Sie weiterhin mit ihm zusammenleben, werden Sie sich immer elender fühlen. Deshalb sollten Sie nicht bei ihm bleiben. Versprechen Sie mir, darüber nachzudenken.«

DIANA: »Natürlich. Und vielen Dank. Das alles mußte ich wirklich mal hören.«

DR. LAURA: »Passen Sie gut auf sich auf. Und gehen Sie schleunigst von da weg!«

Das Zusammenleben ist kein Beweis für eine enge Bindung

Während dieses Gesprächs hatte ich das Gefühl, Dianas Beziehung könnte auf einer soliden Basis beruhen, würde aber mehr Freiraum und Zeit brauchen, um sich weiterzuentwickeln. Wenn man zusammenzieht, erweckt man den Eindruck, dieser Prozeß hätte bereits stattgefunden. Dann verläuft alles ganz anders, als die Frau sich das vorgestellt hat, und sie kommt aus dem Konzept.

Was habe ich hier noch zu suchen, wenn er mich nicht will?

Die dreißigjährige Jean, Teilzeitstudentin mit eigenem Einkommen, wohnte anderthalb Jahre lang kostenlos bei ihrem Freund. Davor hatte sie sich scheiden lassen und seither nicht allzu viele Männer kennengelernt. Als sie ihrem jetzigen Freund näherkam, fand sie das großartig. »Also zog ich zu ihm.« In dieser Phase unseres Gesprächs verstand ich noch nicht, warum sie mich angerufen hatte.

Doch dann erkannte ich die traurige Realität ihrer Situation immer deutlicher. Sie war kinderlos. Aber die siebzehn- und dreizehnjährigen Kinder ihres Freundes lebten im gemeinsamen Heim, und der Vater hielt Jean energisch, manchmal sogar gewaltsam von ihnen fern.

»Was bedeutet das?« fragte ich. »Dürfen Sie nicht mit ihnen reden und ihnen keine Anweisungen geben?«

»Er möchte nicht, daß ich am Leben der Kinder teilnehme. Immer wieder sagt er zu mir: ›Kümmere dich nur um mich. Um die beiden brauchst du dich nicht zu sorgen‹.«

Noch immer war ich mir nicht ganz sicher, warum Jean mit mir sprach – bis sie erwähnte, ihr Freund würde manchmal »Anfälle« bekommen, sie auffordern, sofort auszuziehen, und sich dann wieder anders besinnen. »Ich versuche, ihm klarzumachen, wie großartig unsere Beziehung ist«, fügte sie hinzu.

»Das können Sie niemandem klarmachen«, entgegnete ich. »Jeder muß selber wissen, was er fühlt und denkt. Mit solchen

Diskussionen verschwenden Sie nur Ihre Zeit und würdigen sich herab.«

JEAN: »Ja, und ich sage mir immer wieder, daß ich gehen muß. Was habe ich hier noch zu suchen, wenn er mich nicht will?«

DR. LAURA: »Fällt Ihnen was auf? Sie fragen sich nicht, ob Sie wirklich bei diesem Mann bleiben wollen. Oh, sicher möchte er Sie behalten. Er genießt den Sex mit Ihnen, und nach Ihrer Stimme zu urteilen, sind Sie wirklich nett...«

JEAN: »Ich bemühe mich, alle Leute glücklich zu machen.«

DR. LAURA: »Und Sie, Jean? Machen Sie sich selber glücklich? Macht er Sie glücklich? Darf ich ganz offen sprechen?«

JEAN: »Ja, bitte.«

DR. LAURA: »Dieses Arrangement entwürdigt Sie. Ihr Freund möchte sich nicht an Sie binden und keinerlei Verpflichtungen eingehen, gibt Ihnen aber zu verstehen, worin Ihre Aufgabe besteht – ihm zu dienen. Wenn ihm danach zumute ist, scheint es ihm sogar Spaß zu machen, Sie zu verunsichern. Und wissen Sie, warum Sie das zulassen? Weil Sie Angst davor haben, auf eigenen Füßen zu stehen. Sie sind dankbar für sein autoritäres Verhalten, denn es befreit Sie von der Verantwortung.«

JEAN: »Und deshalb bleibe ich bei ihm? Weil ich mich vor der Verantwortung fürchte?«

DR. LAURA: »Genau. Sie werden von Ihrer Angst beherrscht, Jean, Sie haben sich verkauft. In gewisser Weise sorgt er für Sie, zum Beispiel finanziell. Aber Sie sorgen nicht für sich selbst.«

JEAN: »Ja, und das muß sich ändern.«

DR. LAURA: »Allerdings, Jean. Sorgen Sie für sich selbst!«

Zusammenleben ist gleichzeitig Nachgeben

Frauen, ihr müßt bedenken, daß die Selbstachtung vom Willen abhängt, diese oder jene Umstände zu meistern und sich nicht von ihnen überwältigen zu lassen. Man darf nicht nachgeben. Wie in Jeans Fall ist das Zusammenleben mit einem Mann oft gleichbedeutend mit nachgeben. Damit kann man sich zweierlei einhandeln – ein Dach über dem Kopf und einen Abgrund unter dem Herzen. Ehe Frauen sich selbst verkaufen, sollten sie die Alternativen erwägen. Und sie müssen ihren Mut und ihre Kreativität aufbieten, sonst sind sie Bettlerinnen und können nicht über sich selbst bestimmen.

Begnügen Sie sich niemals mit dem Zweitbesten

Oft fragen mich die Frauen, wie sie einen Mann dazu bringen sollen, sie zu achten und respektvoll zu behandeln. Meine Antwort ist immer gleich: Begnügen Sie sich niemals mit dem Zweitbesten. Wenn der Mann Ihre Ansprüche nicht erfüllt, verlassen Sie ihn. Alle Veränderungen müssen vom Denken und Fühlen ausgehen. Aber einige Frauen scheinen diese Message nicht zu verstehen. Sie machen sich weiterhin Hoffnungen und bemühen sich, so wie Yolanda.

Ich dachte, ich hätte eine monogame Beziehung!

Yolanda, eine achtundzwanzigjährige Sozialarbeiterin, lebte seit Jahren mit ihrem Freund zusammen. Sie rief mich an, um über sein Geständnis zu diskutieren, er habe ein Wochenende mit einer anderen Frau verbracht. Nun war sie entsetzt, weil er sie jäh aus ihren Träumen von einer monogamen Beziehung gerissen hatte. Ich erläuterte, wenn eine Frau mit einem Mann zusammenziehe, ohne Forderungen zu stellen, sei er sich über einen wesentlichen Punkt im klaren: Er braucht nicht viel zu tun, um sie zu kriegen; er amüsiert sich anderswo, sie bleibt bei ihm, und er lernt noch etwas dazu – er braucht auch nicht viel zu tun, um sie zu behalten. Und das zerstört ihre Selbstachtung.

Bei unserem Gespräch fand ich sie sehr sympathisch, eine gebildete Frau, die ihren Beruf liebte und deren Leistungen anerkannt wurden. Ich empfahl ihr, sich einen anderen Mann zu suchen, der bereit wäre, ihr gegenüber Verpflichtungen einzugehen. Dann fügte ich hinzu, den würde sie nicht finden, wenn sie aus reiner Verzweiflung ihre Zeit mit einem Mann verschwendete, der sie nicht zu respektieren und sich auch nicht für ihr Wohl zu interessieren schien, nur für sein eigenes. Offensichtlich war sie wütend auf ihn und bitter enttäuscht, und sie besaß auch die finanziellen Mittel, um woandershin zu ziehen. Ich hoffe nur, sie besaß auch die emotionale Kraft dazu.

Machen Sie keinen Fehler! Die wechselseitige Verpflichtung ist ein ungemein wichtiges Abkommen

Vielleicht werden Sie jetzt einwenden: »So ein Abkommen hindert die Männer noch lange nicht daran, ihre Freundinnen zu beleidigen, lieblos zu behandeln, die Treue zu brechen oder sie einfach nur zu ärgern. Und es hält die Männer auch nicht davon ab, die Frauen zu verlassen.«

Ja, so ein Abkommen ist eine große Sache. Wie ich am Anfang dieses Kapitels erwähnt habe: Paare, die vor der Ehe zusammenleben, lassen sich häufiger scheiden als andere.

Eine stabile Beziehung erfordert Zeit, Mühe und Opfer

Die interessante Frage lautet: Warum? Wahrscheinlich sind hier viele Kräfte am Werk, und es würde sich lohnen, ein eigenes Buch darüber zu schreiben. Aber ich denke, die wichtigsten Beiträge leisten Reife, Geduld und die Fähigkeit, die große Befriedigung auf später zu verschieben.

Wenn die Leute nicht bereit sind, Zeit und Mühe zu investieren, um ihrer Beziehung eine solide Grundlage zu verschaffen, können sie meistens auch keine Opfer bringen, um die Partnerschaft weiterzuentwickeln und am Leben zu erhalten.

Verfrühter Sex und Zusammenleben ohne wechselseitige Verpflichtungen und gemeinsame Zukunftspläne weisen auf unreife Menschen hin, die nur an den Augenblick denken und tun, was ihnen gerade einfällt. Die Unreife hängt auch mit mangelnder Selbstachtung und Identität zusammen, und sie verwehrt es den Betroffenen, ihre Bedürfnisse und Gefühle klar auszudrükken.

Sie haben Angst, also gehen Sie auf Nummer Sicher. Und dann merken Sie, daß sich diese Art von Sicherheit nicht lohnt. Das fand auch meine Anruferin Sharon heraus.

Wenn die Frau eine Familie gründen will und der Mann nicht

Sharon erzählte mir, ursprünglich habe sie beschlossen, mit ihrem Freund zusammenzuziehen, weil sie »ihn besser kennenlernen« wollte. Und während der letzten beiden Jahre waren sie einander tatsächlich nähergekommen. »Es ist eine großartige, ideale Beziehung«, beteuerte sie. »Er ist so gut zu mir – und ich glaube, das beruht auf Gegenseitigkeit. Einer hilft dem anderen, und wir haben soviel gemeinsam. Wir sind wirklich gern zusammen.« Warum hatte sie mich überhaupt angerufen?

Das Problem lag darin, daß Sharon zu ihrem Freund gezogen war, ohne an eine Ehe zu denken (zumindest nicht bewußt). Über dieses Thema hatten sie nicht diskutiert. Jetzt wünschte sie sich eine Familie, aber ihrem Freund widerstrebte es, eine so große Verantwortung zu übernehmen. Das lehnte er ganz entschieden ab.

Um keine Unstimmigkeiten aufkommen zu lassen, war sie offenbar bereit, ihre eigenen Interessen hintanzustellen. Aber ich warnte sie. Im Laufe der Zeit würde ihr Frust wachsen – und ihr Groll gegen den Mann. »Und das wäre unfair. Denn Sie haben in jeder Phase Ihre eigene Entscheidung getroffen. Wie so viele Frauen machten Sie sich etwas vor und hofften, die Beziehung würde sich weiterentwickeln. Das ist ein kalkuliertes Risiko. Wenn Sie auf eine Ehe und Kinder verzichten wollen, so ist das okay. Aber wenn Sie sich dazu zwingen, nur um ihn nicht zu verlieren, begehen Sie einen schweren Fehler.«

Unmittelbarer Verlust / langfristiger Gewinn

Überlegen Sie, vor welch schmerzhaften Alternativen Sharon steht: Soll sie eine befriedigende Beziehung aufgeben oder nicht? Soll sie einen Mann, den sie liebt, verlassen und sich einen anderen suchen, der ihr den Traum von einer Familie erfüllen würde? Der unmittelbare Verlust liegt klar auf der Hand, der langfristige Gewinn ist unberechenbar. Wenn eine Frau die Absicht äußert, über Bord zu springen, beginnt so mancher Mann, der ebenfalls keinen Verlust erleiden will, plötzlich schneller zu paddeln.

Richtige Entscheidungen verlangen Objektivität

Aber während wir durchs Leben gehen, uns weiterentwickeln, verändern und reifer werden, stehen wir immer wieder an solchen Scheidewegen. Darauf müssen wir uns gefaßt machen, denn es gehört zum menschlichen Wesen. Es darf uns nicht überraschen, und es bereitet mir auch keine Sorgen. So ist das Leben nun einmal. Mich bekümmert etwas ganz anderes: Eine Beziehung, die von verfrühter Sexualität und unbedachtem Zusammenleben geprägt wird, erschwert es den Beteiligten, die nötige Objektivität zu erlangen, um richtige Entscheidungen zu fällen.

Sie wollen ihn für sich gewinnen. Damit sind Sie so beschäftigt, daß Sie sich gar nicht fragen, ob Sie ihn überhaupt wollen

Eine Frau zieht nicht mit einem Mann zusammen, um ihn aus der Nähe zu betrachten, sondern um beschützt, umhegt und begehrt zu werden. Wenn Sie so eingestellt sind, können Sie nicht überlegen (schon gar nicht laut), ob Sie den Kerl überhaupt wollen. Sie haben alle Hände voll damit zu tun, ihm klarzumachen, daß er *Sie* will.

Autoritäres, kleinliches, selbstsüchtiges, unsicheres, destruktives, unreifes und verletzendes Verhalten des fraglichen Mannes wird einfach ignoriert. Aber statt dessen sollten Sie rausfinden, ob er Ihrer wirklich würdig ist! Wenn Sie schon bei ihm wohnen, ist es viel schwerer, die allerwichtigste Frage zu stellen: Möchte ich auf diese Weise den Rest meines Lebens verbringen?

Der Versuch, den Partner zu ändern – ein Beispiel für Selbsttäuschung

Susan rief mich an, um das unreife, manipulative Verhalten ihres Freundes zu erörtern, das sie mit aller Macht ändern wollte.

DR. LAURA: »Leben Sie mit ihm zusammen?«

SUSAN: »Ja.«

DR. LAURA: »Offenbar haben Sie sich zu früh auf eine sexuelle Beziehung eingelassen und sind zu früh mit ihm zusammengezogen. Sie haben sich an ihn gebunden, und jetzt blicken Sie in die Zukunft – und sagen: ›Igitt!‹ Aber statt ein klares Urteil zu fällen, stellen Sie Kleinmädchenfragen, wie Sie ihn ändern können.«

SUSAN: »Ja, es sieht so aus.«

DR. LAURA: »Weil es Ihnen schwerfällt, sich eine Umkehr vorzustellen, nachdem Sie das alles etabliert haben. Würden Sie sich nur regelmäßig mit ihm treffen, wäre seine Unreife Grund genug, ihn nicht mehr zu sehen, denn Sie hätten Ihr eigenes Leben, auf das Sie sich erneut konzentrieren können. Aber da Sie mit ihm zusammenleben, ist es für Sie um so schwieriger, zu tun, was Sie tun müssen. Also benutzen Sie ein Heftpflaster statt eines Skalpells, obwohl eine größere Operation nötig wäre.«

Das Rendezvous als Leasing-Vertrag mit Kaufoption

Wenn man einen Mann regelmäßig trifft, aber nicht mit ihm zusammenlebt, lernt man ihn mit der Zeit kennen und kann sich ein Urteil bilden. Also verzichten Sie vorerst auf ein sexuelles Verhältnis und eine wilde Ehe und ändern Sie die Bedeutung des Rendezvous zum »Leasing mit späterer Kaufoption«.

Die Rückkehr zum gefürchteten: »Aber ich...«

Seit dem Kapitel über das Rendezvous und die Liebe haben wir die uralten verläßlichen Worte »Aber er hat gesagt« nicht mehr als Beweggründe für unsere dummen Entscheidungen herangezogen. Jetzt wollen wir's wieder tun.

Dana, eine dreiunddreißigjährige Geschiedene mit zwei Kindern, rief mich an und erklärte, sie würde überlegen, ob sie ihre Beziehung aufgeben sollte, die seit fünf Jahren bestand. Sie wohnte mit den Kindern bei ihrem Freund, der ein Problem hatte: Er war nicht geschieden. Und er konnte sich auch nicht entschließen, den entscheidenden Schritt zu tun. »Dieses Hin und Her dauert schon jahrelang«, erzählte sie, »und er leidet wahrscheinlich unter Schuldgefühlen, denn er ist streng katholisch. Das bin ich nicht. Vielleicht ist es auch nur eine Ausrede... Jedenfalls bedränge ich ihn unentwegt. ›Hast du mit dem Anwalt geredet? Hast du mit dem Therapeuten geredet?‹«

Um alles noch schlimmer zu machen, erlaubte seine Frau den Kindern nicht, ihn in seinem neuen Haushalt zu besuchen. Deshalb waren alle Tage, die er mit ihnen verbrachte, und insbesondere die Ferien, für Dana und ihre Töchter eine reine Qual. »Und wenn er bei uns ist, wirkt er so deprimiert. Im letzten Jahr hat er nichts unternommen, um die Situation zu ändern.«

Als ich fragte, warum sie überhaupt zu ihm gezogen sei, antwortete sie: »Weil er mir mehrmals versprach, er würde sich scheiden lassen. Und ich – glaubte ihm.«

»Genausogut könnten Sie in einen leeren Swimmingpool springen und sagen: ›Er hat mir doch versprochen, daß Wasser drin sein würde, wenn ich unten ankomme!‹«, entgegnete ich.

Mit diesem Mann leben Sie ohnehin nicht richtig zusammen

Ich gab Dana einen guten Rat. »Was immer er auch tun mag, um aus diesem Schlamassel herauszukommen – Sie und die Kinder müssen woandershin ziehen und anfangen, ein eigenes Leben zu führen. Vor allem für Ihre Töchter wäre das viel besser, denn ich glaube, die Entscheidungen, die Sie bisher getroffen haben, schaden den beiden. Sicher wäre es ein Fortschritt angesichts Ihrer jetzigen Situation. Und es würde Ihnen helfen, den richtigen Entschluß zu fassen, was Ihre Beziehung angeht. Dieser Mann ist ein Schwächling, Dana, und Sie haben es ihm zu leicht gemacht. Inzwischen müssen Sie doch wissen, daß seine Versprechungen keine Rolle spielen. Solange er unfähig ist, sein Leben zu ordnen, Charakterstärke, Integrität und Reife zu beweisen, verlieren Sie nicht viel, wenn Sie sich von ihm trennen.«

Ich finde es großartig, daß ich zu ihm ziehe – abgesehen von diesen hartnäckigen Zweifeln...

Als Nicole mich anrief, wußte sie, daß ich ein vorschnelles Zusammenleben nicht befürworte, aber sie behauptete wie viele Frauen: »Bei uns geht es um etwas mehr.« Was immer das auch bedeuten mag...

Ich fragte sie ganz direkt: »Versuchen Sie, sich einzureden, es sei richtig, bei ihm zu wohnen?«

Da erwiderte sie: »Nun ja, ich möchte es – aber andererseits zögere ich.«

DR. LAURA: »Hören Sie auf diese innere Stimme. Wenn Sie beide bereit sind, Verpflichtungen einzugehen, tun Sie's! Aber das Zusammenleben funktioniert nicht, wenn Sie glauben, es würde Ihnen helfen, Gemeinsamkeiten zu entdecken. Und ich halte das Ganze ohnehin für eine dumme Idee. Ich würde nur dann mit einem Mann zusammenziehen, wenn ich aus Prinzip nicht heiraten möchte.«

NICOLE: »Ich will ihn ja heiraten. Aber er sagt, für ihn sei das ein großer Schritt.«

DR. LAURA: »Dann warten Sie, bis er bereit ist, diesen Schritt zu machen. Er muß sich voll und ganz zu Ihnen bekennen. Und wenn er nicht dazu bereit ist, wird er's auch nicht tun, wenn Sie mit ihm zusammenleben.«

NICOLE: »Ich versuche, Kompromisse zu schließen.«

DR. LAURA: »Da habe ich mich wohl verhört! Keine Kompromisse, Schätzchen! Damit würden Sie sich kompromittieren. Wenn Sie heiraten wollen und das Gefühl haben, dieser Mann wäre der Richtige, treffen Sie sich mit ihm, genießen Sie seine Gesellschaft und warten Sie ab, ob Sie im Laufe der Zeit beide den Wunsch nach einer festen Bindung verspüren. Aber wenn er im Gegensatz zu Ihnen nicht heiraten will, und Sie wohnen bei ihm, um die Ehefrau zu spielen, dann haben Sie tatsächlich einen Kompromiß gefunden – und nichts gewonnen.«

NICOLE: »Ich glaube, das wußte ich schon vorher.«

DR. LAURA: »Jedenfalls wußten Sie, wie ich über dieses Thema denke, bevor Sie mich anriefen. Vielleicht wollten Sie nur eine Bestätigung hören. Das ist gut. Und lassen Sie sich nicht von seinen Kinderaugen umgarnen. Okay?«

NICOLE: »Okay.«

Er müßte sich schuldig fühlen, nicht sie!

Er erklärt also, das sei ein großer Schritt für ihn, und sie soll sich schuldig und gierig fühlen, weil sie viel mehr will. Frauen, laßt euch nicht so betören und manipulieren! Und ihr dürft keineswegs den Vorwurf dulden, *ihr* wärt manipulativ. Erwachsene Menschen sollten wissen, daß sie ein Geschenk nicht mit Fug und Recht bekommen, bevor sie's verdient haben. Hütet euch vor dem Wort »Kompromiß«, wenn es bedeutet, daß ihr aufgeben sollt, was euch wichtig ist, nur damit ihr später vielleicht einmal bekommt, was ihr haben wollt. Das werdet ihr bitter bereuen – so wie Jackie.

Ich lebe mit meinem Liebhaber zusammen. Warum bedrängt er mich in sexueller Hinsicht?

Jackie rief mich an und erklärte, ihr Freund, mit dem sie seit drei Jahren zusammenlebe, habe vor kurzem begonnen, ständig ihre Brüste zu streicheln – zu den unmöglichsten Zeiten.

»Er tut's nur daheim, aber es macht mich trotzdem verrückt«, beschwerte sie sich. »Wenn ich das Geschirr spüle oder einfach nur vorbeigehe, grapscht er nach meinen Titten, statt mich zu umarmen. Und wenn ich ihm sage, das würde mich stören, antwortet er: ›Gut, ich werde dich nie wieder anrühren.‹ Ich weiß nicht, wie ich darauf reagieren soll. Die Situation ist so festgefahren.«

Ich stellte ihr einige Fragen, und schließlich gestand sie, früher sei sie über solche Annäherungsversuche entzückt gewesen, aber irgend etwas habe ihre Einstellung verändert. Dann vertraute sie mir an, neuerdings würde sie oft mit ihrem Freund streiten, weil sie sich eine stabilere Basis für die Beziehung wünsche als die wilde Ehe. Deshalb ärgere sie sich, weil er sich intime Freiheiten herausnehme, ohne auf ihre Bedürfnisse einzugehen und sie zu heiraten.

»Es dreht sich also gar nicht um Ihre Titten«, bemerkte ich, »sondern um eine feste Bindung. Sie fühlen sich beleidigt, weil Sie stets zur Verfügung stehen, ohne daß er sich Ihnen groß verpflichtet.« Als sie zustimmte, forderte ich sie auf, sofort auszuziehen. Wenn sie es wünsche, könne sie den Mann weiterhin sehen, müsse ihm aber klarmachen, daß sie ihn heiraten und nicht anfangen wolle, ihn zu hassen. Dazu würde es zweifellos kommen, wenn sich die derzeitige Situation nicht ändere.

Und Jackie versprach, ihre Unabhängigkeit anzustreben.

Das Zusammenleben und die persönliche Reife gehen Hand in Hand

Fassen wir zusammen: Es gibt keine Beziehung ohne Probleme. Es geht darum, ob Paare reif und engagiert genug sind, um schwere Zeiten durchzustehen und die Probleme gemeinsam zu lösen. Ob sie die innere Kraft und den Mut aufbringen, einen Fehler einzugestehen und sich zu trennen. Das macht den Unterschied aus.

Wenn man mit jemandem zusammenlebt, bedeutet das nicht unbedingt, daß man sich intensiv für die Partnerschaft einsetzt; und es ist auch kein weiterer Schritt in diese Richtung. Das Zusammenleben ist eher eine Annehmlichkeit, die Verwirklichung eines Traums – typischerweise gilt das erstere eher für Männer, das letztere für Frauen.

Wie Sie mittlerweile sicher erraten haben, bin ich sehr dagegen. Seien wir mal pragmatisch: Wie die Statistiken beweisen, garantiert das Zusammenleben keine glückliche, dauerhafte Ehe, wahrscheinlich, weil einer der Partner denkt: Mal sehen, ob mir das Tag für Tag gefällt, und der andere sagt sich: Ich muß vorsichtig sein, sonst falle ich ihm heute auf die Nerven. Wirklich tragisch wird es erst, wenn durch den öfter verfügbaren Sex ein

Kind zur Welt kommt, allzu oft wächst es dann in zerrütteten Verhältnissen auf.

Liebe ist viel mehr als Leidenschaft

Die Paare haben also Probleme. Aber die können sie mit einer reifen, liebevollen und engagierten Einstellung lösen. Es sind die langfristigen Beziehungen, die schließlich zur Liebe führen. Denn die Liebe entsteht nicht sofort. Man braucht Jahre, und es kostet viel Mühe, die Probleme gemeinsam zu bewältigen. Einer muß dem anderen helfen, seine Persönlichkeit zu entfalten. Dadurch wächst die Liebe, und das erfordert viel mehr als Leidenschaft, nämlich Engagement.

P. S.: Verzeihen Sie mir, wenn ich mir mal kurz auf die Schulter klopfe

Am Muttertag bekam ich einen Brief von einer glücklichen Mom: »Nachdem Ihnen meine dreiundzwanzigjährige Tochter zugehört hatte, entschied sie sich für eine Ehe statt fürs Zusammenleben.«

Und damit war der Tag für mich gerettet.

6. Erwartungen

Erst liefern Sie sich ihm völlig aus, und dann hassen Sie ihn!?

Diese Frage ist an alle Frauen gerichtet, die den »Mann ihrer Träume« geheiratet und dann den Eindruck gewonnen haben, sie wären durch eine Grauzone gegangen, um in einem immerwährenden Alptraum zu landen:

FRAGE: Warum finden Sie seine Eigenschaften, die Sie am Anfang der Beziehung verzaubert haben, jetzt noch widerlicher als ein Bad in Jauche voller Würmer?

ANTWORT: Ganz einfach. Sie sind enttäuscht. Irgendwie blieben die Hoffnungen und Phantasien auf der Strecke, und das Zusammenleben nahm bedrohliche Formen an.

Haben Sie die »Zeichen an der Wand« falsch gedeutet?

Ist Ihre Enttäuschung gerechtfertigt? Nur wenn ein seltener Fall von Persönlichkeitstausch vorliegt – wenn sich Ihr Dr. Jekyll nach der Hochzeit in einen Mr. Hyde verwandelt.

Etwas typischer – die Frauen erkennen die Zeichen an der Wand klar und deutlich, fallen aber in den uralten schwarzen Abgrund ihrer Gefühle.

Mit anderen Worten, Sie haben sich diesen Mann wegen Ihrer unbefriedigten Bedürfnisse und unerfüllten Sehnsüchte ausgesucht. Und dann hassen Sie ihn wegen Ihrer unbefriedigten Bedürfnisse und unerfüllten Sehnsüchte. Wie ergibt das einen Sinn?

Sind alle Enttäuschungen einfach nur Fehler?

Überraschung! Die Antwortet lautet: Nein!

Die Enttäuschung kann Ihnen eine großartige Gelegenheit

bieten, Ihre Persönlichkeit weiterzuentwickeln und emotionale Wunden aus der Kindheit zu heilen – wenn Sie bereit sind, Verantwortung zu übernehmen und die Unannehmlichkeit einer einschneidenden Veränderung zu ertragen.

Man beschwört Gefahren herauf, wenn man sich an die Vergangenheit klammert

Die Geschichte von Kenny und Maureen dient als aufschlußreiches Beispiel.

Maureen rief an und bat mich um einen Termin, aus Sorge um ihr sechzehn Monate altes Baby, das sich »schrecklich aufführte«. Ich ahnte, daß dieses Kind ihr Ticket in die Therapie war, und schlug ihr vor, ihren Mann in meine Praxis mitzubringen. Das junge Paar erschien mit einem zauberhaften Baby. Das Problem – dieses kleine Mädchen war ständig aufgeregt und nervös und weinte, was ich sofort als Reaktion auf Moms und Dads Aufregung, Nervosität und Tränenausbrüche erkannte.

Die Krise war vorauszusehen

Maureen stammte aus einer sehr armen, sehr labilen Südstaatenfamilie, komplett mit einem Vater, der immer wieder verschwand. Sie benahm sich kindlich, war weinerlich, verängstigt und todunglücklich. An Kenny störten sie vor allem seine – sie grollte ihm so heftig, daß sie nicht einmal seinen Namen aussprechen konnte! – seine Gefühlskälte, seine Streitsucht, seine kritische Einstellung, seine herrische Art und seine Lieblosigkeit.

Hingegen kam Kenny aus einer überaus stabilen, sehr patriarchalischen Familie, die nur ein zielstrebiges Verhalten gelten ließ und sonst nichts. Er beklagte sich über Maureens übertriebene Emotionen, ihre Unbeständigkeit, die Verantwortungslosigkeit (zum Beispiel im Umgang mit einem Scheckheft) und ihre Unreife in allen Lebensbereichen.

Als das Baby auf Maureens Schoß immer unruhiger wurde (bei den nächsten Terminen kam es nicht mehr mit), rang sie sich zu den traurigen Worten durch: »Ich glaube, ich möchte mich scheiden lassen.«

Eine Beziehung, die das Leid der Kindheit heilen soll

Die Schwierigkeiten dieses Paares führten mir den unterschwelligen, vielleicht sogar unbewußten Mechanismus vor Augen, den wir in einer Beziehung einsetzen, um das Leid der Kindheit zu heilen. Versuchen Sie nicht, sich mit der Behauptung herauszureden: »Das alles liegt hinter mir, weil ich jetzt erwachsen bin.«

Wir alle bestehen, was die seelische Verfassung betrifft, aus sämtlichen Augenblicken und Erfahrungen unseres Lebens.

Natürlich hängen die Bedeutung und der Einfluß jeder Lebenserfahrung von unserer individuellen Interpretation ab – und die wird ebenso von unserer persönlichen Verletzlichkeit bestimmt wie von der Hilfe, die wir bekommen, und von unserer emotionalen Umwelt. Mit anderen Worten, was Sie als Trauma empfinden, kann einer Freundin nur wie ein trauriges, schmerzliches, aufregendes Ereignis erscheinen, das man überstehen muß, um das Leben wieder erfreulicher zu gestalten.

Der Kampf zwischen Prioritäten

Wie sich bei den Diskussionen herausstellte, gehörten zu Kennys Prioritäten die Arbeitsmoral, Verantwortungsbewußtsein und das Bestreben, stets richtig zu handeln. Hingegen betrachtete er Emotionen, Vergeistigung, Philosophie, sogar zwischenmenschliche Beziehungen als eher »hinderliche Dinge«. Er konzentrierte sich ausschließlich auf jene Werte, die sein Vater wichtig nahm – ohne zu berücksichtigen, was er selber fühlte oder brauchte.

Maureen sah ihre Prioritäten in der Sicherheit, die ihr die Ehe schenkte. Willenskraft, eigene Meinungen, persönliche Ziele und Kompetenz bedeuteten ihr nichts. Vor allem versuchte sie, den Traumata auszuweichen, die ihr Gefühlsleben seit der Kindheit geprägt hatten.

Was ich Kenny erklärte

»Sie unterdrücken die sanftere, abhängige, bedürftige, emotionale Seite Ihres Wesens. Wahrscheinlich, weil Ihr Vater nicht zugab, daß solche Eigenschaften in uns allen existieren. Er ging sogar soweit, Sie zu bestrafen, wenn Sie Gefühle zeigten. Kenny, ist Ihnen bewußt, wie sehr Sie immer noch darauf programmiert sind, Ihrem Dad zu gefallen? Sie haben Maureen geheiratet, weil sie jene ›Tabu‹-Zonen Ihrer eigenen Persönlichkeit verkörpert. Warum sonst hätten Sie sich diese Frau aussuchen sollen, obwohl sie all jene Wesenszüge besitzt, die Sie verachten? Zusätzlich gibt Ihnen Maureens offenkundige Schwäche Sicherheit, weil Sie ganz klar erkennen, wie dringend sie Ihre Stärke braucht. Aber sobald wir uns selber akzeptieren, so wie wir sind, müssen wir uns nicht mehr anstrengen, um gewisse Bereiche unseres Seelenlebens zu verleugnen, nicht wahr, Kenny?«

Was ich Maureen erklärte

»Ihre persönliche Unsicherheit ist eine Reaktion auf die sehr reale und wiederholte Vernachlässigung, die Sie in Ihrer Kindheit erlitten haben. Ich glaube, Ihre Angst vor dem Verlust Ihres Vaters oder sogar vor Hungersnot bewog Sie, mit aller Macht sicherzustellen, daß Sie so etwas als erwachsene Frau nicht mehr ertragen müssen. Deshalb heirateten Sie einen verantwortungsbewußten, verläßlichen Mann. Sie können die Uhr danach stellen, wann er kommt und geht, wissen immer, was er gerade tut, und das treibt Sie zur Verzweiflung – weil Sie nicht an Ihrer eigenen Persönlichkeitsentfaltung gearbeitet haben, aus einem stichhaltigen Grund. Die Entfaltung der Persönlichkeit führt zur Autonomie, während Sie nach Abhängigkeit streben, damit Sie diesmal Ihren Dad behalten. Nun, meine Liebe, Sie wollten einen starken, zuverlässigen Mann, und den haben Sie bekommen.«

Was ich allen beiden erklärte

»Sie beide haben genau den Partner bekommen, den Sie sich wünschen und brauchen. In diesem Sinn war Ihre Wahl richtig. Aber der ursprüngliche Kummer, der diese Wahl bestimmt hat, ist nicht geheilt. Das enttäuscht und verwirrt Sie so sehr, daß Sie einander die Schuld geben, so als wäre der Schmerz erst in der Ehe entstanden. Jetzt dürften Sie nicht überlegen, wie Sie die

Scheidung in die Wege leiten sollen. Bedenken Sie lieber, worauf es wirklich ankommt – Sie beide haben sich von wichtigen Teilen Ihrer Persönlichkeit getrennt, aus Sehnsucht nach einem ›richtigen‹ Vater. Aber nun sind Sie erwachsen und müssen den Verlust des Vaters (emotional oder tatsächlich) akzeptieren. Dadurch können Sie im Geben und Nehmen eine erwachsene Rolle spielen und ein gesünderes Gleichgewicht in Ihrem Verhalten finden. Im Augenblick spielt jeder von Ihnen nur eine kleine, kindische Rolle.«

Gegenseitige Unterstützung ist der Schlüssel zum Glück

Zu meiner Freude kann ich Ihnen berichten, daß unsere Zusammenarbeit erfolgreich verlaufen ist. Kenny erlaubte seiner Frau, ihn zu bemuttern und Gefühle zu zeigen, während sie mehr Verantwortung übernahm. Sie halfen einander, ihre Persönlichkeit weiterzuentwickeln, und wir alle waren sehr zufrieden mit den Ergebnissen. Und – halleluja – das Baby beruhigte sich!

Männliche Abhängigkeit – die Kehrseite der Medaille

Eins müssen Sie sich klarmachen – wenn Sie sich Ihrer geringen Selbstachtung und Ihrer Abhängigkeit bewußt sind, könnte das auch auf den Mann in Ihrem Leben zutreffen, aber bei ihm drückt sich das anders aus. Maureen und Kenny sind dafür Paradebeispiele.

Abhängige Frauen werden weinerlich und klammern sich an den Partner, während sich abhängige Männer großspurig und autoritär aufführen. Trotzdem sind beide Verhaltensweisen nur die verschiedenen Seiten derselben Medaille. Da Menschen mit mangelndem Selbstbewußtsein dazu neigen, auf ihrer eigenen Ebene zu bleiben, wenn sie eine Beziehung eingehen – fühlen Sie sich dem Mann, mit dem Sie zusammen sind, niemals untergeordnet, denn vielleicht ist er die getarnte Kehrseite Ihrer Medaille und hat die gleichen Probleme wie Sie!

Als Maureen sich für Kenny entschied, um dem Leid ihrer Kindheit zu entrinnen, gab sie ihr Bedürfnis nach persönlicher Weiterentwicklung und eigener Stärke auf. Sie glaubte, ihn zu hassen, weil er sie unterdrückte. In Wirklichkeit ließ sie sich unterdrücken, um nicht allein und in Sicherheit zu sein. Verständlicherweise verabscheute sie, was aus ihr geworden war. Es ist keineswegs ungewöhnlich, sich selbst zu hassen, das zu leugnen, zu ignorieren oder nicht zu begreifen – und statt dessen einfach *ihn* zu hassen.

Es besser zu wissen und nichts zu ändern, ist ein Fehler!

Wie können Sie feststellen, ob Sie in eine schreckliche Situation geraten? Das ist ganz leicht. Im Lauf der Jahre gewann ich bei meinen Diskussionen mit vielen Frauen den Eindruck, daß sie Bescheid wissen – und trotzdem nichts ändern.

Lila rief mich an und erklärte, sie wohne in Los Angeles und ihr Freund in Nordkalifornien. Seit einem Jahr pendelten sie hin und her. Nun waren sie an einem Punkt angelangt, wo sie eine wichtige Entscheidung treffen mußten – entweder Schluß zu machen oder mehr Zeit miteinander zu verbringen und die Stabilität der Gefühle zu testen.

Freimütig gab sie zu, sie sei achtunddreißig und habe es satt, allein zu leben. Sie liebte ihren Beruf und hatte einen großen Freundeskreis, doch das konnte einen Partner und eine eigene Familie nicht ersetzen. Vor kurzem hatten Lila und ihr Freund beschlossen, zusammenzuziehen. Das bedeutete, daß sie nach Nordkalifornien übersiedeln mußte. Aber nun bekam sie kalte Füße, begann, an dem Mann und an der Beziehung zu zweifeln. Sie überlegte, ob sie sich in ihm getäuscht und ihn nur ausgesucht hatte, um ihrer Einsamkeit zu entfliehen.

DR. LAURA: »Warum haben Sie plötzlich Bedenken?«

LILA: »Er ist eher distanziert und gefühlskalt.«

DR. LAURA: »Und Sie fürchten, auch dann einsam zu bleiben, wenn Sie mit ihm zusammenleben? Dann haben Sie keine gute Wahl getroffen.«

LILA: »Nun ja, da gibt es einige Gemeinsamkeiten, aber ich glaube, wenn ich mich nicht um Intimität bemühe, existiert sie einfach nicht. Andererseits habe ich nur wenige Männer in meiner Altersgruppe kennengelernt, die ich heiraten könnte.«

DR. LAURA: »Trotzdem sollten Sie nicht bei einem Mann bleiben, nur weil Ihnen sonstige Möglichkeiten fehlen. Jeder hat seine Schwächen, aber Gefühlskälte und Distanziertheit sollten nicht auf der Prioritätenliste stehen.«

LILA: »Nein, eigentlich nicht…«

DR. LAURA: »Erinnert er Sie an Ihren Vater?«

LILA: »In gewisser Weise schon. Der hält auch nichts von Emotionen.«

DR. LAURA: »Es ist nicht ungewöhnlich, daß sich die Frauen eine Kopie ihres ›lieben alten Dad‹ aussuchen, denn es wäre das höchste Glück, wenn sich der liebe alte Dad ändern und tatsächlich ›lieb‹ und fürsorglich würde. Um die Erfüllung dieses Traums zu ermöglichen, versuchen wir, das Faksimile zu ändern, oder hoffen, der Mann würde von sich aus sein Bestes tun und unseren Vorstellungen entsprechen.«

LILA: »Bei ihm fühle ich mich nie ›zu Hause‹, und das ist sicher nicht gut. Aber wir waren auch zu selten beisammen, um eine richtige Beziehung aufzubauen.«

DR. LAURA: »Bitte, ziehen Sie nicht zu ihm. Ihre Übersiedlung würde ich nur befürworten, wenn Sie eine bescheidene Forderung stellen und diesem Mann eine Paartherapie vorschlagen.«

Ich sorge mich um Lila, weil sie ihr Leben völlig umkrempeln möchte, nur um der Beziehung eine Chance zu geben. Wenn man für etwas Opfer bringt, sollte das auch wirklich zum Erfolg führen. Dieser Zwang beeinträchtigt die Objektivität. Erinnern Sie sich – Änderungen verlangen Motivation. Lilas Freund wird eine große Überraschung erleben, wenn sie ihm mitteilt, unter den jetzigen Umständen sei sie nicht glücklich mit ihm. Wird er motiviert genug sein, um sich zu ändern? Ein großes Risiko.

Die Fixierung auf Dad und Mom

Manche Frauen suchen nicht nur einen zweiten Dad, sondern auch eine Kopie ihrer Mom.

Die vierzigjährige Kathy schilderte ihre voreheliche Beziehung auf eine Weise, die mich zu dem Spitznamen »Gummiband-Liebe« animierte. Vor der Hochzeit schwand die Intimität immer wieder dahin, und das blieb auch nachher so.

Als ich sie fragte, ob sie in ihrer Kindheit unter mangelnder Liebe gelitten habe, erzählte sie mir, sie sei von ihrem Dad vernachlässigt worden. Mom war selten da, nur zwischendurch gab es ein paar Streicheleinheiten. Also hatte ich richtig geraten. Kathy und ihr Mann gingen sehr zögernd aufeinander zu.

Es funktionierte folgendermaßen: Kathys instinktive Angst vor Vernachlässigung bewog sie, einen Mann auszusuchen, dessen unregelmäßige Zuwendung das Unglück der Kindheit zu wiederholen drohte. Ironischerweise gab ihr das ein Gefühl der Sicherheit. Wenn er sich immer wieder distanziert verhält, kann sie rechtfertigen, daß sie ihm ihrerseits nicht zu nahe kommt, und so muß sie nicht befürchten, verletzt zu werden. Gleichzeitig bot die Situation eine Gelegenheit, alles besser zu machen als die Eltern.

Wenn sie sagt: »Ich hasse ihn«, erkennt sie nicht, daß sie in Wirklichkeit Mom und Dad haßt – und die Sorge, sie wäre nicht liebenswert.

Blind vor Kummer

Es ist erstaunlich, wie blind man aus Angst vor Kränkung durch intime Nähe werden kann – so blind, daß man den Mann wegen der mangelnden Intimität im Zusammenleben haßt und ihm die ganze Schuld daran gibt. Auf diese Weise verdrängt man den eigenen Seelenkummer, vermeidet es, die Verantwortung dafür zu übernehmen und sucht sich vor einer Wiederholung alter Traumata zu schützen.

Auch meine Anruferin Mary war anscheinend blind. Achtunddreißig und nie verheiratet, hatte sie seit acht Jahren eine Beziehung zu einem Mann, der »sich nun endlich aufraffte und bereit erklärte«, sie zu heiraten, wie sie es ausdrückte.

DR. LAURA: »*Endlich* ist er dazu *bereit*?«

MARY: »Das hat er mir im Lauf der Jahre schon mehrmals versprochen und sich dann immer wieder davor gedrückt. Deshalb weiß ich seinen jetzigen Entschluß zu schätzen. Andererseits macht mir unser Sex keinen Spaß, obwohl ich nicht weiß, warum.«

DR. LAURA: »Helfen Sie mir ein bißchen. Ich war noch nie in Ihrem Schlafzimmer. Was genau macht Ihnen keinen Spaß?«

MARY: »Nun, ich glaube, ich halte mich emotional zurück. Ich – ich möchte nicht, daß meine Gefühle verletzt werden.«

DR. LAURA: »Ihre Gefühle sollen nicht verletzt werden, und deshalb sind Sie schon so lange mit einem Mann zusammen, der es meisterhaft versteht, Sie im ungewissen zu lassen? Vermutlich befürchten Sie nicht, er könnte sich weigern, Sie zu heiraten – Sie haben Angst davor, daß er's tun wird!«

MARY: »So habe ich das noch nie gesehen.«

DR. LAURA: »Wissen Sie, was ich denke, Mary? Das Problem liegt nicht bei ihm, sondern bei Ihnen. In dieser Beziehung geht es Ihnen darum, sich zu schützen, indem Sie Ihre Gefühle unterdrücken und sich vor der Ehe scheuen. Wenn sich das alles ändern soll, müssen Sie tapfer sein und erkennen, daß Sie in Ihrer Beziehung für sichere Distanz sorgen.«

MARY (ärgerlich): »Ich bin es nicht, die für Distanz zwischen uns sorgt – das ist *er*.«

DR. LAURA: »Nun, Sie haben ihn ausgesucht! Weil Sie sich schützen wollen, sind Sie in diese Situation geraten. Das haben Sie nun davon. Aber eine Therapie kann Ihnen helfen, die Probleme zu lösen.«

MARY: »Danke für Ihre Offenheit, Laura. Das weiß ich zu schätzen.«

So ist das also: Eine Frau sucht sich einen Mann aus, um die schmerzlichsten Abschnitte ihrer Lebensgeschichte zu wiederholen oder um ein besseres Ende zu erzielen oder um sich davor zu schützen, noch einmal so tief verletzt zu werden. Und sie kann gar nicht anders, als den Mann genau aus diesen Gründen zu hassen!

Unbewußte Wahl im Gegensatz zu bewußten Bedürfnissen

Nun führe ich ein weiteres Beispiel für eine eheliche Situation an, in der die Frau – wenn auch unbewußt – eine gute Wahl getroffen hat, aber verwirrt ist, weil der Mann nicht ihren bewußten Bedürfnissen entspricht.

Ellen, Anfang Dreißig, rief mich in meiner Radiosendung an und verkündete, sie würde gern über die Einflüsse der Eltern auf erwachsene Kinder diskutieren. In Wirklichkeit wollte sie über ihren Mann reden. Er stammte aus einer wohlhabenden Familie (bei der er bis zu seinem dreißigsten Lebensjahr gelebt hatte), und sein Bruder war sehr erfolgreich. Hingegen hatte Ellens Mann noch nichts Nennenswertes geleistet, während Ellen als Managerin arbeitete.

Bei der Hochzeit hatte ihr Schwiegervater versprochen, den beiden ein Haus zu kaufen. »Wir suchten und suchten«, erzählte sie mir, »und jedesmal, wenn wir was Passendes gefunden hatten, fand sein Vater etwas daran auszusetzen und wollte uns das Geld nicht geben.« Er machte seinen Sohn herunter und quälte ihn, indem er ihm das Geld vor die Nase hielt und es sofort zurückzog, sobald der junge Mann danach griff. Dieser wagte nicht, sich gegen den Vater zu behaupten, obwohl Ellen ihn dazu drängte, lud seinen ganzen Frust bei ihr ab und »fuhr aus der Haut«.

Mein Ehemann, das Kind

Ellen heiratete einen kleinen Jungen, keinen Erwachsenen, und das wußte sie. Was sie nicht wußte – wie sollte sie ihm helfen, erwachsen zu werden? Unglücklicherweise wählte sie einen kleinen Jungen, und es ist immer einfacher, eine bessere Wahl zu treffen, als einen anderen Menschen zu ändern. In diesem Licht betrachtet war Ellens Erwartung, ihr Mann würde sich verantwortungsbewußt verhalten, völlig irrational. In der nunmehr fünfjährigen Ehe fungierte sie nicht als Partnerin, sondern als Mutter eines erwachsenen Kindes. Und ich fragte mich, was in ihrer eigenen Kindheit geschehen war, was sie auf diesen Weg geführt haben mochte. Wie sich herausstellte, war ihr Vater, ein Vertreter, nur selten daheim gewesen. Die Mutter hatte Ellens Bruder vergöttert, aber die Tochter oft beschimpft und sehr streng bestraft. Nun ergab alles einen Sinn:

Indem Ellen einen völlig unambitionierten Mann wählte, ging sie sicher, daß er nicht in die Welt hinausziehen würde – so wie ihr Vater. Und ein Mann, der in Streß-Situationen zusammenbrach und seine Wut nur ausdrückte, indem er »aus der Haut fuhr«, würde zu schwach und verängstigt sein, um sie so zu beschimpfen wie die Mutter.

Durch die Wahl ihres Ehepartners versuchte Ellen, zwei Kindheitsprobleme zu lösen, die nicht mehr existierten, aber in ihrer Seele immer noch schmerzten. Aber das funktionierte nicht. Statt dessen war ein neues Dilemma entstanden, und zwar in der Erwachsenenwelt. Sie konnte ihren Mann nicht veranlassen, sich gegen seinen Vater zu behaupten, und ihm auch nicht helfen, eine reifere Persönlichkeit zu entwickeln – darin lag das eigentliche Problem.

Wissen Sie, was das Schlimmste ist, wenn Sie einen Mann heiraten, der Sie vor dem Leid der Vergangenheit schützen soll? Sie landen in einer Ehe mit einem Partner, der nicht zu Ihnen paßt, und zwar hier und jetzt. Sicher stellt Sie Ihre Biographie vor Herausforderungen, die Sie auf kreative Weise meistern sollten, aber Sie leben nicht mehr in der Vergangenheit, es sei denn, Sie treffen eine Wahl wie Ellen. Eine solche Ehe findet in einer Art Zeitverzerrung statt. Man kümmert sich so intensiv um das Gestern, daß ein Schatten auf das Heute und das Morgen fällt.

Es gibt kein Schnellverfahren, um Selbstachtung zu erlangen

Die Selbstachtung ist ein wichtiges Thema für Frauen*, auch in diesem Buch. Realistisch betrachtet, kann man sie nicht im Schnellverfahren erreichen, aber das hindert viele Frauen nicht daran, es zu versuchen. Oh, manchmal haben sie Glück, aber

* siehe hierzu das Buch: *Frauen und Selbstachtung – Ich bin ich und ich bin o.k.* von Linda Tschirhart Sanford und Mary Ellen Donovan, Hamburg 1994

meistens nicht. Die folgende Variante kommt besonders oft vor. Eine Frau mit Minderwertigkeitskomplexen heiratet und erwartet, Sir Galahad würde alles in Ordnung bringen. Und wenn er's nicht tut, haßt sie ihn.

Die Disney-Version

Die neunundzwanzigjährige Susan behauptete, sie würde sich unbedeutend fühlen, wenn sie meinen anderen Anruferinnen zuhöre, und sie hoffte, ich könnte ihr helfen, ihre Unsicherheit und Minderwertigkeitskomplexe zu überwinden. Sie hatte erwartet, dafür würde ihr Mann sorgen, und das brachte eine Menge Probleme mit sich. Als ich fragte, in welcher Form sie das erwartet habe, erwiderte sie, genau wisse sie es nicht. Wahrscheinlich habe sie geglaubt, er würde einen Zauberstab schwingen und ihr alles sagen, was sie hören wollte. Doch das tat er nicht. Oder er konnte es nicht. Wie auch immer, sie war wütend.

DR. LAURA: »Wir Frauen haben als kleine Mädchen zu viele Disney-Filme gesehen, und deshalb stellen wir schreckliche Forderungen an die Männer: Sie sollen alles sein und alles tun und für alles sorgen, oder wir drehen durch.«

SUSAN: »Ja.«

DR. LAURA: »Als Sie mich anriefen, gestanden Sie mir sofort, Sie würden sich ›unbedeutend‹ fühlen. Warum? Versuchen Sie zu antworten, ohne andere Leute zu erwähnen.«

SUSAN: »Nun – eh – das ist schwer zu...«

DR. LAURA: »Sehen Sie?«

SUSAN: »Ich glaube, ich habe in meinem Leben noch nichts geleistet, worauf ich stolz sein kann.«

DR. LAURA: »Und was wollen Sie in Ihr Leben einbauen, damit Sie stolz auf sich sein können? Ich sage ›was‹, nicht ›wen‹.«

SUSAN (nach einer nachdenklichen Pause): »Ich bin eine gute Mutter. Mein Sohn ist fünfeinhalb Monate alt, und es kostet mich viel Zeit und Mühe, alle einschlägigen Bücher und Artikel zu lesen, um eine perfekte Mutter zu werden...«

DR. LAURA: »Ein Fehler! Sie sollen eine ›gute‹ Mutter sein –

aufmerksam, liebevoll und einfühlsam. Die perfekte Mom gibt es nicht. Solange Sie nach Vollkommenheit streben, werden Sie sich weiterhin unbedeutend fühlen.«

SUSAN: »Das ist ein gutes Argument.«

DR. LAURA: »Bemühen Sie sich nicht mehr, perfekt zu werden. Ich bin's auch nicht, also warum sollten Sie's sein? (wir lachen beide) Und nun stelle ich Ihnen eine Aufgabe: Überlegen Sie, was Sie in Ihr Leben einbringen könnten, das Sie – niemand anderen – von Ihrem eigenen Werk überzeugen würde. Dann rufen Sie mich wieder an. Okay?«

SUSAN: »Okay!«

Ein interessantes Szenario: Eine Frau arbeitet nicht an ihrem eigenen Ego und Wohlbefinden; statt dessen projiziert sie die Verantwortung dafür auf ihren Ehemann, und dann haßt sie ihn, weil sie sich noch immer nicht großartig fühlt.

Manchmal hört er auf, Verantwortung zu tragen, und übernimmt das Kommando

Es ist nicht ungewöhnlich, daß junge Frauen durch die Magie einer Ehe mit einem älteren Mann versuchen, sich den Sprung in die Erwachsenenwelt zu erleichtern.

Heather, einundzwanzig, ist seit drei Jahren verheiratet und hat zwei Kinder von einem Mann, der im gemeinsamen Heim eine homosexuelle Beziehung fortsetzt! Seinetwegen verließ sie das College und ihre Familie im Mittelwesten. Er ist zehn Jahre älter als sie und übernahm sofort die Verantwortung.

Nach der Hochzeit empfand sie sein Verantwortungsbewußtsein eher wie eine Kontrolle. Wegen der Kinder versucht sie nun, seinen Freund loszuwerden, und nimmt an, danach würde sich alles zum Guten wenden. Irgendwie zweifle ich daran.

Der Mythos der männlichen Macht

Das Thema des herrschsüchtigen Mannes wird stets von Frauen angesprochen, die sich vor dem Leben fürchten. Anfangs glauben sie, ein solcher Mann würde ihnen Sicherheit geben und sie an die schönen Zeiten erinnern, wo Daddy sich um alles kümmerte. Vielleicht finden sie ihn sogar sexy, weil er die maskuline Macht verkörpert. Wenn sie dann beschließen, selber erwachsen zu werden und über ihr eigenes Leben zu bestimmen, verwandeln sie sich unweigerlich in das pubertäre Kind, das gegen den strengen Dad rebelliert – und sie hassen ihn. Briana tappte in diese Falle.

Warum autoritäre Freaks so anziehend wirken

Brianas Freund hatte ihr einen Heiratsantrag gemacht, aber sie zögerte, weil er Polizeibeamter war, zu ungewöhnlichen Zeiten arbeitete und erwartete, daß sie daheim blieb, wann immer er Dienst tat. Als ich ihr gezielte Fragen stellte, erklärte sie mir, sie finde sein autoritäres Verhalten weder romantisch, noch sehe sie darin ein Zeichen seines Respekts, seiner Liebe oder Fürsorge, sondern eher einen Ausdruck seiner Unsicherheit.

Sie fragte, ob ich ihrem Freund eine Therapie empfehlen würde, und da schlug ich ihr vor, sich auf ihre eigene Unsicherheit zu konzentrieren. Ehrlich schockiert, behauptete sie, das sei nicht ihr Problem. Aber das war es natürlich doch. Sie hatte einen autoritären Freund gewählt. So wie das Wasser stets seinen eigenen Weg sucht, schloß sie, ein unsicherer Mensch, sich einer Person an, die das Kommando führte und übrigens selber unsicher war.

Am Ende unseres Gesprächs beteuerte sie immer noch, daß »alles andere so gut« war. »Nur eins stört mich, daß er mich kontrollieren will.« Sie nahm an (und hoffte), in der Ehe würde sich das Problem von selber lösen. Auf typische Weise flüchtete sie in Argumente wie: »Alles andere ist so gut.« Oder: »Vielleicht wird er sich ändern, wenn wir verheiratet sind.« Der erste Gedanke bedeutet: Es ist ja gar nicht so schlimm. Der zweite: Er wird sich ändern. Der dritte: Ich werde ihn dazu bringen. Und der letzte: Worauf habe ich mich da nur eingelassen?

Viel zu oft ist die Hoffnung eine verzögerte Enttäuschung.

Der Spatz in der Hand ist besser als die Taube auf dem Dach. Stimmt das wirklich?

Diese Mentalität spielt eine viel zu große Rolle bei der Partnerwahl. Zum Beispiel Melanie: Sie war seit neun Monaten verheiratet, und zuvor hatte sie ihren Mann fünf Jahre lang gekannt. Vor der Hochzeit hatte er mit anderen ledigen jungen Männern zusammengelebt, die – mit Melanies Worten – »ständig Dope qualmten und tranken und alles taten, was Junggesellen eben so treiben«. Sie behauptete, er habe unter vielen schlechten Einflüssen gestanden und das sei in der Ehe nicht anders geworden, obwohl sie unablässig dagegen protestiere.

DR. LAURA: »Und er hat auch gar nicht die Absicht, sich zu ändern?«

MELANIE: (Schweigen)

DR. LAURA: »Das hätten Sie auch gar nicht erwarten dürfen.«

MELANIE: »Ich glaube, ich hab's auch gar nicht erwartet. Aber ich sagte ihm, wie sehr mich sein Verhalten verletzt, wie sehr es ihm schadet und daß mir seine Exzesse in tiefster Seele weh tun.«

DR. LAURA: »Und das ist ihm egal.«

MELANIE: »Ja. Ich weiß nicht, was ich tun soll, um ihn daran zu hindern.«

DR. LAURA: »Nichts.«

MELANIE: »Ich habe versucht, ihn...«

DR. LAURA: »Sie hören mir nicht zu. Soeben sagte ich, Sie können nichts tun. Er ist nicht bereit, sich zu ändern. Das war er nie.«

MELANIE: »Aber es ist so unfair, wenn er sich so aufführt.«

DR. LAURA: »Ehrlich gesagt, nach meiner Ansicht war es genauso unfair von Ihnen, ihn zu heiraten und zu erwarten, daß er sich in einen anderen Menschen verwandelt. Melanie, die Entscheidung liegt bei Ihnen – und sie hat immer bei Ihnen gelegen. Genauso ist es seine Entscheidung, sich so zu verhalten.«

Warum geben Sie eine verlorene Sache nicht auf?

Melanies offensichtlich schlechte Wahl war vielleicht der Höhepunkt ihrer Suche nach einem Beweis ihres eigenen Werts oder ihrer Liebenswürdigkeit. Wenn man einen Elternteil schwierig gefunden hat (emotional unzugänglich, egoistisch, süchtig oder was auch immer), sucht man jemanden, der genauso schwierig ist, und wiederholt das Szenario. Man bemüht sich, zusammen mit dem Partner jene besonderen Probleme zu meistern, damit einem letzten Endes bestätigt wird, daß man liebenswert ist. Das erklärt die dumme »Entscheidung« und hilft einem zu verstehen, warum man so krampfhaft daran festhält.

Und vielleicht glauben Sie manchmal, eine gestörte Beziehung wäre besser, als mit einem anderen Partner noch einmal von vorn anzufangen – oder sich ein hohes Ziel zu setzen, das Sie vielleicht nie erreichen können.

Wenn Sie heiraten, um Ihre Person zu ergänzen, werden Sie womöglich in tausend Stücke zerfallen

Zuvor habe ich erklärt, wie es möglich ist, daß eine Frau heiraten und ihren Mann hassen kann, weil es ihm nicht gelingt, auf magische Weise ihr Kindheitsleid zu heilen oder ihr die Angst vor dem Leben zu nehmen. Aber viele Frauen heiraten auch, um eine vollständige Persönlichkeit zu werden. Wenn das nicht geschieht, lernt sie ihren Mann ebenso zu hassen.

Es fühlt sich an wie Haß, ist aber Neid

Marge sah sich als »melancholische, feinfühlige, stille Frau, die allen anderen stets den Vortritt läßt«. Dann beschrieb sie mit offenkundigem Abscheu ihren Mann, einen egoistischen Typen, der sich selber stets an die erste Stelle setzte. Als ich sie aufforderte, ihn noch einmal zu beschreiben (ohne beleidigende Formulierungen), nämlich als zielorientierten, interessierten, aktiven Menschen, der seine Träume zu verwirklichen sucht, gestand sie, das könnte sie tatsächlich.

Die abschätzige Art, in der sie ihren Mann charakterisierte, zeigte mir, daß sie ihn um seine Eigenschaften beneidete, aber nicht wagte, selber danach zu streben. Ich erklärte ihr, wenn sie in ihrem eigenen Leben mehr Risiken eingehe und sich anstrenge, würde er in ihren Augen gar nicht mehr so übel aussehen. Und sie selber wäre viel zufriedener.

Mit anderen Worten, manche Frauen suchen in ihrem Leben nach Ausgeglichenheit, indem sie heiraten, statt dieses Ziel aus eigener Kraft zu erreichen. Das funktioniert nicht, denn die Unausgeglichenheit existiert zweifach – in Ihnen, wenn Sie Erfüllung und persönliche Ergänzung außerhalb Ihres Ichs suchen, im Mann Ihrer Wahl, und in der Beziehung, wenn sowohl Sie als auch Ihr Mann sich zu Ihren jeweiligen Gegenpolen zurückziehen.

Er als Ihr unakzeptables Ich

Sehr oft – wahrscheinlich wegen hoher Erwartungen der Eltern und dem Bedürfnis nach Anerkennung – projizieren die Frauen ihr unakzeptables Ich in einen Mann, zu dem es scheinbar paßt. Das bedeutet, daß Sie okay sind, weil er es nicht ist. Sorgfältig wählen Sie ihn aus, und dann hassen sie ihn.

Denn die Person, die Sie hassen, ist in Wirklichkeit Ihr unakzeptables Ich. Sie können nur dann okay sein, wenn er es nicht ist. Und das ist ein heikles Problem. Heidi, eine neunundzwanzigjährige Krankenschwester, rief mich an, um sich über ihren Mann zu beschweren, mit dem sie seit sieben Jahren verheiratet war. Zunächst erschien mir ihr Ärger völlig gerechtfertigt. Er ist fast eins siebenundachtzig groß und wiegt dreihundert Pfund.

Im ersten unserer zwei Gespräche klagten sie, vielleicht müßte sie bald einen Halbinvaliden pflegen. Als Krankenschwester weiß sie natürlich über die schwerwiegenden gesundheitlichen Schäden eines so eklatanten Übergewichts Bescheid.

Als ich nach ihren Eltern fragte, erzählte sie, beide seien Alkoholiker gewesen und sie habe oft daheim bleiben müssen, um sie zu betreuen. Ich riskierte, Heidi zu schockieren, und schlug ihr vor, sie solle doch einmal die Möglichkeit in Betracht ziehen, daß sie das Übergewicht ihres Mannes vermissen würde, falls er plötzlich abnähme. Obwohl sie unglücklich und entsetzt war, versprach sie, darüber nachzudenken und eine Woche später noch einmal anzurufen. Das tat sie.

Ja, es gibt einen Neuanfang!

Heidi gestand, es sei schmerzlich, aber aufschlußreich gewesen, sich all jene Gefühle einzugestehen, denn sie habe erkannt, daß ihr das Übergewicht ihres Mannes drei Gelegenheiten bot: Sie konnte ihn betreuen, kontrollieren und über ihn klagen. Wenn er dünner wäre, würde sie die Kontrolle verlieren und sich nicht mehr überlegen fühlen. Und am wichtigsten – sie müßte befürchten, seinen Erwartungen ihr gegenüber nicht zu entsprechen!

Wow! Das war zweifellos eine der intensivsten Bemühungen um Selbsterkenntnis, die ich in meiner Radiosendung oder in der Praxis erlebte, und Heidi hatte es ohne therapeutische Hilfe geschafft. Welch eine Leistung! Und welch ein wundervoller Beginn einer neuen Persönlichkeitsentwicklung! Ich wette, sie wird ihrem Mann eine strenge Diät einreden.

Niemand ist vollkommen – auch nicht Ihr Partner

Heidi mußte ihren Mann hassen, um sich besser zu fühlen. Das bedeutet, daß man den Haß nicht immer haßt. Er kann sich sogar in einen kostbaren Besitz verwandeln. Trotzdem müssen Sie manchmal einfach die Tatsache akzeptieren, daß kein Mann vollkommen ist – und deshalb müssen Sie auch nicht vollkommen sein.

Heiraten Sie keinen Elefanten, wenn Sie was haben wollen, das schnurrt

Manchmal hassen Sie Ihren Mann, obwohl er Ihnen gibt, was Sie wollen – nur nicht in der Form, die Sie sich wünschen. Wenn man so pingelig ist, könnte man sich ebensogut die Nase abschneiden, nur um seinem Gesicht eins auszuwischen.

Janine hat ein zweijähriges Kind und fühlt sich meistens ziemlich geschlaucht. Nun ist sie schrecklich wütend, weil ihr Mann eines Abends keine Lust hatte, mit ihr draußen im Gras unter den Sternen zu sitzen. Ich fragte, ob er jemals der romantische Typ gewesen sei, und da antwortete sie: »Nein, aber...« Dieses »Aber« ist es, das sie in Schwierigkeiten bringt. Wenn die Antwort »nein« lautet, dann sollte es bei einem Nein bleiben. Er zeigte ihr keineswegs die kalte Schulter. Statt dessen schlug er vor, auf der Couch zu kuscheln und fernzusehen. Aber das entsprach nicht Janines romantischer Version. Sie hatte einen netten Jungen geheiratet, eher einen Mechaniker und Praktiker – keinen künstlerischen Typ. Und das ist okay. Wenn Sie einen Mann drängen, anders zu werden, als er ist, dann verkümmern allmählich die guten Eigenschaften, die er tatsächlich besitzt. Und Sie haben gar nichts mehr – obwohl er zuvor gewisse angenehme Qualitäten aufwies, die Sie wegen Ihrer sturen romantischen Phantasie ablehnten.

Hin und her gerissen

Die vierundfünfzigjährige Betty rief mich an, weil sie sich hin und her gerissen fühlte. Ihr Freund, mit dem sie seit einem Jahr zusammenlebte, erwies seiner Exfrau einen großen Gefallen. Nun überlegte Betty, ob sie das Recht hatte, Wut oder Eifersucht zu empfinden. Ich fragte, ob sie an seine Loyalität glaube, an seine Treue, sein Engagement für die Beziehung et cetera. »Ja«, beteuerte sie emphatisch.

Dann erkundigte ich mich nach seinem Charakter, und sie erwiderte: »Er spielt Big Daddy.« Da erklärte ich, sie würde seine Qualitäten genießen, wenn sie selber davon profitierte, diese selben Vorzüge aber ablehnen, wenn sie jemand anderen beglückten.

Im Lauf unseres Gesprächs gewann sie eine wichtige Erkenntnis. Gerade den Wesenszug ihres Freundes, den sie besonders liebte, nämlich sein gutes Herz, haßte sie jetzt, weil sie sich unsicher fühlte. Letzten Endes vertrugen sich die beiden wieder!

Wenn Sie ihn hassen, blicken Sie in Ihre eigene Seele

Wenn Sie einen Mann heiraten und dann hassen, suchen Sie die Quelle dieses negativen Gefühls in sich selbst. Wenn Sie sich darüber keine Klarheit verschaffen, werden Sie heiraten und hassen, heiraten und hassen, heiraten und hassen – und glauben, das Problem läge nur bei den Männern.

Entscheidung für das Glück

Ein kurzes P. S.:

»Liebe Dr. Laura, in einer Ihrer Radiosendungen bemerkten Sie, der Charakter einer Person sei unendlich viel wichtiger als ihr Erfolg oder ihre Leistungen (das hätte man mir wirklich nicht erst sagen müssen). Damit bestärkten Sie mich in meiner innigen Liebe zu meinem Mann, in meiner Wertschätzung seiner Eigenschaften. Ich stamme aus einer – zumindest nach außen hin – erfolgreichen Familie, und alle unsere Freunde verdienen viel mehr Geld als wir bei der Stadtverwaltung. Eine Zeitlang übte ich scharfe Kritik und fühlte mich frustriert, bis Sie mich daran erinnerten, was ich habe – einen treuen, liebevollen, gütigen, ehrlichen, amüsanten, hart arbeitenden und großartigen Mann. Und das ist am allerwichtigsten. Danke für den Hinweis! Ich habe einige strapaziöse, sehr intensive Beziehungen hinter mir, wie halsbrecherische Achterbahnfahrten. Und dann faßte ich den klugen Entschluß, glücklich zu sein. Das hat sich gelohnt. Herzliche Grüße, M.«

Meine Liebe, nichts zu danken!

7. Schwangerschaft

Warum bekommen manche Frauen aus den schlimmsten Gründen Babys?

Offensichtlich sind Menschen mit Lebenszielen eher motiviert, ihre Fruchtbarkeit zu kontrollieren.«

Carole Joffe, Soziologin am U. C. Davis
(*Los Angeles Times*, 6. Januar 1993)

Die Worte »aus den schlimmsten Gründen« stellen mich nun vor die hehre Aufgabe, detailliert zu erklären, was ich für die besten Gründe halte, Kinder in die Welt zu setzen.

Welche könnten es sein? Zum Beispiel: Liebe? Gerade der richtige Zeitpunkt in Ihrem Leben? Oder wollen Ihre Eltern endlich Großeltern werden? Möchten Sie sich im Kreis Ihrer schwangeren Freundinnen nicht ausgeschlossen fühlen und beweisen, daß Sie's auch können? Versuchen Sie, einen Mann zu zwingen, Sie zu lieben bzw. zu heiraten? Wissen Sie mit Ihrem Leben nichts anderes anzufangen? Sehen Sie in einem Baby das Allheilmittel für Ihre diversen seelischen Störungen?

Merken Sie was? Diese typischen Motivationen haben nichts mit den Interessen des Kindes zu tun!

Gute Eltern kümmern sich vor allem um die Bedürfnisse des Kindes

Nach meiner Ansicht gibt es nur einen einzigen wirklich stichhaltigen Grund, ein Baby zu bekommen: Sie und Ihr erwachsener, engagierter Partner oder Ehemann sind daran interessiert, bereit und fähig, die nötigen Opfer zu bringen (was Zeit, Aufmerksamkeit und finanzielle Mittel betrifft), um einem Kind die Liebe und Sicherheit zu schenken, die Hilfe, Erziehung und Ausbildung zu bieten, die es braucht.

Die Fortpflanzung hat wenig mit Ihren eigenen Bedürfnissen zu tun, aber um so mehr mit den Bedürfnissen des Kindes.

Wenn Sie Mutter werden, um persönliche Vorteile zu suchen, sich von einer seelischen Krankheit zu heilen, zu identifizieren, eine gefährdete Beziehung zu retten oder Ihre belanglose Existenz aufzuwerten, werden Sie eine bittere Enttäuschung erleben. Und letztlich müssen die Kinder den Preis dafür zahlen.

Die Zahlen sprechen für sich

Wie die Gesundheitsämter berichten, erklärten bei einer kürzlich erfolgten Untersuchung über ein Drittel der befragten Frauen, ihre letzte Schwangerschaft sei unerwünscht gewesen oder früher erfolgt als geplant. Die Rate der ungewollten Schwangerschaften ist bei jungen Frauen besonders hoch, ebenso bei Frauen in der untersten Einkommensklasse und bei unverheirateten.

Ich bin mir noch immer nicht sicher, was eine unbeabsichtigte Schwangerschaft eigentlich bedeutet. Hat eine sorgfältig angewandte Verhütungsmethode versagt? Das bezweifle ich. Zumindest dürfte das nicht allzuoft passieren.

Wie aus einer Studie des Alan Guttmacher Institutes hervorgeht, resultiert fast die Hälfte der jährlich 3,5 Millionen unerwünschten Schwangerschaften in den USA aus dem unregelmäßigen oder falschen Gebrauch von Verhütungsmitteln, und die übrigen betroffenen Frauen benutzten überhaupt keine. Soviel zur »unbeabsichtigten« Schwangerschaft!

Wie viele Zufälle geschehen zufällig?

Von den zahlreichen Anruferinnen, die mir ihr Leid klagten (»O Gott, ich bin schwanger!«), gaben die meisten nach einigen bohrenden Fragen meinerseits schließlich zu, sie hätten kein Verhütungsmittel benutzt, »weil...«. Und dieses »Weil« hängt sehr oft mit einer unreifen Einstellung zusammen: »Ich dachte, irgendwie würde es mit meinem Freund schon klappen.«

Sandy, fünfunddreißig, ist ein typisches Beispiel für diese

Mentalität. Sie rief mich an, wütend auf ihren Exmann, und erzählte, er habe ihr gesagt, möglicherweise könnten sie wieder zueinanderfinden. Man sollte meinen, das würde fachmännische Ratschläge einbeziehen, Diskussionen über die Eheprobleme, gemeinsame Ideen über die Entwicklungen der individuellen Persönlichkeiten und der Partnerschaft. Leider nichts dergleichen...

Trotz ihres anfänglichen Zorns begann sich Sandy plötzlich zu benehmen, als wäre alles »super«, als würde die Beziehung wieder bestens funktionieren. Aber wie sich herausstellte, hatte der Mann bereits eine Freundin. Trotzdem glaubte Sandy ganz fest an die Versöhnung, an seine Liebeserklärung – obwohl er keine Anstalten traf, sich von dem anderen Mädchen zu trennen. Sie hoffte einfach, er würde sich für sie entscheiden, und um die Dinge zu beschleunigen, wurde sie schwanger.

DR. LAURA: »Wie reagierte er, als Sie ihn informierten?«

SANDY (in wachsender Aufregung): »Er ging zu seiner Freundin zurück!«

DR. LAURA: »Haben Sie sich beim Sex mit Ihrem Mann nicht geschützt, Sandy?«

SANDY: »Nein...«

DR. LAURA: »Hatten Sie beide ernsthaft geplant, wieder zu heiraten?«

SANDY: »Nein...«

DR. LAURA: »Beschlossen Sie jemals gemeinsam, ein Baby zu bekommen? Erwähnte Ihr Exmann irgendwann einmal, unabhängig von Ihnen, den Wunsch, Vater zu werden?«

SANDY: »Nein, aber er sagte, er würde mich lieben!«

DR. LAURA: »Das spielt keine Rolle. Verstehen Sie das denn nicht? Ich finde Ihre Empörung unangebracht. Sie ließen sich auf ungeschützten Sex ein, in einer unverbindlichen Beziehung zu einem Mann, der niemals erkennbares Interesse an eigenen Kindern gezeigt hatte. Und Sie mögen zwar einen bestimmten Plan geschmiedet haben, aber der wurde vereitelt.«

SANDY: »Nun ja...«

DR. LAURA: »Liebe Sandy, Sie sind in einer schwierigen Lage, und Sie müssen folgenschwere Entscheidungen fällen, was das Kind betrifft. Aber was immer Sie auch beschließen, eins müssen Sie sich merken: Springen Sie nie in einen Swimmingpool, nur weil Ihnen ein Mann sagt, irgendwann könnte Wasser drin sein. Wissen Sie, was ich meine?«

SANDY: »Ja, ich glaube schon. Danke.«

Seine und ihre Verantwortung

Jetzt wird's knifflig. Wahrscheinlich wenden Sie ein, und das mit gutem Grund: »He, Moment mal, Laura! Und wie steht's mit diesem Kerl und seiner Verantwortung?«

Eine berechtigte Frage. Ich glaube, jeder Mann ist verantwortlich für sein Sperma, für das Ziel, das es erreicht, und für das, was es dort bewirkt. Das Gesetz verlangt vom Vater Unterhaltszahlungen für das Kind, die Moral tatkräftiges Interesse.

Und?

Wie die amerikanischen Bevölkerungsstatistiken von 1992 beweisen, sind die Probleme alleinerziehender Eltern heutzutage immer noch zum Großteil die Probleme alleinstehender Mütter. Da das Wunder des neuen Lebens im weiblichen Körper stattfindet und vor allem die Frauen für die Kindesbetreuung zuständig sind, wird die Diskussion über die Verantwortung der Männer in der realen Welt nicht viel ausrichten.

Deshalb rate ich Ihnen: Wenn sich ein Mann weigert, Verhütungsmittel zu benutzen, verweigern Sie ihm den Sex und lassen Sie ihn fallen! Oder Sie haben die Pille im Ärmel.

Keine Rechte ohne Verantwortung

Ja, ich weiß, es ist in politischer Hinsicht nicht korrekt, auf dem vermeintlichen Opfer herumzuhacken, auf der Frau, noch dazu, wenn man den Mann entschuldigt. In zahllosen Fällen werden die Mütter tatsächlich ungerecht behandelt. Aber ich sprach mit sehr vielen Frauen, nachdem sie die Regisseurinnen und Produzentinnen raffinierter Intrigen gespielt und Kinder bekommen hatten, die letztlich zu Opfern von Armut und unpersönlicher Betreuung wurden.

Tom Bethell vom Hoover Institute schrieb für die *Los Angeles Times* ein Essay und äußerte darin einen Gedanken, dem ich voll und ganz zustimme: »Der Schwangerschaft geht ein von zwei Personen gemeinsam beschlossener Akt voraus, und wenn man ihn (oder die Abtreibung) als unvermeidlich bezeichnet, kann man den betroffenen Frauen genausogut einen freien Willen aberkennen. Nichts wäre entwürdigender.«

Wir Frauen können es uns nicht leisten, für unsere Rechte zu demonstrieren, ohne Verantwortung zu übernehmen.

»Aber so was passiert nun mal...«

Natürlich gibt es auch noch ein Argument, das eine Radiohörerin in ihrem Brief erwähnte – Rosalie aus El Monte, Kalifornien. »...wir alle sind Menschen, machen Fehler und haben unsere schwachen Momente. Dem Grundsatz, die Geburtenkontrolle sei die beste Methode, den Körper zu kontrollieren, stimme ich hundertprozentig zu. Aber wie viele Frauen sagen: ›So was passiert nun mal...‹«

Mann, o Mann, wenn das die Frauen nicht zu hilflosen, hoffnungslosen Närrinnen degradiert!

Die sechsundvierzig Jahre, die ich nun als Frau auf dieser Erde lebe, zeigten mir nur zu deutlich die Ungerechtigkeiten und die Grausamkeiten, die auf Sexismus beruhen. Aber ebenso grausam werden Farbige, Juden, Behinderte, Übergewichtige und so weiter behandelt.

Nachdem ich den Männern in den späten sechziger und teilweise auch in den siebziger Jahren erbittert grollte, glaube ich in meiner jetzigen Lebensphase, daß die Frauen durch intelligente, mutige, schrittweise Bemühungen sehr viel erreichen und ihre Situation verbessern können.

Und ich habe es gründlich satt, die Gesellschaft oder die Erziehung oder sonstwas zu benutzen, um das dumme Verhalten der Frauen zu entschuldigen. Frauen müssen erst sich selbst und dann anderen Frauen helfen, gesellschaftliche Grenzen zu überqueren, oder es wird keinen Fortschritt geben.

Viele Frauengruppen, sogar die Organisation NOW, tragen zum hartnäckigen Fortbestand der weiblichen Opferrolle bei.

Ihr politisches Programm scheint nur wenig persönliche Verantwortung von einzelnen Frauen zu fordern und zu erwarten. Und gerade auf diese Verantwortung lege ich besonders großen Wert.

Individuelle Macht – wie ich sie sehe

Wenn ich als Frau und Mutter und Therapeutin im Rundfunk über die Macht der Frauen über ihren eigenen Körper spreche, betone ich stets, daß die Machtübernahme vor der Empfängnis beginnt. Und ich habe oft erklärt, nach meiner Ansicht seien die Frauen – mit all ihrer Macht über Körper, die einzigartig ausgestattet sind, um Babys hervorzubringen – deshalb voll verantwortlich für die Geburtenkontrolle.

Wie Sie sich denken können, bekam ich erboste Antworten, auch von NOW, und wurde beschuldigt (unter anderen niederträchtigen Vorwürfen), ich würde die Männer und Jungen von der geteilten Verantwortung für Schwangerschaften freisprechen und sie unvernünftigerweise den Frauen und Mädchen allein aufbürden – »in einer Gesellschaft, die ihnen nicht ausreichend ermöglicht, sich selbst zu schützen«.

Schon wieder die Ausrede: »Dazu hat mich die Gesellschaft gezwungen!«

Jetzt überlegen Sie mal – ich halte es nicht für unvernünftig, von Frauen zu erwarten, daß sie Integrität, Mut, Intelligenz und Stärke zeigen – selbst, wenn die Eltern ihnen Barbiepuppen gekauft haben!

Es ist *Ihr* Körper. Geben Sie auf ihn acht! Und wenn ein Kerl kein Kondom benutzen will, schlafen Sie eben nicht mit ihm! Lassen Sie sich weder von Schmeicheleien noch von gebieterischen Forderungen umstimmen!

Wenn ich nun auf Safer Sex bestehe und er mich verläßt?

Vor etwa zwei Jahren trat ich im Geraldo-Programm auf, um über Safer Sex zu reden. Vor und hinter der Kamera, in den Fluren und auf der Damentoilette wurde mir am häufigsten diese Frage gestellt. »Aber was soll ich machen, wenn er kein Kondom benutzen will?«

Lächelnd antwortete ich: »Pressen Sie einfach die Knie zusammen!«

Da konterten die Frauen einstimmig: »Ja, aber dann wird er mich vielleicht verlassen.«

Du meine Güte! Soweit sind wir also dreißig Jahre nach der Aufklärung gekommen? Die Frauen mögen im Kongreß sitzen, geraten aber immer noch in Panik, weil sie in ihrem eigenen Interesse die Benutzung eines Kondoms verlangen. Wie armselig!

Um es noch einmal klarzustellen: Natürlich finde ich, daß auch der Mann seinen Teil der Verantwortung für eine Schwangerschaft tragen soll. Aber ihr müßt aufwachen, Frauen! Ihr seid es, die schwanger werdet, also bleibt der Schwarze Peter im Ernstfall bei euch hängen!

Gehirnwäsche

Ich glaube, die Argumente gegen meine Ansichten in den Briefen der Radiohörerinnen zeigen, daß sie mich angreifen, weil sie einer Gehirnwäsche unterzogen wurden und einfach die »schreckliche Situation des weiblichen Geschlechts« akzeptieren.

Täglich werden wir, nicht zuletzt durch die Medien, mit Frauen konfrontiert, die sich tagtäglich mit lausigen Umständen, lausigen Ehemännern et cetera herumplagen müssen. Jeden Tag schalte ich mein Mikrophon ein und erinnere die Frauen an die Macht, die sie in ihrem individuellen Leben besitzen, um sich über Stereotypen zu erheben und ihre eigene Schwäche zu bekämpfen. Mit Ausreden lasse ich Sie nicht davonkommen! Ich fordere Sie auf, all Ihre Kräfte gezielt einzusetzen und verantwortungsbewußt damit umzugehen.

Genau deshalb habe ich dieses Buch geschrieben. Die Frauen sollen verstehen und akzeptieren, daß sie so liegen, wie sie sich betten. Daran trägt die Gesellschaft keine Schuld. So einfach ist das.

Zum Teil widme ich dieses Buch auch den Frauen, die in einem kleinen afrikanischen Dorf leben. Ich habe davon gelesen. Dort werden die Ehefrauen genauso schlecht behandelt wie anderswo. Traurigerweise ist das keine Neuigkeit, nicht auf dieser Welt, nicht in unserer Geschichte.

Um so interessanter finde ich, wie die heiratsfähigen Mädchen in diesem Dorf das Problem lösen: Sie weigern sich einfach zu heiraten! Also ist in diesem kleinen afrikanischen Dorf, wo es kein Radio und kein Fernsehen gibt, keine Bibliothek voller feministischer Manifeste, etwas ganz Besonderes geschehen. Diese Frauen beweisen Verstand und Mut!

Wissen Sie, worin das große Dilemma des ganzen Themas liegt? Es geht darum, warum sich die Frauen in Amerika, im liberalsten Land der Welt, immer noch so viel von den Männern gefallen lassen. Keineswegs, weil sie nicht wissen, was da geschieht – sie sind ja nicht dumm.

Aber die Intelligenz steht nur am Anfang. Man muß auch den Mut aufbringen, für seine Überzeugungen einzutreten, so wie jene Afrikanerinnen. Und ich würde es gerne sehen, wenn die Frauengruppen mehr unternähmen, um Programme aufzustellen, die persönlichen Mut und Verantwortungsgefühl herausfordern.

Hoffentlich klingt es nicht zu herablassend, wenn ich betone, was Afrikanerinnen können, müßten Amerikanerinnen, die Bewohnerinnen dieses freien Landes, auch schaffen. An dieser Stelle möchte ich den aufschlußreichen Brief einer Japanerin zitieren, den ich 1992 bekam.

> »Ich bin Japanerin und im Nachkriegsjapan aufgewachsen, während der MacArthur-Regierung und Hirohitos Niederlage. Meine Kultur, damals und jetzt, unterscheidet sich völlig von den USA. Seit ich Ihre Radiosendung höre, beginne ich, die Bedeutung von Freiheit und Unabhängigkeit zu verstehen. In meiner siebenjährigen Ehe war ich ein sogenannter Fußabstreifer. Ich durfte nichts sagen, besaß keine eigene Identität und wußte nicht, wie ich mich in meiner ehelichen Beziehung oder im Leben überhaupt verhalten sollte. In meiner Familie und Gesellschafts-

schicht wird ein Mädchen zu einer netten Frau, einer netten Ehefrau, einer netten Mutter erzogen, und je eifriger man die Männer zufriedenstellt, desto netter ist man. Keine Widerworte, nur Dienstbeflissenheit.

Warum weiß ich nicht, aber ich brauche mehr als das. Anfang 1970 beschloß ich, in dieses Land zu kommen. Nur wegen meiner angeborenen Instinkte und kultureller Wertmaßstäbe hielt meine Ehe sieben Jahre lang. In den letzten beiden Jahren begann ich, allmählich meine eigene Identität zu entwickeln. Natürlich scheiterte unsere Ehe.

Warum? Das weiß ich nicht genau. Jedenfalls wachte ich langsam auf. Mein Mann trifft gern alle Entscheidungen, oder er muß immer einverstanden sein, sogar wenn es um Kleinigkeiten geht, die Auswahl des richtigen Toilettenpapiers oder der Müslipakkung.

Zu Beginn unserer Ehe störte mich das nicht. Ich fand es sogar angenehm, daß er sich um alles im Haushalt kümmerte, und seine Autorität gefiel mir. Damals mochte ich starke Männer, sogenannte ›Machos‹. Aber mit der Zeit änderten sich meine Gefühle.

Ich fing mit ihm zu diskutieren an, warum ich einen anderen Standpunkt vertrat. Natürlich geriet er in Panik – jedesmal, wenn wir verschiedener Meinung waren, mußte er recht behalten. Manchmal schloß er mich für zwei oder drei Stunden ins Badezimmer ein. Er genießt es, lebhaft zu argumentieren, und hört sich gern reden. Während der ersten fünfzehn bis zwanzig Minuten einer Diskussion hatte ich Angst, weil er wütend war, aber nach anderthalb Stunden überzeugte er mich von seinen Ansichten. Übrigens sagte er immer wieder: ›Ich kann sogar den Eskimos Eiscreme verkaufen.‹

Schließlich wurde meine Furcht von Zorn verdrängt. Ich war unzufrieden, so als hätte ich einem Gebrauchtwagenhändler ein schrottreifes Auto abgekauft, und die Bitterkeit wuchs. Mein Verstand stimmte meinem Mann immer noch zu, aber nicht mein Gefühl, und es war in mir gefangen, so wie ich selber, wenn ich eingesperrt im Badezimmer saß. Ich kam mir so hilflos vor.

Letzten Endes brach ich aus dieser Ehe aus. Seit ich Ihre Sendung höre, Dr. Laura, verstehe ich, warum. Jetzt ist mir die Bedeutung von Freiheit und Unabhängigkeit klar. Ich finde, Sie sind eine Magierin. So viele psychologische Wirren lösen Sie wie mit einem Zauberstab. Dazu brauchen Sie manchmal nur zwei Sekunden. Es ist erstaunlich, wenn man Ihre logischen Erklärungen hört.

Seit zwei Jahren lebe ich von meinem Mann getrennt, und ich treffe viele Frauen, die in ihrer Ehe schlecht behandelt werden. Es ist unfaßbar, wie viele Frauen in den Vereinigten Staaten von Amerika, dem feministischsten Land auf der Welt, sich immer noch von Männern quälen lassen, seelisch und körperlich.

Ich glaube, wir Frauen müssen aufwachen. Wir sind Menschen und müßten besser wissen, daß wir genau die gleichen Rechte kriegen wie ein Mann. Meinen Freundinnen empfehle ich, zwischen zwölf und vierzehn Uhr die 640 AM KFI-Radiosendung zu hören, wann immer sie eine Gelegenheit dazu finden, weil da viele heikle Situationen besprochen werden.

Ich weiß, ich mache viele Fehler, aber wenigstens weiß ich jetzt, was ich empfinde. Und es ist großartig, dieses Gefühl zu kennen. Ich wünschte, ich hätte Ihre Sendung schon gehört, bevor ich meinen Mann kennenlernte, Ihre Logik verstanden. Nun, vielleicht sollte es nicht sein. Übrigens, vor ein paar Tagen ging ich allein weg. Ich fühlte mich einfach großartig. Zum erstenmal in meinem Leben traf ich eine so wichtige Entscheidung, und ich war stolz.«

Wie können Sie solch ein wichtiges Thema so unbekümmert behandeln?

Dieses Kapitel liegt mir besonders am Herzen, denn ich glaube, die Verhütungsmaßnahmen, die Frauen ergreifen – oder auch nicht –, beeinflussen letzten Endes ein unschuldiges Leben, das Leben eines Kindes.

Nun folgen ein paar simple Fakten, über die der Journalist Paul Taylor in der *Washington Post* berichtete. Es geht um Kinder, die außerhalb einer Ehe oder einer partnerschaftlichen Beziehung aufwachsen, bei nur einem Elternteil, was häufig gleichbedeutend mit tiefer Armut ist. »Zwischen siebzig und neunzig Prozent aller unehelichen Kinder landen irgendwann in ihrem Leben bei der Wohlfahrt, und ... solche Kinder sind wahrscheinlich für längere Zeit auf die Wohlfahrt angewiesen als die Kinder aus geschiedenen Ehen. In den sechziger Jahren entfernte man sich weltweit von der Ehe als dem Standort sexueller Beziehungen. Seit damals werden immer mehr Kinder außerhalb der Ehe geboren und vielleicht geraten wir jetzt in ein drittes Stadium, wo die Ehe auch nicht mehr der Standort ist, wo man Kinder großzieht. Warum das alles geschieht, wissen wir nicht genau.«

Die Last der alleinerziehenden Mutter

Nun, wenn unsere alleinstehende Mom nicht reich ist und nicht von der Wohlfahrt lebt, dann wird sie – mit oder ohne gerichtlich festgelegten Unterhaltszahlungen vom Samenspender – wahrscheinlich arbeiten, und das Kind wird in einer unpersönlichen Tagesstätte betreut. Wie der renommierte Kinderarzt und Autor T. Berry Brazelton erklärt: »...die Kinder alleinstehender Eltern werden von zwei Fragen verfolgt: Warum hat mich der eine Elternteil verlassen, und wird der andere auch weggehen? Wenn der verbliebene Elternteil dem Kind nicht von Anfang an das Gefühl gibt, daß es wichtig ist, wird es mit einem ziemlich gestörten Selbstwertgefühl aufwachsen.«

Das ist sicher kein Geheimnis. Was veranlaßt also manche Frauen, so unbedacht Kinder in die Welt zu setzen? Ein Zitat aus dem Brief einer Hörerin: »Hoffentlich kann ich den Frauen, die ein uneheliches Kind aus nicht akzeptablen Gründen in Erwägung ziehen, als schlechtes Beispiel dienen. Ich habe zwei Kinder, die ich nur bekam, weil ich versucht habe, einen Mann an mich zu binden.«

Der Versuch, einen Mann durch Schwangerschaft an sich zu binden, ist kindisch

Eine fünfundzwanzigjährige Anruferin sorgte sich um ihre neunzehnjährige unverheiratete Schwester. Das Mädchen hatte eine Beziehung zu einem ebenfalls neunzehnjährigen Jungen, die immer wieder beendet und von neuem begonnen wurde. Jetzt war sie schwanger. Die Anruferin wollte wissen, wie sie ihre Schwester zu einer Abtreibung veranlassen konnte. Sie wollte logische Argumente anführen, zum Beispiel finanzielle Gründe oder die Ausbildung, die ihre Schwester als junge Mutter unterbrechen müßte. Das wäre eine völlig falsche Methode.

Während unseres Gesprächs gelangten wir schließlich zu einer Übereinstimmung. Man mußte der jungen Frau auf den Kopf zusagen, sie glaube, irgendeinen Weg gefunden zu haben, um ihre Beziehung zu dem jungen Mann zu festigen – ein Baby. Das ist ein sehr riskantes Unternehmen. Auch dies ist ein perfektes Beispiel für die weibliche Unreife, Naivität und Dummheit, über die wir Frauen offen und ehrlich reden müssen, um einander zu helfen.

Kontrollieren Sie sich selbst!

Es genügt nicht, in einer weinerlichen Frauengruppe zu jammern, zum Beispiel über autoritäre Ehemänner, wenn wir gleichzeitig die Verantwortung für unsere mangelnde Bereitschaft, die schwierige Rolle der Kontrolleurin unseres eigenen Lebens zu spielen, auf andere abwälzen. Diese Rolle überlassen wir den Männern, die sie bereitwillig übernehmen, und dann machen wir ihnen Vorwürfe, weil es uns mißfällt, wie sie ihre Kontrolle nutzen.

Erzählen Sie mir nicht, die Frauen hätten keine Wahl, weil wir in einer sexistischen, von Männern dominierten Welt leben. Diese Behauptung würde mich – und Millionen andere Frauen, die ebenso wie ich Opfer brachten, sich bemühten und Unannehmlichkeiten ertrugen, um eine Ausbildung zu absolvieren und ihren Weg aus eigener Kraft zu gehen – zu Freaks degradieren, zu Mitgliedern einer privilegierten Elite. Oder wir hatten einfach nur Glück. Das stimmt aber nicht. So ähnlich wie die bewundernswerten Menschen in den Ghettos aller Welt, die mit Erfolg kämpften, sind wir Vorbilder.

Es funktioniert nämlich nicht, wenn ich verlange: »Tun Sie, was ich Ihnen sage«, ohne es selber zu tun. Man muß seine Überzeugungen verwirklichen.

Okay, kehren wir zu unserem Thema zurück, zu meinem Versuch, das dumme, typisch weibliche Verhalten hervorzuheben, insbesondere, was die Schwangerschaft betrifft.

Die sexuelle Revolution verkündete, wir könnten *es* tun, wann immer wir wollten, daß wir keine verruchten Mädchen waren, wenn wir es taten, und daß wir das gleiche Recht auf sexuelle Freuden besaßen wie Männer.

So weit, so gut. Falls die Frau nicht sterilisiert ist (oder der Mann), wird sie irgendwann schwanger, falls sie oft genug Geschlechtsverkehr hat, angesichts der inhärenten oder realen Fehlerquote aller Verhütungsmittel oder des leichtsinnigen Umgangs mit der Geburtenkontrolle. Ganz schlicht und einfach. Sollte Ihnen das passieren und die Schwangerschaft war nicht geplant, müssen Sie sich für eine Abtreibung, eine Adoption, die Schwierigkeiten einer alleinstehenden Mutter oder eine Mußheirat entscheiden.

Die zwischen Mann und Frau geteilte Verantwortung für Verhütungsmaßnahmen und Erziehungsverpflichtungen wird keineswegs durch die vielen hundert Anrufe dokumentiert, die ich von verängstigten, gekränkten, weinenden künftigen Müttern erhielt.

Besonders deutlich erinnerte ich mich an die zweiundzwanzigjährige Marie, die sich mit einer zweiten Abtreibung konfrontiert sah und mir unter Tränen gestand, sie wolle kein Baby, fürchte sich aber vor dem Eingriff. Die Angst entpuppte sich schließlich als Scham, denn wie sie sich entsann, war der Arzt bei der ersten Abtreibung ziemlich nett gewesen, und es hatte auch nicht weg getan. Aber jetzt…

DR. LAURA: »Haben Sie ein Verhütungsmittel benutzt?«

MARIE: »Nun, mein Freund und ich benutzten Kondome, aber – nicht immer.«

DR. LAURA: »Ich muß Ihnen eine Frage stellen, Marie. Nachdem Sie bereits eine Abtreibung hinter sich hatten, warum schliefen Sie mit Ihrem Freund, ohne sich zu schützen?«

MARIE: »Okay, wir…«

DR. LAURA: »Es geht nicht um ›wir‹, sondern um Sie.«

MARIE: »Ich glaube, ich – eh – ließ mich einfach mitreißen. Ich meine, er war bereit, ein Kondom zu benutzen, aber ich dachte, ich dürfte ihn nicht dazu auffordern. Es ist seine Entscheidung...«

DR. LAURA: »Meine Liebe, was immer mit Ihrem Baby geschehen soll, und diese Möglichkeiten können wir ebenfalls diskutieren – ich schlage Ihnen vor, in Zukunft die Pille zu nehmen, weil Sie kein sexuelles Verantwortungsgefühl besitzen. Sie dürfen sich nicht von den Emotionen des Augenblicks überwältigen lassen. Jetzt sehen Sie ja, was Sie von Ihrem Leichtsinn haben.«

MARIE: »Ja, vielleicht haben Sie recht...«

Verwechseln Sie Phantasie nicht mit Realität

Wenn uns der Geschlechtsverkehr nur Orgasmen bescheren würde, keine Kinder und keine Geschlechtskrankheiten und keine Fehlinterpretationen (Leidenschaft wird als Liebe mißdeutet), dann wäre dieses Kapitel überflüssig.

Aber wegen der schwerwiegenden Konsequenzen müssen wir Frauen uns wie erwachsene Menschen verhalten, nicht wie hilflose, verzauberte Märchenprinzessinnen. Dafür ist der Preis offensichtlich zu groß.

Ich glaube, viele Frauen wenden so wie Marie keine Geburtenkontrolle an, weil sie glauben, vollkommene Liebe und Hingabe zu erleben, und sie verwechseln die Phantasie mit der Realität.

Die fatale Mußheirat

Im Märchenland kann man auf die Erfüllung eines Traums hoffen, wenn eine Sternschnuppe vom Himmel fällt. Im wirklichen Leben ist das ein gefährliches Spiel.

Dafür dient die Situation der neunundzwanzigjährigen Michelle als aufschlußreiches Beispiel. Seit einiger Zeit ist sie – mit diversen Unterbrechungen – die Geliebte eines elf Jahre älteren Mannes, bei dem sie hin und wieder auch lebt. Lachend beschrieb sie ihn als »...Angsthasen. Aber das ist eine andere Geschichte. Glauben Sie mir, Sie wären entsetzt, wenn Sie alles über ihn wüßten. Doch es würde viel zu lange dauern, das zu erzählen.«

Daß sie ihn so beurteilt, bekümmerte mich, denn immerhin hatte sie menschliches Leben mit ihm gezeugt, schon zum zweitenmal. Das erste Baby war vor etwa drei Jahren abgetrieben worden. Nun verkündete sie, das zweite würde sie behalten.

Dann versicherte sie mir, sie liebe diesen Mann von ganzem Herzen. Aber sie konnte ihn nicht veranlassen, sie zu heiraten, und deswegen hatte sie »vergessen«, die Pille zu nehmen.

Offensichtlich rief sie mich an, um zu erfahren, wie sie den Mann umstimmen könnte. Sie gab zu, sie sei verwirrt. Denn sie wollte nicht, daß er sie nur wegen der Schwangerschaft heiratete. Was sie nicht akzpetierte – er hatte sie auch nicht heiraten wollen, als sie *nicht* schwanger gewesen war. Zweifellos versuchte sie, das Kind zu benutzen, um das Junggesellenleben ihres Freundes zu beenden. Obwohl sie selber einsah, daß das nicht funktionieren würde.

Aber solche Erkenntnisse hindern uns nicht daran, es trotzdem zu probieren, nicht wahr?

Der große Irrtum: Es wird schon klappen

Die Erkenntnis der Realität hält uns also nicht davon ab, zu glauben oder zu hoffen, alle unsere Träume würden sich verwirklichen, wenn wir es nur intensiv genug »wünschen«.

Die Mühe, die wir Frauen auf uns nehmen, um die Erfüllung unseres Wunsches zu erzwingen, benebelt den Verstand und quält das Herz.

Die meisten Frauen sehnen sich nach einem ganz bestimmten Lebensstil. So ein Ziel ist okay. Es motiviert sie und spornt sie an.

Aber viele Frauen unter emotionalem Dampf glauben irrtümlicherweise, das Gefühl eines Augenblicks würde wenig später automatisch zur gewünschten Aktion führen. Sie vergessen die Vorzüge der Planung, der Geduld und Ausdauer und lassen den Dingen einfach ihren Lauf.

Das veranlaßt mich, andere Schwierigkeiten zu erwähnen, in die sich eine Frau bringen kann, wenn sie sich nicht genauer überlegt, mit wem und unter welchen Umständen sie ein Kind zeugt.

Schwanger von einem verheirateten Mann

In einem meiner ungeheuerlichsten Fälle ging es um eine Frau, die zwei Jahre lang eine Affäre mit einem verheirateten Mann hatte. Obwohl er ihr unverblümt erklärte, er würde sich niemals scheiden lassen. Sie war verzweifelt, denn die sogenannten Großeltern ihres ungeborenen Babys verkündeten unmißverständlich, sie wollten weder mit ihr noch dem Kind irgend etwas zu tun haben.

Aus moralischer Sicht muß ich zugeben, daß sich diese Leute verantwortungslos, um nicht zu sagen kaltblütig verhielten – aber was hatte die Frau erwartet? Niemals durfte sie hoffen, ihr Freund würde seine Frau ihretwegen verlassen. Und so unglaublich es auch klingt, die Ehefrau wußte von der Schwangerschaft seiner Geliebten und blieb trotzdem bei ihrem treulosen Mann!

Vergessen Sie nicht – immer muß das Kind für alles zahlen

Nun, ich könnte noch mehr schwierige Situationen anführen, in die sich solche Frauen bringen. Und Sie werden bedauerlicherweise erkennen, daß immer das Kind den Preis zahlen muß.

Er läßt Sie hängen – und Sie verzeihen ihm

Die vierundzwanzigjährige Audrey klagte: »Mein Freund schwängerte mich, und dann verschwand er.«

Natürlich wollte ich wissen, wieso er das tun konnte, ohne daß sie's rechtzeitig bemerkte.

Das war vor etwa drei Jahren. Seither wohnt ein Freund, dem

sie nur platonisch verbunden ist, bei ihr und ihrem Baby, hilft ihr, wo er nur kann, und fungiert als Ersatzvater. Jetzt möchte ihr früherer Freund zu ihr zurückkehren, vielleicht aber auch nicht.

»Was soll ich tun?« fragte sie mich. Merkt sie denn nicht, daß sie das Zugehörigkeits- und Sicherheitsgefühl des Kindes aufs Spiel setzt?

Ein sechster Sinn für Verlierertypen

Kathy, einundvierzig, rief mich an und berichtete von ihrem unglaublichen Dilemma. »Wie soll ich zweien von meinen Kindern beibringen, daß sie einen anderen Vater haben als ihre älteren Geschwister?«

Sie hat sechs Kinder, zwischen einundzwanzig und drei Jahre alt, zwei von ihrem ersten Mann. Um die beiden nächsten geht es. Das dritte und das vierte Kind stammen aus der siebenjährigen Beziehung zu einem Alkoholiker. »Erst mußte ich zweimal schwanger werden, ehe ich erkannte, daß ich mich von ihm trennen mußte«, fügte sie hinzu.

Das fünfte und das sechste Kind sind dreijährige Zwillinge von ihrem derzeitigen Mann, mit dem sie seit vier Jahren verheiratet ist. Das dritte und das vierte, sechs und elf Jahre alt, halten ihren ersten Ehemann für ihren Daddy. Der leibliche Vater kümmerte sich niemals um die beiden. Auf ihren Geburtsurkunden ist Kathys erster Mann als Vater angegeben, und er betreute beide seit ihrer Geburt, sowohl emotional als auch finanziell.

»Dieser Mann gefällt mir«, bemerkte ich. »Warum haben Sie ihn verlassen?«

»Das war wohl dumm von mir?« fragte sie lachend.

Eine der wenigen Frauen, die der Wahrheit ins Auge blicken! Dann meinte sie, das Leben sei nicht immer einfach.

Das stimmt. Warum machen wir's dann noch schwerer?

Warum geht man immer wieder sexuelle Beziehungen zu Männern ein, obwohl man weiß, daß sie verheiratet, schwul, drogensüchtig, Alkoholiker, grausam, unverbindlich, nicht an einer Vaterschaft interessiert, gewalttätig et cetera sind?

Sie wollen ihn loswerden, aber er geht nicht

Bedenken Sie – wenn Sie mit einem falschen Mann und unter den falschen Umständen eine Schwangerschaft riskieren, müssen Sie sich immer wieder mit ihm auseinandersetzen oder mit der Gefahr, die von ihm ausgeht.

Fragen Sie nur die Frauen, die mir schreiben und mir schreckliche Situationen schildern. Sie müssen sich mit den niederträchtigen oder neurotischen oder drogen- beziehungsweise alkoholsüchtigen Vätern ihrer Kinder herumschlagen, die sie gnadenlos verfolgen und mit allen Mitteln Sorge- oder Besuchsrechte erkämpfen. Im Grunde interessieren sich solche Männer nicht für die Kinder. Sie wollen nur eine kranke Beziehung fortsetzen, richten immer schlimmeren Schaden an, stürzen Mutter und Kind in immer größeres Unglück.

Hören Sie auf, an wunderbare Verwandlungen zu glauben

Nur selten sprach ich mit Frauen, die nicht zugegeben hätten, »er sei schon früher so gewesen«, also hoffen Sie bitte nicht, Ihre Liebe könnte eine wundersame Verwandlung bewirken, und hören Sie auf, sich schwach, verängstigt oder sonstwie zu fühlen, denn das wird nicht verhindern, daß Sie schwanger werden und sich mit den Konsequenzen herumschlagen müssen.

Nach meiner Meinung ist die Ehe notwendig, wenn man Kinder zeugen will, aber keine ausreichende Motivation oder Voraussetzung.

Leere Worte

Meine Anruferin Brenda, siebenundzwanzig, kennt ihren Mann seit zehn Jahren und ist seit acht Jahren mit ihm verheiratet.

»Meine kleine Tochter war etwa neun Monate alt, als wir heirateten«, sagte sie. »Ich mußte nachts arbeiten, und als ich eines Morgens nach Hause kam, fand ich ihn mit meiner besten Freundin unter der Dusche. Das war vor acht Jahren.«

Ich fragte, ob in den nächsten acht Jahren ähnliche Dinge geschehen seien.

»Ja«, bestätigte sie. »Er betrügt mich immer wieder, außerdem ist er Alkoholiker und behandelt mich schlecht. Das alles ertrug ich, weil er immer wieder versprach, er würde sich ändern.«

Vor einem Monat begann sie, ihn wiederholt um die Scheidung zu bitten, denn sie wollte nicht, daß er »mir und meinen drei Kindern noch länger zur Last fällt«.

Da war ich wie vom Donner gerührt. Obwohl sie seinen Charakter kannte, zeugte sie noch zwei weitere Kinder mit ihm! Ist das ein typisch weiblicher Teufelskreis? Man fühlt sich elend, also bekommt man Kinder, und ihretwegen kann man den Mann nicht verlassen – obwohl man sich elend mit ihm fühlt.

Ich fand es keineswegs erstaunlich, daß er auf Brendas Scheidungswunsch mit der Behauptung reagiert hatte, er würde sie wahnsinnig lieben. Mehr brauchte sie nicht: Sie ist verwirrt und weiß nicht mehr, ob sie sich wirklich scheiden lassen soll.

Solange er seine Liebe beteuert, kann er sie nach Herzenslust quälen. Warum verwechseln Frauen Taten mit Worten? Warum nehmen sie Worte wichtiger als Taten?

Wahrscheinlich, weil ihnen diese leeren Versprechungen ersparen, tapfere Entscheidungen zu treffen und sich daran zu halten. Zu diesem Punkt kommen wir immer wieder zurück.

Noch ein Teufelskreis

So wie Brenda bekommen viele Frauen immer neue Babys, als könnten sie auf diese Weise eine geschützte Höhle für den Winter graben und für Sicherheit sorgen. Die Mutterschaft ist eine Methode, so zu tun, als wäre alles okay, oder die Dinge zu zwingen, okay zu sein – und vielleicht letzten Endes etwas in diesem lausigen Zusammenhang zu tun, was *wirklich* okay ist.

Da gibt es also Kinder, die in einer schädlichen Atmosphäre aufwachsen, und Frauen, die erklären, wegen der Kinder könnten sie nichts daran ändern.

Finden Sie das gut?

Die Zeit für Ausreden ist vorbei

Sie müssen auf konkrete, vernünftige, intelligente Weise bestimmen, wann und von wem Sie schwanger werden wollen.

Keine Ausreden mehr.

Sie besitzen die Macht über Ihren eigenen Körper.

Ich flehe Sie an, diese Macht zu benutzen.

8. Unterwerfung

Warum erlauben manche Frauen ihren Männern, den Kindern weh zu tun?

Das wildeste Geschöpf in der Tierwelt ist eine Mutter, deren Junge bedroht werden. Haben Sie schon mal versucht, in einem Nest herumzustochern, wenn die Vogelmutter in der Nähe war, oder den Zorn einer Bärin beobachtet, die ihren Wurf gefährdet glaubt? Ich weiß nicht, wieviel Absicht oder Altruismus man diesem Verhalten zuerkennen kann. Vielleicht entspringt es nur reinen Instinkten – aber vielleicht spielen auch Liebe und Opferbereitschaft eine Rolle.

Die Menschen sind die höchstentwickelten Säugetiere, die sich nur wenige instinktive oder reflexartige Reaktionen bewahrt haben. Mit unserer verfeinerten, komplexen Großhirnrinde können wir uns über die Instinkte erheben und bewußte Entscheidungen treffen. Das ist unser Stolz. Und manchmal unsere Schmach.

Nirgends kommt dieser Gegensatz zwischen bewußten Entscheidungen und Instinkten so klar zum Ausdruck wie in der Mutterschaft. Während ich darüber schreibe, über das natürliche mütterliche Bedürfnis, die Kinder zu schützen, erkenne ich wieder einmal, wie unsagbar ich meinen Sohn liebe. Müßte ich zwischen irgend jemandem oder irgend etwas und Deryk wählen, gäbe es kein Zögern.

Als er geboren wurde, erklärte ich meinem Mann – dem zärtlichsten, großzügigsten, liebevollsten Mann auf der Welt –, ich würde ihn in molekulare Stücke reißen, wenn ich auch nur für einen Sekundenbruchteil das Gefühl hätte, er könnte dem Baby weh tun. Da erwiderte er sanft: »Das sollst du ja auch!«

Ich erinnere mich an die Jahre, wo wir uns um eine Schwangerschaft bemühten, wo ich mehrmals operiert wurde, Hormone einnahm und täglich die Temperatur maß et cetera. Mit fünfunddreißig entschied ich, daß ich nun endlich Mutter werden sollte, und dieser Wunsch überwältigte mich beinahe.

Eines Abends, bevor ich schwanger wurde, sahen mein Mann und ich im Fernsehen eine Sendung über Philosophie und Ethik. Unter anderem diskutierte man über die Frage: Was soll man tun, wenn fünfzehn Leute in einem Rettungsboot sitzen, das nur für zwölf bestimmt ist? Drei ins Wasser werfen, um das Überleben der anderen zu sichern? Oder versuchen, alle am Leben zu erhalten, und das Beste hoffen?

Ich fragte meinen Mann: »Wenn wir ein Kind hätten und in einem Boot säßen, das zu sinken beginnt, und du könntest nur mich oder das Kind retten. Für wen würdest du dich entscheiden?« Klugerweise weigerte er sich zu antworten. Aber ich fand die Lösung des Problems ganz einfach. »Ich würde dich retten. Unsere Beziehung hat Vorrang, und wir könnten ein anderes Kind bekommen.«

Damals fiel es mir schwer, mir die spätere enge Bindung an mein Kind vorzustellen, da es nur als Möglichkeit existierte, zu abstrakt, um tiefere Gefühle zu wecken. Einige Monate später wurde ich schwanger. Und ich weckte meinen Mann mitten in der Nacht mit der ernsthaften Frage: »Lew, wie lange kannst du Wasser treten?«

Das Thema der Bindung und Verantwortung war nicht mehr abstrakt. Aus meinem Leben entstand ein neues, und es wuchs in meinem Bauch – mein Sohn. Instinktiv erkannte ich, welch ein besonderes Band mich mit ihm vereinte. Und das erzählt eine Frau, die in den feministischen sechziger Jahren groß wurde und die Mutterschaft für einen Fluchtweg hielt. Welch eine glorreiche Weiterentwicklung!

Leider empfinden nicht alle Frauen so wie ich. Viel zu oft verdrängen dumme Entscheidungen die natürlichen Mutterinstinkte, und meistens – was für eine Überraschung! – hat ein Mann seine Hand im Spiel.

Wenn der Mutterinstinkt verkümmert...

Niemals werde ich einen bestimmten Fall vergessen, mit dem ich kurz nach der Eröffnung meiner Praxis konfrontiert wurde. Eine knapp dreißigjährige Frau hatte ein Problem mit ihrem Freund. Er mochte sie, aber mit ihren zwei kleinen Kindern wollte er nichts zu tun haben und drängte sie sogar, die beiden wegzugeben. Ihre Frage lautete, ob Sie's glauben oder nicht: »Was soll ich tun?«

Daß sich diese Frage überhaupt stellte, war schon unbegreiflich genug, aber was die Frau dann hinzufügte, verblüffte mich vollends. Natürlich wolle sie ihre Kinder nicht aufgeben, aber auf ihren Freund noch weniger verzichten.

Ausführlich sprach ich mit ihr über Liebe und deren Bedeutung, was die innere Einstellung und Verhaltensweisen betrifft – nicht nur Hormone und erschreckende Abhängigkeit. Dann betonte ich, das Erwachsensein und die Mutterschaft seien nicht immer leicht, aber die langfristige Genugtuung – durch Loyalität, Opferbereitschaft und Selbstvertrauen gewonnen – unglaublich. Und ich versicherte ihr, nur solche Dinge würden wahres Glück und Selbstachtung bewirken.

Nach außen hin blieb ich die ruhige, vernünftige Psychotherapeutin, aber innerlich kochte ich vor Wut. Wie konnte eine Mutter auch nur eine Sekunde lang über so eine Frage nachdenken?

Wir redeten eine Stunde lang. Und am Ende unseres Gesprächs wußte sie noch immer nicht, wie sie sich entscheiden sollte. Sie meldete sich nie wieder bei mir. War diese Frau seelisch so verkrüppelt von ihren verzweifelten Bedürfnissen, daß sie sich außerstande sah, den einzig richtigen Schritt zu tun? Was mochte geschehen sein, um diese blinde Angst vor der Einsamkeit in ihr zu wecken? Ich werde es nie erfahren, aber mich immer wieder danach fragen.

Gefangen zwischen Mißhandlung und Einsamkeit

Sowohl in der Radiosendung als auch in meiner Privatpraxis setze ich oft meinen Humor ein, um die Stimmung zu lockern und den Frauen zu helfen, schwierige Gedanken und Erkenntnisse zu bewältigen.

Aber bei einem besonderen Anruf blieb mein Humor auf der Strecke. Celia wirkte sofort extrem verstört, aber auch emotional abgestumpft. Sie hatte zwei Kleinkinder aus erster Ehe und war nun zum zweitenmal verheiratet – mit einem Mann, der die ganze Familie mißhandelte. Was sie dagegen tun sollte, wußte sie nicht. Als ich ihr riet, den Kerl zu verlassen, erwiderte sie, das könne sie nicht, wegen der Kinder.

»Sie glauben also, die beiden wären mit einem Vater, der sie verprügelt, besser dran als mit gar keinem?« fragte ich.

Zögernd entgegnete sie: »Ja.«

Ich war wie vor den Kopf geschlagen. Weil ich Celia unbedingt helfen wollte, entschloß ich mich zu einer etwas unfreundlichen Taktik und bat sie, ihre Antwort zu wiederholen. Fand sie es wirklich besser, mit einem brutalen Mann zusammenzuleben als mit gar keinem? Ich wollte nicht grausam sein. Aber als Therapeutin weiß ich, daß gewisse Dinge realer und konkreter werden, wenn man sie ausspricht. Und sie mußte ganz einfach klar und deutlich hören, was sie da sagte. Celia kämpfte sehr lange mit sich, ehe sie erwiderte: »Ich glaube, es ist besser, daß die Kinder einen Vater haben, der sie schlägt, als gar keinen...« Dann schrie sie in meinen Kopfhörer: »Nein, das stimmt nicht.«

In diesem Moment waren wir beide in Tränen aufgelöst. Ich gab ihr die Telefonnummern eines Centers, wo mißhandelte Frauen Zuflucht suchen konnten, und einiger Frauengruppen und versicherte ihr, wie tapfer sie sei. Hoffentlich befolgte sie meinen Rat und trennte sich von diesem Mann.

Fatale Argumente

Ich spreche immer nur mit jeweils einer Frau, weiß aber, daß ich ihr besonderes Problem mit tausend anderen erörtern könnte. Und so sage ich zu allen Frauen: Es ist immer besser, keinen Mann im Haus zu haben – für Sie *und* Ihre Kinder –, als geschlagen, terrorisiert, gedemütigt, demoralisiert oder mißbraucht zu werden. Erinnern Sie sich, daß ich in einem früheren Kapitel erwähnte, wie empört ich über jene Mutter in dem Film *Der Club der toten Dichter* war, die es versäumt, sich gegen ihren Mann zu behaupten und ihren Sohn zu retten? Die perfekte Demonstration eines solchen Verhaltens! Und die Rationalisierung – die nachträgliche verstandesmäßige Rechtfertigung eines irrationalen Verhaltens – entspringt der Angst vor Unabhängigkeit und der mangelnden Erkenntnis möglicher Hilfsquellen.

Sicher, eine Frau mag argumentieren, sie sei von ihrer unzureichenden Ausbildung gehandicapt, von der Unfähigkeit, ihren Lebensunterhalt selbst zu verdienen, vom scheinbaren Mangel an gesellschaftlicher und kommunaler Unterstützung. All diese Alibis enthalten ein Körnchen Wahrheit, zugegeben. Aber letztlich ist es unverzeihlich, wenn man seine Kinder in Gefahr bringt.

Viele Frauen in finanziellen Schwierigkeiten schließen sich Wohngemeinschaften von Leidensschwestern an, die ebenfalls nicht von ihren Familien unterstützt werden. Andere wenden sich an Frauenhäuser und Selbsthilfegruppen. Kurz gesagt, es *gibt* Alternativen zur Hölle mißhandelter Mütter und ihrer Kinder. Erstens müssen Sie sich das vor Augen führen und zweitens die Tatsache akzeptieren, daß der Ausweg aus so schlimmen Situationen nicht immer einfach und geradlinig ist. Aber wenn man will, findet man Mittel und Wege. Wenn Sie Ihre Kinder und sich selbst lieben, werden Sie den erforderlichen Mut aufbieten, um das Richtige zu tun.

Aber die Erwachsenen müssen Opfer bringen, nicht die Kinder – wie die nächste Episode verdeutlicht.

Erwachsene müssen Opfer bringen und dürfen ihre Kinder nicht dazu zwingen

Ein nettes Ehepaar suchte mich in meiner Praxis auf und berichtete von finanziellen Problemen. Schon mehrmals hatten sie ein Geschäft gegründet. Eine Zeitlang war es gutgegangen, dann hatten sie immer wieder pleite gemacht, weil sie einfach nicht mit Geld umgehen konnten. Ich schlug ihnen vor, lieber einen Unternehmensberater zu konsultieren, doch sie bestanden darauf, mit mir zu reden. Aber wir bewegten uns immer nur im Kreis, und beim dritten Termin meinte ich, es sei wohl besser, wenn ich mit jedem unter vier Augen sprechen würde. Ich hatte das Gefühl, an der Oberfläche eines sehr wichtigen Themas zu kratzen, ohne zu ihm durchzudringen.

In der nächsten Woche kam die Frau allein zu mir, und ich

fragte sie nach dem Geheimnis. Ihre Antwort traf mich völlig unvorbereitet. Vor zwanzig Jahren hatte sie geheiratet. Ihr Mann wollte sich selbständig machen, gründete ein Unternehmen, und sie sollte ihm helfen. Doch da wurde sie schwanger. Er ärgerte sich über die zusätzlichen Kosten, die das Kind verursachen würde, und über die Zeit, die seine Frau als Mutter opfern müßte, statt im Geschäft zu arbeiten.

Sie verkauften das Baby. Und mit dem Geld baute der Mann sein erstes Unternehmen auf. Die Frau hatte ihn glücklich machen und behalten und ihm helfen wollen. Sie erklärte mir, sie habe geglaubt, später könnten sie ein anderes Kind bekommen. Doch das sollte nie geschehen.

Wegen ihrer Schwangerschaft hatte sie damals unter Schuldgefühlen gelitten. Sie wollte die Träume ihres Mannes nicht zerstören und ihn nicht verlieren, ebensowenig das Baby verkaufen oder aufgeben, aber sie wußte nicht, was sie sonst tun sollte. Und so hatte sie ihre Entscheidung getroffen. Der Kummer und die Gewissensbisse – meist unausgesprochen – waren zwei Jahrzehnte lang für beide Ehepartner grauenhaft gewesen. Plötzlich wurden die ständig wiederkehrenden geschäftlichen Fehlschläge, eine systematische Selbstbestrafung, begreiflich.

Wer rettet die Kinder?

Sherri erzählte mir, endlich habe sie sich mit ihrer Schwester ausgesprochen. Sie hatten einander gestanden, sie seien als Kinder beide vom Stiefvater mißbraucht worden. Die Mutter ließ sich scheiden, weil er sie körperlich mißhandelt hatte, und sie »spürte«, daß da irgendwas zwischen ihren Töchtern und diesem Mann vorgegangen war, versuchte aber nie, die ganze Wahrheit herauszufinden. Aus der Ehe war auch ein Sohn hervorgegangen, der jetzt beim Vater lebte.

Von ihrem Stiefbruder (der niemals mißhandelt worden war und nicht wußte, was die Mädchen damals durchgemacht hatten) erfuhr Sherri, ihr Stiefvater beabsichtige, eine viel jüngere Frau mit einem kleinen Kind zu heiraten.

Nun befand sich Sherri in einem Dilemma. Sollte sie diese Frau über die Neigungen des Mannes informieren? »Ich ertrage es einfach nicht, mir vorzustellen, er könnte seinem neuen Stiefkind das gleiche antun wie damals uns«, vertraute sie mir an, »aber ich fürchte, er wird sich an mir rächen, wenn ich etwas unternehme.«

Ich erwiderte, dieser Mann würde Kinder vergewaltigen und Frauen prügeln, und deshalb sei sie verpflichtet, seiner Verlobten die Wahrheit mitzuteilen. Sicher würde die junge Frau darunter leiden, aber sie sei erwachsen und – im Gegensatz zu ihrem kleinen Kind – imstande, eine Entscheidung zu treffen.

Erlauben Sie keinem Mann, Ihre Mutterschaft zu definieren!

Meine Anruferin Carol wurde ständig unterdrückt. Sie hat zwei Kinder aus ihrer zweiundzwanzigjährigen Ehe mit einem autoritären Typ. Jetzt ist sie wieder verheiratet, und ihr neuer Mann redet ihr nicht nur ein, sie sei völlig unselbständig, sondern erlaubt ihren dreiundzwanzig- und neunundzwanzigjährigen Kindern nicht einmal, sie zu besuchen. Er ist ein eingefleischter Gegner der Mutterschaft.

»Dann wird's aber höchste Zeit, meine Liebe«, schärfte ich ihr ein. »Wenn er sich weiterhin so aufführt, verlassen sie ihn und ziehen Sie woandershin, wo ihre Kinder Sie besuchen können... Kein Mann darf Ihnen vorschreiben, wie Sie die Beziehung zu Ihren Kindern gestalten. Und es werden immer Ihre Kinder bleiben, auch wenn sie jetzt groß sind.«

Carol ist eine reife Frau, muß aber noch viel lernen, um erwachsen zu werden, ich hoffe nur, sie schafft es!

Wenn der Ehemann, Vater oder Großvater ein Kinderschänder ist

Manche Frauen bringen schreckliche Opfer, um den »Gott« zu besänftigen – den Mann, den sie angeblich lieben – ohne Liebe oder auch nur Anerkennung zu erhalten. Das kann sogar noch schlimmer werden, wenn der betreffende ihr Vater ist.

An eine Anruferin namens Nadia erinnere ich mich besonders

deutlich, weil sie ungewöhnlich ruhig blieb, während sie mir ihre gräßliche Geschichte von ihrem Vater erzählte (den sie »dreckigen alten Kerl« nannte, obwohl sie ihm unverständlicherweise treu ergeben gewesen war). Er mißbrauchte mehrere kleine Mädchen in der Nachbarschaft, und obwohl er seine Tochter niemals anrührte, wußte sie von Freundinnen, was er trieb, seit sie fünf Jahre alt gewesen war. Die ganze Zeit schien ihre Mutter – bewußt oder unbewußt – zu dulden, was da geschah. Nadia leugnete die Mittäterschaft ihrer Mutter – ebenso wie ihre eigenen heftigen Gefühle – und machte sogar eine Tugend daraus, indem sie »stark wurde, um zu überleben,« und sich ganz auf ihren Verstand konzentrierte.

So wuchs sie heran und heiratete. Lange nach dem Tod ihres Vaters erfuhr sie, daß er sich auch an ihrer Tochter vergangen und daß das Mädchen damals geschwiegen hatte, um die Mutter nicht zu verletzen oder um deren betrübliche, bedingungslose Liebe zu diesem Mann nicht zu zerstören.

Als Nadia mir mitteilte, vielleicht würde sie ihre Geschichte niederschreiben, ermutigte ich sie dazu. Für eine Frau, die so von ihrem Verstand geprägt war, war das sicher genau die richtige Technik zur Selbstfindung.

DR. LAURA: »Nadia, es wäre wundervoll, wenn Sie das tun würden, und Sie haben es sicher nötig. Sie müssen Ihre Geschichte für Frauen schreiben, die ihre Kinder verbrecherischen Männern ausliefern, wahrscheinlich nur, damit sie bei diesen Männern bleiben können. Beinahe erscheint mir das wie ein uraltes Opferritual. Tun Sie Ihr Bestes, um andere Frauen daran zu hindern, Ihrem Beispiel zu folgen – und dem Beispiel Ihrer Mutter. Denn Ihr Wunsch, Daddy immer nahezustehen, überschattete Ihre Mutterinstinkte und den Wunsch, Ihre Tochter zu schützen.«

NADIA: »Ja, ich glaube, das weiß ich schon seit einiger Zeit.«

DR. LAURA: »Eins sollten Sie den Frauen klarmachen. Ganz egal, für wie stark und intelligent sie sich halten – das Leugnen einer Tatsache und emotionale Bedürfnisse können übermächtig werden und sie veranlassen, ihren Kindern zu schaden.«

NADIA: »Ja.«

DR. LAURA: »Ich glaube, wenn Sie Ihre Geschichte schreiben,

tun Sie den Frauen einen großen Gefallen. Es wird Ihnen Kummer bereiten, und vielleicht werden Sie weinen und sich die Haare raufen, aber wenn Sie die betroffenen Frauen in den ›Hintern‹ treten, erweisen Sie ihnen einen großen Dienst, und Ihr Buch könnte ihre Kinder retten.«

Die eiserne Faust des Leugnens

Eins erschreckte mich ganz besonders an meinem Gespräch mit Nadia. Um stark zu werden und zu überleben, hatte sie ihre Gefühle völlig verdrängt. Sie wollte der schmerzlichen Wahrheit nicht ins Auge blicken, und so blieb sie kühl und zurückhaltend, eher wie eine Therapeutin, die über eine Patientin diskutiert. Daß sie nicht von ihrem Vater mißbraucht wurde, hatte sie tatsächlich als »Zeichen« seiner Liebe betrachtet, ein Geschenk, das er ihr niemals wegnehmen würde.

Nun habe ich eine Überraschung für Sie, Nadia. Der »drekkige alte Kerl« gibt anscheinend mit der einen Hand, aber mit der anderen nimmt er.

Wenn man in gefährliche Fußstapfen tritt...

Meine Anruferin Linda war unfähig, den Teufelskreis ihrer Bedürfnisse, Kränkungen, Schuld- und Mutgefühle zu kontrollieren. Dies alles verfolgte sie in Form schrecklicher Alpträume. Darin sah sie immer wieder ihre sechzehnjährige Tochter, die im Sterben lag oder bereits tot war. Vor kurzem hatte sie geträumt, sie würde mit ihren Kindern in eine Feuersbrunst geraten und von ihrer toten Mutter gerettet. Danach wurde Linda wieder ein kleines Mädchen, und die Mutter versicherte, alles sei okay.

In diesem Traum wurde die Frau von ihrer Mutter geschützt, aber im wirklichen Leben war das Gegenteil geschehen.

Vor kurzem hatte Linda eine Therapie begonnen. Warum? Weil ihr Stiefvater sie selbst und ihre Tochter mißbraucht hatte. Allerdings betonte sie, den Umgang mit ihrem Kind hätte sie ihm erst erlaubt, nachdem man ihr versichert hatte, er sei »geheilt«.

DR. LAURA: »Auf die Träume kommt es nicht an, Linda. Mit ihrer Hilfe versuchen Sie nur, starke, beängstigende Gefühle zu bewältigen.«

LINDA: »Ja, das verstehe ich.«

DR. LAURA: »Lassen Sie mich erklären, wie ich über diese Träume denke. Ich glaube, sie drücken Ihr Bemühen aus, Schuldgefühle und Zorn zu verarbeiten. Sie versuchen, Ihre Mom reinzuwaschen, die zu gewissen Zeiten eine Komplizin Ihres Stiefvaters war. Und um Ihre Mom nicht zu verlieren, setzen Sie Ihre Tochter aufs Spiel.«

LINDA (ihre Stimme nimmt einen entschlossenen Klang an): »Ja, das tat ich.«

DR. LAURA: »Immer wieder werden Sie durch die Hölle gehen, wenn Sie die die Schuld Ihrer Mutter nicht anerkennen und die Wahrheit des tragischen Fehlers, den Sie aus einem verzweifelten Bedürfnis heraus begingen. Welchem Kind – egal in welchem Alter – fällt es schon leicht zu akzeptieren, daß es weder der Mutter noch dem Vater allzuviel bedeutet?«

LINDA: »Ich verstehe. Wenn ich im Traum meine Tochter sterben lasse, ist sie ›tot‹, dann ist der Beweis meiner Schuld verschwunden.«

DR. LAURA: »Außerdem identifizieren Sie sich mit ihr. Von Ihnen beiden ist ein Teil gestorben, weil Sie beide am Vertrauensverrat Ihrer Mütter litten.«

LINDA: »Es ist so schwer, Mom böse zu sein, weil sie tot ist.«

DR. LAURA: »Versuchen Sie's trotzdem. Immerhin war ihr die Ehe mit diesem Schuft lieber als ihre Kinder.«

LINDA: »Ja, das stimmt. Sie kehrte alles, was da geschah, einfach unter den Teppich.«

DR. LAURA: »Und Sie reißen sich fast das Herz aus dem Leib. Seien Sie in Ihren Therapien tapfer genug, um das alles rückhaltlos zu besprechen. Dann können Sie genesen und auch Ihrer Tochter helfen.«

Warum entschuldigen Sie das Unentschuldbare?

Wenn das Bedürfnis nach Liebe und Anerkennung so stark ist, daß die rationale Urteilskraft von heftigen Gefühlen verdrängt wird, die man vor lauter Angst nicht weiter prüft, so zieht das meistens schwerwiegende Folgen nach sich.

Viele meiner Anruferinnen hatten abtreiben lassen, weil »er mich dazu drängte und ich ihn nicht verlieren wollte«. Und andere klagen mir ihr Leid, weil ihre Freunde oder ihre zweiten oder dritten Ehemänner sich an ihren Töchtern vergingen.

Zum Beispiel: »Ich wußte, das war falsch, aber was soll ich jetzt dagegen tun? Ich kann nur denken, daß ich nicht allein sein möchte. Und ich brauche ja auch das Geld.«

Die Frauen rufen mich auch an, weil ihre Männer die Kinder wirklich grausam behandeln. »Ich versuche ihnen zu erklären, er würde es nicht so meinen. Und ich weiß einfach nicht, was ich tun soll, ich brauche ihn so dringend.«

Der Mut, das Richtige zu tun

Solche Bedürfnisse erzeugen eine Unterströmung, die mit erschreckender Kraft den klaren Verstand, den Ekel und die Schuldgefühle hinwegschwemmt. Aber manchmal – dank unserer Instinkte, unseres Charakters oder Geistes, nennen Sie es, wie Sie wollen – überwinden wir sie und treffen die einzig richtige Entscheidung.

Jackie hatte sich schrecklich einsam gefühlt und inständig gehofft, sie würde ihrem alten Freund zufällig wieder über den Weg laufen. In ihrer Kindheit war sie bedroht, beschimpft und körperlich mißhandelt worden, und da war dieser Mann, der sie wirklich gut behandelte.

Natürlich fragte ich, warum sie mit ihm Schluß gemacht habe. Nun, da gab es ein kleines Problem! Er hatte versucht, ihre kleine Tochter zu mißbrauchen. Und da war sie tatsächlich zur Polizei gegangen, um ihn verhaften zu lassen. Jetzt, nachdem die mittlerweile achtzehnjährige Tochter das Haus verlassen hatte, träumte Jackie von einer Rückkehr zu diesem Mann. Sicher können Sie sich vorstellen, wie ich darüber dachte.

DR. LAURA: »Jackie, offensichtlich ist er ein manipulativer Fiesling, der die Leute benutzen will, und deshalb suggeriert er Ihnen gewisse Gefühle. Es ist typisch für Pädophile, die

Mütter zu umschmeicheln, um an die Kinder ranzukommen.«

JACKIE: »Also hat er sich nur wegen meiner kleinen Tochter für mich entschieden.«

DR. LAURA: »Deshalb – und weil Sie so empfänglich für schöne Worte waren. Ohne Anerkennung fühlen Sie sich nicht besonders gut. Diese Perspektive müssen Sie ändern, und zwar nicht durch eine andere Person – sondern aus eigener Kraft.«

JACKIE: »Wie denn?«

DR. LAURA: »Haben Sie in letzter Zeit wieder einmal etwas getan, auf das Sie stolz sind? Nun möchte ich Sie auf etwas sehr Wichtiges hinweisen. Was Sie damals taten – Ihr eigenes Sicherheitsbedürfnis hintanzustellen und Ihr Kind zu schützen –, war wirklich großartig. Ich bin schon sehr lange Therapeutin. Wollen Sie wissen, mit wie vielen ›Kindern‹ ich sprach, deren Mütter eine ganz andere Entscheidung gefällt hatten?«

JACKIE: »Nein.«

DR. LAURA: »Es ist auch besser, wenn Sie nicht danach fragen. Aber mit einer Frau wie Ihnen zu reden, die so verletzlich war, so dringend jemanden brauchte und trotzdem richtig handelte – ich bin tief beeindruckt. Aber ich glaube, Sie selber wissen nicht zu würdigen, was Sie taten.«

JACKIE: »Hätte ich anders gehandelt, könnte ich nicht mit mir leben.«

DR. LAURA: »Damit haben Sie Charakter und Mut bewiesen. Wenn der nächste Mann in Ihrem Leben Sie so akzeptiert, wie Sie sind, dann sorgen Sie auch dafür, daß er genau weiß, was für ein Juwel er da gewonnen hat.«

JACKIE: »Es ist wundervoll, so etwas zu hören.«

DR. LAURA: »Meine liebe Freundin, Sie müssen Herausforderungen annehmen und meistern, so daß Sie sich selbst respektieren und erkennen, wie sehr Sie und andere Menschen sich auf Sie verlassen können. Tun Sie Ihr Bestes. Sie sind schon jetzt eine ungewöhnliche Frau. Sie müssen nur noch lernen, das richtig zu würdigen.«

Lassen Sie sich niemals von Angst oder Schuldgefühlen in die Irre führen

Mütter, redet euch nicht ein, eure Kinder würden eure Schwächen oder eure Selbstsucht akzeptieren oder euer Versäumnis, sie zu beschützen, verzeihen. Glaubt bloß nicht, sie würden die Männer in eurem Leben anders einschätzen als ihr selbst. Das zeigen die Fälle, die ich soeben geschildert habe, ebenso wie der nächste.

Erlaubnis bedeutet Schuld

Ein Bericht in der *Los Angeles Times* erschütterte mich:

Zelayas fünfzehnjährige Tochter Flora fand den Tod, als sie mit ihrem sechzehnjährigen Freund am Bahngleis entlangging. Verübten die beiden Selbstmord? Das wird man wahrscheinlich nie erfahren.

»Ich weiß ganz einfach, daß sie's nicht getan hat«, behauptete Zelaya. »Sie war ein gutes Mädchen.« Hier die Lebensgeschichte des guten Mädchens: Zwei Jahre vor ihrem Tod, mit dreizehn, kam Flora in die Obhut von Pflegeeltern, nachdem sie erklärt hatte, ihr Stiefvater habe sie an einen Stuhl gefesselt und zum Geschlechtsverkehr gezwungen, seit sie fünf gewesen sei. Der Mann wurde in drei Fällen wegen Kindesmißbrauchs verurteilt, und wie die Staatsanwaltschaft des Los Angeles County bekanntgab, wanderte er im August 1991 für fünfzehn Jahre ins Gefängnis.

Zelaya gab zu, ihr Mann habe sie und die drei Kinder, auch Flora, oft mit der flachen Seite eines Messers, seinen Fäusten und dem Schlauch eines Staubsaugers geschlagen. Aber sie versicherte, vom sexuellen Mißbrauch ihrer Tochter habe sie nichts geahnt, bis Flora die Schulbehörden über den Versuch des Stiefvaters informiert habe, sich an ihrer siebenjährigen Schwester zu vergehen. Wie Zelaya aussagte, gab Flora *ihr* die Schuld an den fortgesetzten Attacken, und sie beschloß, bei den Pflegeeltern zu bleiben.

Niemals werde ich verstehen, warum die Mutter nicht angeklagt wurde, nachdem sie ihre Kinder gefährdet und den Mißbrauch erlaubt hatte. Immerhin gestand sie, sie habe davon gewußt.

Sicher werden mir einige Leserinnen grollen, weil ich das Wort »erlaubt« benutze. Der Stiefvater ist der eigentliche Missetäter. Aber es war die Mutter, die den sexuellen Mißbrauch und die Schläge erlaubt hat.

Verwundete Aschenputtel, böse Stiefväter

Wie wir wissen, neigen manche Menschen, die als Kinder mißbraucht wurden, in gewisser Weise dazu, ihren eigenen Kindern dasselbe anzutun. Mißbrauchte kleine Jungen können zu Kinderschändern heranwachsen. Durch Leugnen, Angst vor Einsamkeit oder romantische Beziehungen mit Männern, die in Wirklichkeit morbide Abhängigkeitsverhältnisse sind, können sich mißbrauchte Mädchen zu Frauen entwickeln, die den Mißbrauch dulden. Deshalb sind so viele verwundete Aschenputtel an böse Stiefväter gefesselt und füllen diese Buchseiten. Aber es läßt sich einfach nicht mit Selbstmitleid entschuldigen, wenn eine Mutter ihre Kinder solchen Gefahren ausliefert.

Keiner von uns kann die Realität des Bösen eliminieren, aber wir Frauen dürfen es nicht in unser Heim und in unsere Betten einladen. Und wenn wir es identifiziert haben, dürfen wir es nicht länger bei uns dulden. Ganz sicher besitzen wir die Macht, das Böse von unseren Kindern fernzuhalten.

Liebe, Fürsorge und Schutz

Gestattet niemandem, eure Babys zu verletzen, Mütter, opfert eure Babys nicht, um euren Mann glücklich zu machen oder um an irgendwelchen verzerrten Phantasien von eurer Beziehung zu einem bösen Vater oder Stiefvater festzuhalten. Die Natur hat den Frauen ein Wunder anvertraut – die Fähigkeit, neues Leben hervorzubringen. Liebt, umsorgt und beschützt dieses Leben!

Bei einem Mann zu bleiben und alle seine Wünsche zu erfüllen oder eure Babys zu opfern – als Trostpflaster-Therapie für das

Leid eurer eigenen Kindheit –, ist sicher nicht der richtige Weg zur Selbstachtung. Die könnt ihr nur erreichen, wenn ihr eurer Verantwortung gerecht werdet.

Lassen Sie sich nicht abhängig machen!

Ein Mann, der Sie zu einer verantwortungslosen Handlungsweise auffordert, ist das Papier nicht wert, auf dem er gebrandmarkt werden sollte. Er liebt Sie ganz gewiß nicht und braucht Sie nur, um seine Bedürfnisse zu befriedigen. Und wenn er auch Ihre befriedigt, so bedeutet das nur, daß Sie mit klaren Augen in Ihre eigene Seele blicken müssen.

Und wenn Sie Ihr Innenleben gestärkt haben – da draußen gibt es viele wunderbare Männer. Das weiß ich. Jeden Tag rede ich mit ihnen in meiner Radiosendung. Also befreien Sie sich von Ihrer verdammten Verzweiflung!

Der Preis, den Ihre Kinder zahlen müssen, ist viel zu hoch.

Jahrelang war ich erstaunt und traurig über die scheinbar mangelnden Mutterinstinkte. Eines Tages wurde ich mit diesem Thema konfrontiert – nicht als Therapeutin, sondern als Frau und Mutter –, und hätte beinahe eins über den Schädel gekriegt.

Mein Mann, unser zweieinhalbjähriger Sohn Deryk und ich verbrachten ein Wochenende im schönen San Diego. Wir hörten von einem hübschen Restaurant, ein bißchen komfortabler als die üblichen Familienlokale. Also gingen wir hin und bestellten unser Dinner. Ich konnte es kaum erwarten, meinen Lachs zu verspeisen, und Deryk amüsierte sich mit Kräckern und Knabberstangen. (Wenn er sich wohl fühlt, ist er relativ ruhig.)

Es war ein langer Tag gewesen, der uns alle ermüdet hatte, und so redeten wir nicht viel. Träge schaute ich mich um und beobachtete die anderen Gäste. Eine Familie kam herein und setzte sich an den runden Tisch neben uns.

Der Vater war groß und stark, ein attraktiver Typ mit Bürstenhaarschnitt, und er sah ziemlich militärisch aus. Seine Frau wirkte eher sanft, mit dunkelblondem Haar, in einem gemusterten Kleid. Sie hatten zwei Kinder, einen kleinen Jungen und ein acht- oder neunjähriges Mädchen. Mom und Dad saßen einander gegenüber, der Junge entschied sich für einen Stuhl zwischen den beiden, und das Mädchen drückte sich ängstlich an Mom. Ich hörte es leise jammern und flehen, es wolle neben ihr sitzen. Mom sagte nichts, und Dad befahl dem Mädchen schroff, an seiner Rechten Platz zu nehmen, weit weg von Mom. Aber das kleine Mädchen beharrte auf seinem Wunsch. Da nahm seine Stimme einen noch strengeren Klang an. Mom hielt den Mund.

Das sichtlich verschreckte Kind kam auf mich zu (der Stuhl ihres Dads stand Rücken an Rücken zu meinem) und ging an ihm vorbei, um sich neben ihn zu setzen. Plötzlich streckte er seine riesige Pranke aus und gab dem Mädchen eine schallende Ohrfeige.

Sofort stieg mein Blutdruck, so daß sich meine Augäpfel beinahe in Projektile verwandelten. Das konnte ich nicht zulassen. Empört drehte ich mich um. »Wie konnten Sie das tun? Warum schlagen Sie Ihre Tochter? Sie wollte doch nur bei ihrer Mom sitzen – und jetzt weiß ich, warum!«

Nun begann auch sein Blut zu kochen. Er sprang auf, beschimpfte mich und wurde beinahe handgreiflich. Da er eindeutig ein Idiot war, fand ich es überflüssig, ohne den Schutz eines Leibwächters mit ihm zu reden. Und so wandte ich mich zu Mom, die mich noch mehr erzürnte. »Er ist zwar nur ein Trottel, aber wie können Sie ihm erlauben, Ihren Kindern weh zu tun? Diese beiden sind in Ihrem Bauch gewachsen – wie können Sie zulassen, daß er sich an ihnen vergreift?«

Stumm saß sie da, während er mich wütend verfluchte. Dann murmelte sie: »So fest hat er sie ja gar nicht geschlagen.«

»Was für einen Unterschied macht das?« entgegnete ich erbost.

Nun kam der Geschäftsführer herüber, der die ganze Szene beobachtet hatte, und bat die Familie, das Restaurant zu verlassen. Offenbar hatten auch andere Gäste die Ereignisse verfolgt und ihre Kommentare abgegeben.

Die vier gingen hinaus, und der Geschäftsführer sprach mir seine Anerkennung aus, auch im Namen der übrigen Gäste. Ich war so aufgeregt, daß ich kaum essen konnte.

Am Montag schilderte ich den Vorfall in meiner Radiosendung und fragte die Hörer nach ihrer Meinung. Viele Leute fürchteten, der Eklat könnte den Vater später zu noch schlimmeren Gewaltakten veranlaßt haben, und sagten, ich hätte mich lieber heraushalten sollen.

Sicher wäre das möglich gewesen. Aber vielleicht führte der öffentliche Protest dieser duckmäuserischen Mom vor Augen, daß ihr Mann sich nicht richtig verhielt, und gab ihr die Kraft, etwas dagegen zu unternehmen. Zumindest hoffe ich das.

Die Frage lautet nun: Wenn eine Mutter ihre Kinder nicht schützt, sollen wir einfach untätig danebenstehen? Wo beginnt unsere Pflicht, Mißhandlungen zu verhindern, und wo endet sie? Natürlich kann man darauf nicht eindeutig antworten, aber eins dürfen Sie mir glauben – wenn sich noch einmal eine solche Gelegenheit ergibt, werde ich wieder eingreifen!

Über dieses Thema denke ich sehr oft nach, und Sie hoffentlich auch.

9. Hilflosigkeit

»Oh, ich heule und jammere immer, wenn ich wütend bin.«

Kleine Mädchen wissen, wann sie wütend sind. Und es fällt ihnen nicht schwer, den Leuten in ihrer Umgebung klarzumachen, daß sie wütend sind. Und was passiert, wenn sie zu Frauen heranwachsen und mit gutem Grund wütend sind?

Nun, meistens werden sie von Selbstzweifeln geplagt, heulen und jammern, machen sich Vorwürfe, leiden unter Depressionen und Verwirrung und allen möglichen anderen Dingen, statt das Problem objektiv und couragiert anzugehen.

Angst vor dem Feuer

Ist das so, weil die Frauen ihren gerechten Zorn wirklich nicht als solchen erkennen? Nein, sicher nicht. Nachdem ich ein paar bohrende, herausfordernde, hartnäckige Fragen gestellt hatte, konnte ich der Sache auf den Grund gehen. Die Frauen wagen nicht, ihren Zorn auszudrücken, weil sie die Konsequenzen fürchten. Und so verdrängen sie ihn, flüchten sich in Verwirrung, Wehklagen oder Depressionen.

Um das Problem zu veranschaulichen, zitiere ich den Brief einer achtundzwanzigjährigen Hörerin, die heiraten möchte, nachdem sie anderthalb Jahre lang verlobt war.

> »...Eigentlich finde ich unsere Beziehung ganz gut, aber etwas gibt mir zu denken: Unser Sex gefällt mir, aber meistens ejakuliert er zu schnell, und ich befriedige mich selbst. Er sagt, unser Sex sei toll, aber er will noch einmal ejakulieren, und so schaut er sich Lesben-Videos an, während ich schlafe. Mindestens einmal am Tag masturbiert er. Zwei- bis dreimal pro Woche lieben wir uns. Er hat die Nummer 1-900 SEX angerufen und mir nichts davon erzählt. Ist sein Verhalten richtig? Was könnte es bedeuten? Bitte, helfen Sie mir.«

Was für ein trauriger Brief! Zum Beispiel der Satz: »Eigentlich finde ich unsere Beziehung ganz gut.« Spürt man da auch nur einen Funken von Begeisterung? Nein, nur das Bedürfnis, sich mit der Situation abzufinden. Oder: »...meistens ejakuliert er zu schnell, und ich befriedige mich selbst.« Interessiert er sich überhaupt für seine Verlobte? Nein! Nur für Orgasmen, vorzugsweise unpersönliche. Dieser Mann wird sicher keinen Dr. phil. in Intimität machen.

Daß sie unglücklich ist, weiß sie, und wahrscheinlich hat sie schon mit dem Gedanken gespielt, wütend zu werden, aber das verkneift sie sich. Statt dessen fragt ihr Verstand, was das alles bedeuten mag. Also wird sie, wenn ihr irgend jemand, insbesondere ihr Verlobter, eine scheinbar vernünftige Erklärung für sein Verhalten gibt, ihre Kränkung, Wut und Unzufriedenheit hinunterschlucken. Wird sie dann ihren Kummer über seinen Egoismus, seinen Mangel an intimer Zuwendung unvernünftig finden? Wahrscheinlich.

Frauen sind gekränkt statt wütend

Wo Frauen ihre Wut ausdrücken sollten, reagieren sie meistens gekränkt. Und solange sie gekränkt sind, unternehmen sie nichts, um eine unerfreuliche Situation zu bereinigen, sie zu verbessern oder ihr zu entrinnen.

Eine verletzte Frau ist machtlos

In dieser Diskussion geht es nicht um körperliche Schäden wie aufgeschürfte Knie oder überstrapazierte Muskeln, sondern um seelischen Schmerz. Die Verletzung ist psychisch, nicht physisch. Wir werden von Menschen verletzt, die unseren – wie wir meinen, berechtigten – Erwartungen nicht entsprechen oder mangelnde Zuneigung demonstrieren. Wenn wir verletzt sind, so weist das auf ein signifikantes Ausmaß emotionaler Verstrikkung hin, und es beweist, wie dringend wir die andere Person brauchen, mag das gesund sein oder nicht.

Zorn ist Energie

Zorn hängt mit extremem Mißfallen, Feindseligkeit und Entrüstung zusammen. Unsere Wut kann viele Gesichter zeigen – Irritation, Ärger, dumpfen Groll, Tobsucht. Was auch immer, der gemeinsame Nenner heißt »Energie«.

Depression – mangelnde Selbstverteidigung

Wenn wir – oder die Ordnung unserer kleinen Welt – bedroht werden, reagieren wir mit Angst oder Zorn. Diese internen Mechanismen helfen uns, in Aktion zu treten, unsere Sicherheit und Kontrolle zu schützen, zu verteidigen und neu zu etablieren. Wenn die Selbstverteidigung nicht funktioniert, entstehen Depressionen.

Wenn wir in Depressionen versinken, akzeptieren wir eine Situation – passiv und demütig. Aber es ist viel gesünder, eine Ungerechtigkeit zu bekämpfen, Gerechtigkeit zu fordern und sich selbst tatkräftig zu helfen.

Man muß lernen, gerechten Zorn auszuleben

Es mag zwar gesünder sein, ist aber kein typisch weibliches Verhalten, sich mit heftigen Gefühlen auseinanderzusetzen.

Sobald meine Anruferin Judy zu sprechen begann, spürte ich ihre tiefe Verzweiflung. Mit jammervoller Stimme berichtete sie von einer Situation, die jede Frau peinigen würde. Vor etwa drei Jahren, mit vierzig, war sie ihrem Vater gegenübergetreten, um ihm vorzuwerfen, er habe sie als Kind mißbraucht. Das gab er zu. Aber später bestritt er es, behauptete, sie habe das alles erfunden, und die Mutter stellte sich auf die Seite des guten alten Dad. Judy verlangte von ihrem Mann, den Kontakt mit seinem Schwiegervater abzubrechen, und diesen Wunsch schien er zu erfüllen – bis sie herausfand, daß die beiden kürzlich zusammengewesen waren. Nun fühlte sie sich »depremiert und niedergeschlagen«. Nicht wütend? Als ich erklärte, viele Frauen würden ihren Zorn durch Depressionen ersetzen, betonte sie, natürlich sei sie auch zornig.

JUDY (unter Tränen): »Vorher sagte ich meinem Mann, ich würde ihn für einen Verräter halten, wenn er sich mit meinem Dad träfe.«

DR. LAURA: »Sie denken so, Sie sprechen es aus, und er tut es trotzdem. Um sich nicht damit auseinandersetzen zu müssen, versinken Sie in Ihren Depressionen, nicht wahr?«

JUDY: »Ja, das stimmt.«

DR. LAURA: »Damit ist jetzt Schluß. Sie haben genug gelitten, Judy. Finden Sie sich nicht mit der Selbstsucht anderer Leute ab.«

JUDY: »Okay, aber wie soll ich...«

DR. LAURA: »Erklären Sie Ihrem Mann, seine Loyalität könne nur einer Seite gelten, und er müsse sich schleunigst entscheiden, sonst... Ich habe das Gefühl, diese eine Episode seiner Illoyalität kommt nicht aus heiterem Himmel.«

JUDY: »Da haben Sie recht.«

DR. LAURA: »Okay, Judy, nach meiner Meinung ist das eine Art von Mißhandlung.«

JUDY: »Ja, sicher.«

DR. LAURA: »Also straffen Sie die Schultern! Keine Depressionen mehr!«

JUDY: (lacht).

DR. LAURA: »Judy, Ihr Zorn ist verständlich und berechtigt. Drücken Sie ihn aus! Das heißt allerdings nicht, daß Sie Ihrem Mann den Schädel einschlagen sollen.«

JUDY: (lacht).

DR. LAURA: »Sagen Sie ihm, er soll zwischen Ihnen und seinem Schwiegervater wählen. Sollte er sich weigern oder gegen Sie entscheiden, würden Sie ihn verlassen. Tut mir leid, was Ihre Mom und Ihren Dad betrifft, aber nicht alle Spermen und Eier stammen von integren, ehrbaren, couragierten Menschen. Nicht alle Eltern werden ihrer Aufgabe gerecht.«

JUDY: »Es ist nur – ich wünsche mir immer noch ihre Liebe.«

DR. LAURA: »Vergessen Sie's! Diese beiden haben keine Liebe zu verschenken und lieben nur sich selbst, falls man's überhaupt so nennen kann.«

JUDY: »Ja, okay.«
DR. LAURA: »Also, keine Depressionen mehr. Sagen Sie: ›Laura, ich bin wütend.‹«
JUDY: »Laura, ich bin wütend!«
DR. LAURA: »Hurra!«

Die passiv-demütige Persönlichkeit

Ich finde es furchtbar traurig, wenn Menschen nicht aufhören, von blutsaugerischen, schleimigen, unmoralischen, insensitiven, lieblosen, desinteressierten, selbstsüchtigen, widerlichen Samen- und Eispendern (= Eltern) Liebe und Anerkennung zu erbetteln. Und der nur allzu typische nächste Schritt – nachdem man aufgewachsen und aus dem Nest geflogen ist, wird dieser hoffnungslose Kreuzzug fortgesetzt, aber nun gilt er dem Ehepartner, der diesem oder jenem Elternteil ähnelt, was einer neuen, verdrehten Definition von »normal« gleichkommt.

Das wurde mir wieder einmal bewußt, als ich Post von einer Fünfzigjährigen bekam, deren Mann sich seit acht Jahren ganz unverhohlen mit einer Nachbarin amüsierte. »Ich ging zu drei Psychologen und zwei Selbsthilfegruppen, um herauszufinden, warum ich so paranoid auf das Arrangement meines Mannes reagiere...«

Ein typisches Szenario für Frauen – sie geben sich selbst die Schuld. Das ist einfacher, als den wahren Schuldigen anzuklagen, die Vertrautheit aufs Spiel zu setzen und ihn zu verletzen. Und es ist scheinbar leichter, als sich durch Schmerz und Verlustangst zu kämpfen und die eigenen seelischen Wunden zu heilen.

Verzweifelte Abhängigkeit

Zusätzlich zur passiv-demütigen Methode, das Leid von Veränderung oder Verlust nicht zu riskieren, gibt es noch eine andere wichtige Erklärung für das Syndrom »Es muß an mir liegen«, das die unmögliche Verhaltensweise einer anderen Person bemäntelt. Manchmal bezieht eine Frau einen zu großen Teil ihrer

Identität, so wie ein Kind, aus ihrer verzweifelten Abhängigkeit von einem Mann. Das bedeutet, daß *seine* Aktivitäten untrennbar mit *ihrer* Selbstachtung verknüpft sind.

Auch Sues Freund wählt die Nummer 1-900 SEX, und deshalb hat sie schreckliche Minderwertigkeitsgefühle.

DR. LAURA: »Statt zu überlegen: ›Stimmt was nicht mit mir?‹, sollten Sie das Kinn hochrecken und sich fragen: ›Großer Gott, will ich einen Kerl haben, der so was macht? Will ich Babys von ihm bekommen?‹ Warum haben Sie überhaupt gedacht, mit Ihnen könnte was nicht stimmen?«

SUE: »Weil – nun ja, das glaube ich eigentlich immer.«

DR. LAURA: »Sie haben meine Frage nicht richtig beantwortet. Also überlegen Sie andauernd, was mit Ihnen nicht stimmt? Das will ich Ihnen sagen, Sue. Sie sehnen sich so verzweifelt nach der Beziehung zu einem Mann, daß sein Charakter Ihnen beinahe egal ist, solange er Sie nur haben will. Sie sind nicht wählerisch, sitzen einfach nur da und hoffen, jemand würde sich für Sie entscheiden.«

SUE: »Ja.«

DR. LAURA: »Darin liegt Ihr Problem. Sie sind zu abhängig von einer Beziehung.«

SUE: »Okay.«

DR. LAURA: »Eine unabhängige Frau würde sich in Ihrer Situation einfach abwenden und sagen: ›Was für ein Trottel!‹«

SUE: »Genau.«

DR. LAURA: »Wenn Sie ihn wegen seines Telefonsex zur Rede stellen, verschwenden Sie nur Ihre Zeit. Diese Mühe würde ich mir gar nicht machen. Sagen Sie einfach: ›Ich bin eine erwachsene Frau und respektiere mich selbst.‹« (Da werden Sie vielleicht ein bißchen flunkern müssen, Sue.)

SUE: (lacht).

DR. LAURA: »Da gibt's eine gute Übung. Fragen Sie sich: ›Will ich wirklich einen Mann, der so was tut? Ganz egal, was er für mich empfindet – will ich so einen Mann?‹ Und dann beantworten Sie diese Frage. So sollte sich eine reife, unabhängige Frau in Ihrer Lage verhalten. Jetzt haben Sie die Gelegenheit dazu.«

SUE: »Okay, ich hab's kapiert.«

Gehen Sie in die Offensive

Haben Sie beobachtet, wie viele Frauen automatisch in die Defensive gehen? Gingen Sie in die Offensive, wüßte Ihr Mann wahrscheinlich, daß er's mit einer ernstzunehmenden Gegnerin zu tun hat. Falls er diese Art von Herausforderung überhaupt annimmt. Sicher, einen hundertprozentigen Erfolg kann ich Ihnen nicht garantieren, aber ich versichere Ihnen – je öfter Sie selbstbewußtes Auftreten üben, desto natürlicher wird es schließlich wirken.

Meine Anruferin Sylvia gestand mir, sie würde ihre Hoffnungen unweigerlich auf Männer setzen, »die mich kränken und enttäuschen«. Dann führte sie ein Beispiel an: Vor etwa einer Woche telefonierte sie mit einem Mann, den sie durch ihre Kirchengemeinde kennengelernt und eine Zeitlang nicht gesehen hatte. Früher waren sie nach dem Gottesdienst gemeinsam zum Lunch gegangen. Als er sagte: »Wir sehen uns in der Kirche«, nahm sie an, sie würden wieder zusammen essen. Aber am Sonntag erschien er mit einer anderen Frau.

DR. LAURA: »Sie haben sich einfach etwas vorgestellt, Sylvia. Aber Hoffnungen, Träume und Phantasien sind machtlos. Wenn Sie etwas wollen, müssen Sie es klar und deutlich ausdrücken.«

SYLVIA: »Ja, das verstehe ich.«

DR. LAURA: »Da bin ich mir nicht so sicher. Wenn Sie von Enttäuschungen sprechen – es ist ein großer Unterschied, ob jemand Sie wissentlich vor den Kopf stößt oder ob er keine Ahnung hat, was Sie denken.«

SYLVIA: »Jetzt merke ich, daß ich mich schon oft so verhalten habe. Wie kann ich das ändern?«

DR. LAURA: »Sagen Sie einfach: ›Ich würde gern mit dir in die Kirche gehen und danach zum Lunch, so wie früher.‹ Dann müßte er antworten, das würde er gern tun, könne es aber nicht, weil er bereits verabredet sei oder weil er eine neue Freundin habe – oder was auch immer. Jedenfalls müssen Sie aussprechen, was Sie wollen, denken, brauchen, fühlen, und wirklich dazu bereit sein.«

SYLVIA: »Ich weiß, wir leben in den neunziger Jahren, und jetzt ist es den Frauen gestattet, sich so zu benehmen. Und ich habe bei dieser Beziehung viel energischer die Initiative ergriffen als er. Also habe ich jetzt wohl die Message gekriegt, daß er einfach nicht interessiert ist.«

DR. LAURA: »Nun, wissen Sie, nicht jeder hat einen guten Geschmack.«

SYLVIA (lacht): »Sie sind sehr nett.«

DR. LAURA: »Halten Sie sich an einen Mann, den Sie interessieren, zeigen Sie ihm, wer Sylvia ist und was sie will. Sie müssen viel selbstbewußter auftreten, meine Liebe.«

SYLVIA: »Okay, ich will versuchen, das zu lernen. Danke.«

Hier ging es nur um ein Rendezvous. Manchmal steht eine Ehe auf dem Spiel.

Familienfehde

Lee rief mich schluchzend wegen einer Familienangelegenheit an. Vor einigen Jahren hatte sie gemeinsam mit ihrem Mann ein eigenes Geschäft eröffnet. Sein Bruder und seine Schwägerin wurden eingestellt, in der Annahme, die beiden könnten vielleicht einmal eine Zweigstelle leiten. Das funktionierte ganz und gar nicht. Das Ehepaar mußte nicht nur wegen Unfähigkeit entlassen werden, es stellte sich auch noch heraus, daß es Geld veruntreut hatte. Der Familie zuliebe verzichteten Lee und ihr Mann auf eine Strafanzeige. Nun sollte Lee gezwungen werden, zu Ostern eine Familienfeier zu besuchen, bei der sie »diese Leute treffen würde, die uns so weh getan haben«.

Weh getan? Stimmte diese Wortwahl? Ich fragte mich, ob sie nicht eher Wut empfand. Ursprünglich war sie dagegen gewesen, diese Verwandten einzustellen, aber ihr Mann hatte darauf bestanden. Dann wurde sie von den beiden betrogen und war zu schwach, vorsichtig oder schüchtern, um sich auf eine richtige Konfrontation einzulassen.

»Ich weiß nicht, was es ist«, erklärte ich ihr. »Entweder sind Sie verletzt, weil Sie hintergangen wurden, oder wütend, weil Sie sich machtlos fühlen und nichts unternehmen, oder Sie wagen es nicht, die Pläne Ihres Mannes zu durchkreuzen.« Schließlich empfahl ich Lee, aktiv zu werden und die Leute zur Rechenschaft zu ziehen, wenigstens im Familienkreis. Es würde nämlich die Selbstachtung einer Frau beeinträchtigen, wenn sie immer nur klein beigäbe – ganz egal, ob es um jemanden geht, der ihr Vertrauen mißbraucht hat, oder um ihren Ehemann, der Entscheidungen trifft, ohne ihre Gefühle und Intuitionen zu berücksichtigen.

Unterdrückter Zorn kann einen umbringen

Laut einem Artikel im *Medical Tribune News Service* »könnte unterdrückter Zorn zu einem tödlichen Herzleiden oder Krebs führen. Verheiratete Frauen, die ihren Zorn bekämpfen, laufen am ehesten Gefahr, vor der Zeit zu sterben. Für Frauen besteht ein viel direkterer Zusammenhang zwischen verdrängtem Zorn und einer tödlichen Krankheit als für Männer.«

Und die Frauen unterdrücken ihren Zorn tatsächlich, aus Angst vor unangenehmen Konfrontationen oder negativen Veränderungen, oder sie glauben, sie würden nicht nett und feminin wirken. Sie fürchten sich vor Ablehnung und Kritik, so sehr, daß sie – statt ihrem berechtigten Zorn Luft zu machen – gekränkt weinen, schmollen, in Depressionen versinken, häßliche, subtile kleine Racheakte durchführen und ganz allgemein leiden. Und dann werden sie, der oben genannten Studie zufolge, krank und sterben früh.

Die Quelle der Schüchternheit

Alicia, siebenundvierzig, ist eine erfolgreiche Geschäftsfrau, aber einer ihrer Wesenszüge bereitet ihr Kummer – sie traut sich einfach nicht, »den Leuten zu sagen, was sie tun sollen«. Sie kann nicht einmal ihre Putzfrau auffordern, woanders zu parken, statt ihr den Garagenplatz zu verstellen. Warum nicht? »Ich hätte Gewissensbisse, weil ich ihre Gefühle verletzen könnte.«

Ich erklärte Alicia, sie sei kein fünfjähriges Mädchen mehr. »Ihre Eltern geben Ihnen kein Taschengeld und sperren Sie auch nicht ohne Abendessen in Ihrem Zimmer ein. Aber Sie betrachten die Dinge aus dem Blickwinkel eines Kindes, dessen Wohlergehen einzig und allein von der Gunst seiner Eltern abhängt. Jetzt sind Sie eine erwachsene Frau, und andere Leute sind ebenso auf Ihr Wohlwollen angewiesen wie Sie auf ihres. In diesen Bereich der Erwachsenenwelt sind Sie noch nicht vorgedrungen. Sie sind im Grunde Ihres Herzens immer noch die Fünfjährige, die befürchtet, Mommy und Daddy zu ärgern.«

Die lähmende Angst vor dem Verlust der Bindung an die Eltern

Da liegt der springende Punkt. Die Frauen wagen es nicht, jemanden zu verletzen, denn er könnte böse werden und sie zurückweisen oder bestrafen. Dann wäre alles verloren!

Ich finde die besondere Neigung der Frauen zu engen zwischenmenschlichen Beziehungen zwar sehr schön, aber zuviel des Guten kann auch schlecht sein. Wenn die Frauen fürchten, eine bestimmte Beziehung einzubüßen, mag sie auch noch so unwichtig sein (ich weiß, eine gute Putzfrau ist schwer zu kriegen) oder gefährlich oder zerstörerisch oder unbefriedigend – dann geht es zu weit. Das gilt auch für die Beziehung zu den Eltern. Mit ihr fängt alles an. Und wenn sie kein gutes Ende nimmt, geht es weiter bis in alle Ewigkeit.

Theresa, meine siebenundzwanzigjährige Anruferin, war die personifizierte Angst. Sie war so verschreckt, daß sie sich zunächst nicht einmal klar ausdrücken konnte. Nachdem sie sich beruhigt hatte, erfuhr ich, sie leide immer noch unter Schuldgefühlen, weil sie ihr Zuhause verlassen habe, um gegen den Wunsch der Eltern zu studieren, und niemals für immer zurückgekehrt sei. Trotzdem stand sie ihrer Familie noch nahe und trauerte tief – und von Gewissensbissen gepeinigt – um den kürzlich verstorbenen Vater. Sie hatte einen guten Job mit Aufstiegsmöglichkeiten und lebte mit einem Mann zusammen. Und der entpuppte sich als ihr Problem. Nach dem Tod ihres Vaters hatte sie begonnen, sich mit ihrem Freund zu treffen – wahrscheinlich, um ihn als »Krücke« zu benutzen, wie sie es ausdrückte. Jetzt drängte er sie zur Heirat, aber seine Unsicherheit und extreme Abhängigkeit von ihr störten sie.

DR. LAURA: »Das hört sich nicht so an, als wollten Sie ihn heiraten. Es wäre Ihnen wohl lieber, er würde einfach verschwinden.«

THERESA (lacht): »Aber er ist so abhängig von mir.«

DR. LAURA: »So wie Ihre Eltern – Ihre Familie!«

THERESA: »Ja, das glaube ich auch.«

DR. LAURA: »All diese Leute klammern sich also an Sie, um ihre Bedürfnisse zu befriedigen, und Sie fühlen sich schuldig, weil Sie Ihre eigenen Bedürfnisse an die erste Stelle setzen. Um sich zu bestrafen, weil Sie Ihr Zuhause und Ihren schwerkranken Vater verlassen haben, sind Sie eine Beziehung mit einem Mann eingegangen, der Sie an Ihre Familie erinnert.«

THERESA: »Ja, wahrscheinlich.«

DR. LAURA: »Warum treten Sie nicht endlich energisch auf?«

THERESA: »Das müßte ich wohl.«

DR. LAURA: »Gestatten Sie sich den Luxus, ehrlich zu sein!«

THERESA: »Okay, ich will diesen Mann loswerden, aber ich möchte ihm nicht weh tun.«

DR. LAURA: »Theresa, kein Menschenleben verläuft schmerzlos – und die Erfahrung und Überwindung des Leids sind oft der Preis, den man für die Entfaltung der Persönlichkeit zahlen muß.«

THERESA: »Genau.«

DR. LAURA: »Ob Sie sich als wertvoller, liebenswürdiger Mensch erweisen, wird nicht daran gemessen, ob Sie jemandem Kummer bereiten oder nicht. Es besteht ein Unterschied zwischen beabsichtigter Bösartigkeit und dem Schmerz, den andere verständlicherweise empfinden, wenn sie ihren Willen nicht durchsetzen – oder mit ihren eigenen Schwächen konfrontiert werden. Das ist ein ganz normaler Teil des Lebens – ein notwendiges Leid.«

THERESA: »Was soll ich ihm also sagen?«

DR. LAURA: »Sie würden es bedauern, daß Sie seinen Wunsch nach einer gemeinsamen Zukunft nicht teilen, und die Beziehung sei beendet. Ich glaube, Sie trauen sich nicht, Ihre eigenen Wünsche zu verwirklichen, weil Sie befürchten, man könnte Sie für gemein oder egoistisch halten.«

THERESA: »Genauso wurde ich immer genannt, wenn ich tat, was ich wollte.«

DR. LAURA: »Nicht von mir!«

THERESA: »Okay.«

DR. LAURA: »Hiermit erteile ich Ihnen, Theresa, siebenundzwanzig Jahre alt, einer Frau, die so viele Jahre gekämpft hat, die Erlaubnis, Ihre Individualität zu behaupten und nur die Entscheidungen zu treffen, die Ihnen gefallen. Sie werden anderen viel eher etwas geben können, wenn Sie in einer Position sind, wo Sie auch wirklich etwas geben wollen. In Ihrer jetzigen Situation geben Sie nichts, Sie fügen sich nur in ein ungewolltes Schicksal.«

THERESA: »Ja, Sie haben recht. Vielen Dank.«

Beziehen Sie sich selbst in die Gleichung ein

Es besteht ein großer Unterschied zwischen Kooperation aus Respekt und Kapitulation aus Angst vor Ablehnung. Die Frauen müßten glauben – oder zunächst einfach davon ausgehen –, daß sie wie jedes andere menschliche Wesen (inklusive Eltern, Geschwister, Ehemänner, Freunde) das Privileg beanspruchen dürfen, einzigartige Individuen mit eigenen Rechten zu sein. Das bedeutet nicht, daß man ständig über andere hinwegtrampeln soll, aber man muß sich in die Gleichung einbeziehen – und nicht als Überbleibsel oder Nebenprodukt auf der Strecke bleiben!

Wenn sich die Leute also ungeheuerliche Freiheiten herausnehmen, wenn sie Ihr Vertrauen mißbrauchen und keinerlei Interesse an Ihrem Wohlergehen zeigen, Sie skrupellos ausnutzen und dann jede Verantwortung für Ihren Kummer ablehnen, bitte, lassen Sie das alles nicht untätig geschehen. Sie dürfen nicht einfach dasitzen, essen und trinken, Tabletten nehmen, schlafen oder sich halb zu Tode arbeiten, nur um der Tatsache auszuweichen, daß Sie diesen Menschen gleichgültig sind.

Schluß mit dem Grundsatz: Im Zweifelsfall für den Angeklagten!

Es ist schmerzlich zu beobachten, wie oft andere Leute mit diesem lahmen, abgegriffenen Grundsatz entschuldigt werden.

Trifft es denn wirklich zu, daß Sie sich nur wegen einer gewissen Formulierungsschwäche nicht verständlich machen können? Oder klingt Ihre Stimme zu leise? Ist Ihr Mann schwerhörig? Kann er etwas höher gelagerte weibliche Laute nicht wahrnehmen? Nein! Nein! Nein! Das alles interessiert ihn nicht, und er weiß, daß er ungeschoren davonkommt!

Nie wieder!

Da wird der Zorn wichtig! Er setzt Grenzen, macht dem Partner klar, daß es Konsequenzen gibt, und die lauten: »Nie wieder.« Geben Sie sich nicht der Illusion hin, Sie würden Liebe erhalten, wenn Sie den dominierenden Bedürfnissen Ihres Mannes dienen. Der Traum, Anerkennung oder Liebe durch jahrelange Toleranz männlicher Selbstsucht zu erringen, ist sinnlos. Das würde nur den Selbsthaß fördern.

Mut – die sofortige Heilkur

Wir verdrängen den Zorn, weil wir nicht wagen, unsere Verletzlichkeit zu zeigen und vielleicht unzulänglich zu erscheinen, weil wir fürchten, Mißfallen zu erregen und bestraft zu werden. In diesem Fall ist Mut die sofortige Heilkur. Man muß die Probleme zur Sprache bringen, dann wird man entzückt feststellen, daß man es kann, und nie mehr davor zurückschrecken!

Unsinniger Zorn

Nachdem ich das alles erörtert habe, gebe ich zu, daß der Zorn nicht immer richtig ist. Er kann unpassend, untauglich, vergeudet oder fehlgeleitet sein – und sogar ein heißbegehrtes Ziel.

Wenn man sich in den Zorn hineinsteigert...

Viele Frauen, die sich an dem völlig idiotischen Konzept »Ich bin abhängig, also existiere ich« orientieren, steigern sich im Laufe ihrer Beziehung tatsächlich immer mehr in Zorn und Kummer hinein.

Zum Beispiel zeigen Sie Interesse an allem, was sein Leben ausmacht, um ihn einzufangen. Und was haben Sie damit gewonnen? Einen Partner? Einen Freund, mit dem Sie alles teilen, der Sie respektiert? Keineswegs. Die nächsten zwanzig Jahre verbringen Sie damit, ihm zu grollen, weil Sie das Gefühl haben, Ihre Interessen würden nicht zählen.

Wie ich bereits in mehreren Kapiteln erklärt habe – die Frauen neigen dazu, in einer Beziehung ihren Lebensinhalt zu finden, ihre Identität, während sie für die Männer nur ein Teil des Lebens ist. Also sind die Frauen ständig wütend auf die Männer, auf den Mangel an Liebe und Intimität.

Neulich beschrieb sich eine Anruferin als »melancholisch, fürsorglich, liebevoll und opferbereit«. Ihren Mann nannte sie einfach nur »egoistisch«. Das ist keine ungewöhnliche Klage. Ich fragte sie, ob man ihn auch als »energisch, engagiert, aktiv und kontaktfreudig« bezeichnen könnte, und das bejahte sie.

Frauen fürchten das Risiko und suchen oft Männer aus, an die sie sich klammern, um die eigene Person von außen her zu vervollständigen. Durch den Mann erlebt die Frau indirekt Verhaltensweisen, die sie selber niemals wagen würde. Und sie beobachtet an ihm Eigenschaften, die sie sich selbst nicht zubilligen könnte. Das Problem entsteht erst, wenn sie ihn später wegen der Wesenszüge, die sie anfangs so reizvoll fand, verabscheut.

Es ist unumgänglich: Die Frauen müssen ihrem Leben noch andere Dimensionen geben als »Liiiiiebe«.

Untauglicher Zorn

Erinnern Sie sich an Janine, die mit ihrem Mann draußen im Gras sitzen und die Sterne beobachten wollte? Statt dessen schlug er vor, gemeinsam fernzusehen. Sie rief mich an, weil sie »wegen dieser Zurückweisung wirklich gekränkt« war. Als ich sie fragte, ob er jemals romantische Neigungen gezeigt habe, erwiderte sie: »Nein, aber...« (Bei diesem »Aber« unterbreche ich die Frauen immer, denn es ist nur ein Versuch, die volle Bedeutung der Antwort »Nein« zu verdrängen.) Ich erklärte ihr, sie habe einen wundervollen Elefanten geheiratet und sei nun pikiert, weil er nicht wie ein Kätzchen in ihrem Schoß schnurren würde. So etwas finde ich unfair!

Das ist ein gutes Beispiel für jenen Zorn, den ich untauglich nenne. Nun möchte ich noch eines anführen:

Geschenke, die verpflichten sollen

Die fünfundzwanzigjährige Vicky glaubt, nach drei Ehejahren hätte sich die bedingungslose Liebe ihres Mannes geändert. »Vorher wußte er mich wirklich zu würdigen. Und ich fürchte, jetzt denkt er anders... Jedesmal, wenn ich ihm einen besonderen Gefallen tun möchte, reagiert er irgendwie negativ, statt mir zu danken.« Sie behauptet, sie getraue sich nicht, etwas für ihn zu tun, aus Angst, sie könnte es falsch machen und ihn ärgern. Und jetzt kommt der springende Punkt!

Während sie Hühnersuppe kochte, fragte sie ihren Mann, ob sie die Haut dranlassen solle. Er antwortete, das wisse er nicht. Aber sie ließ ihm keine Ruhe – bis er schließlich schrie: »Das ist mir egal!«

»Da hätte ich Sie auch angeschrien«, erwiderte ich. »Jeder regt sich auf, wenn man ihm so lange zusetzt.« Und dann interpretierte ich die Situation.

Sicher, dieser Bursche könnte ein komplettes Ekel sein, und dann sollte Vicky ihn verlassen. Aber wahrscheinlich steckt etwas ganz anderes dahinter. Eine Frau kann für einen Mann etwas tun, das sie als Geschenk versteht. Und sie tut es, um ihn zu umgarnen und zu veranlassen, einen bestimmten Eindruck von ihr zu gewinnen oder ihr etwas zurückzugeben, das ihr Selbstwertgefühl steigert. Das ist kein Geschenk, sondern Verführung und Manipulation.

Verräterische Diskrepanz

Wenn ein Mann über lange Zeit hinweg spürt, daß Sie ihm im Grunde nichts geben, sondern ihn zu manipulieren versuchen, damit er sich ändert oder Ihre Wünsche erfüllt, wird er sich zusehends ärgern. Vickys Mann könnte sich über ihr Verhalten ärgern. Das wäre begründet – oder er ist ein fieser Typ.

So oder so, wenn man etwas für jemanden tut, so ist das eine indirekte Methode, etwas zu verlangen. Aus Verletzlichkeit oder Schwäche heraus behandeln wir andere in einer Weise, die wir als Geschenk empfinden, und dann beobachten wir verblüfft, wie der Zorn des Empfängers wächst. Diese verräterische Diskrepanz läßt mich vermuten, daß Vickys Mann ihr Verhalten nicht als Wohltat registriert, sondern als Versuch, irgend etwas auf indirektem Weg zu erreichen. Und er fühlt sich immer wieder unfähig, ihre Forderungen zu erfüllen.

Wenn die Karten nicht richtig gemischt werden...

Die vierundzwanzigjährige Jicka leidet am gleichen Syndrom. Sie rief mich an und fragte, wie man es überwinden könne, wenn man betrogen wurde. Dann erzählte sie, ihr Freund habe sich mit einer anderen getroffen, wahrscheinlich aus sexuellen Motiven. Ich stellte ihr viele Fragen und erfuhr folgendes: Die beiden hatten einander zu nichts verpflichtet, nicht einmal zu sexueller Monogamie. Und Jicka hatte sogar mehrmals betont, sie wolle nicht heiraten (defensive Flunkerei).

Als ich bemerkte, unter diesen Umständen sei ein Betrug gar nicht möglich, war sie schockiert. Sie hatte auf die Loyalität und die Treue ihres Freundes gehofft, aber ihrerseits Distanz gewahrt! Und dann bestätigte er ihre schlimmsten Befürchtungen, was die Männer betraf: Man kann ihnen nicht trauen! Sie hatte falsch gespielt und den Mann unter völlig unfairen Voraussetzungen zu testen versucht.

Es gibt einige Beispiele für unfaire, unpassende Wutreaktionen, die nicht auf der Gegenwart beruhen, sondern auf Kränkungen aus der Vergangenheit. Und die werden nun einer nichtsahnenden Person angelastet.

Unpassender Zorn

Zorn kann unpassend oder unfair sein. Lisa, fünfundzwanzig, hat seit zwei Jahren einen Freund und lebt fünfundsiebzig Meilen von ihm entfernt. Er möchte nicht mit ihr zusammenziehen und ist auch nicht bereit, sie zu heiraten. Aber er genießt die Beziehung. Aus seinen Gefühlen und Absichten hat er nie einen Hehl gemacht. Und Lisa ist wütend.

Ich erklärte ihr, wenn er bösartig, grausam, manipulativ, hinterhältig oder was auch immer wäre, würde sie ihm mit gutem Grund grollen. Aber unter diesen Umständen habe sie kein Recht dazu, da er stets ehrlich gewesen sei. Es wäre viel eher gerechtfertigt, wenn sie Enttäuschung statt Wut empfinden würde.

Genaugenommen ist Lisa gar nicht wütend auf den Mann. Sie fühlt sich als Mensch unausgefüllt und glaubt, die Ehe würde das ändern. Deshalb steht sein Widerstand ihrer Erfüllung im Weg, dem Gewinn von Sicherheit und Identität. Also steigert sie sich in ihre Wut hinein!

Ich schlug ihr vor, den Zorn von ihrem Freund weg und auf ihre eigene Person zu lenken. Wenn so viel unterdrückte Wut als Treibstoff benutzt wird, um die Persönlichkeit weiterzuentwikkeln, könnte genug Energie entstehen, die zu beachtlichen Leistungen führen würde.

Vergeudeter Zorn

Belinda, vierzig, ist seit zweiundzwanzig Jahren verheiratet und hat drei Kinder im Alter von sechs, fünfzehn und einundzwanzig Jahren. Seit 1988 ist ihr Mann mit einer anderen Frau liiert. Als Belinda von der Affäre erfuhr, bat er sie nicht um Verzeihung, sondern sagte nur, er bedaure es, ihr weh zu tun. Und jetzt taucht die Nummer der Frau immer noch auf Belindas Telefonrechnung auf, etwa alle drei Monate. »Ich glaube, das macht er absichtlich«, klagt sie, »um mich für irgendwas zu bestrafen.«

DR. LAURA: »Das ist interessant. Sie meinen also, er würde Sie bestrafen? Wahrscheinlich betrügt er Sie eher, weil er's ganz einfach will, und es hindert ihn ja auch nichts daran.«

BELINDA: »Aber ich möchte, daß er damit aufhört.«

DR. LAURA: »Wie würden Ihre Alternativen aussehen?«

BELINDA: »Ich habe Kinder, nun ja – ich könnte bei ihm bleiben oder ihn verlassen.«

DR. LAURA: »Genau. Sie werden ihn nicht ändern, dazu ist er nicht bereit.«

BELINDA: »Nein, wirklich nicht.«

DR. LAURA: »Wenn Sie das Gefühl haben, Sie müßten bei ihm bleiben, sagen Sie sich: Ich entscheide mich dafür, den Kindern zuliebe. Und dann lassen Sie's dabei bewenden.«

BELINDA: »Einfach so?«

DR. LAURA: »Nun, Sie müssen es akzeptieren, wenn Sie die Ehe um der Familie willen aufrechterhalten wollen. Begreifen Sie bitte, daß Sie mit Ihrem Entschluß ein Opfer bringen – das müssen wir alle irgendwann in unserem Leben. Und wenn Sie dieses Opfer bringen, sollten Sie auch dazu stehen. Der Entschluß fällt Ihnen sicher nicht leicht, denn er bringt Sie in eine machtlose Position. Das kann ich nachempfinden. Statt dessen versuchen Sie, Ihren Mann zu ändern – vergessen Sie's. Aber benutzen Sie Kondome, wenn Sie weiterhin mit ihm schlafen.«

Glauben Sie mir, ich billige das Verhalten dieses Mannes keineswegs – ich versuche nur, Belinda vor einer Herzattacke zu bewahren. Und wenn die Frauen sich tatsächlich mit der Realität ihrer Misere abgefunden haben, beschließen sie manchmal, sich *nicht* damit abzufinden. Statt dessen fühlen sie sich immer stärker motiviert, etwas dagegen zu unternehmen. Aber darauf sollten sie verzichten, wenn der Zorn unangebracht ist.

Unangebrachter Zorn

Sally ist im fünften Monat schwanger und hat ein Kleinkind. Sie rief mich an, weil sie so »eklig« zu ihrem Mann sei, und wollte wissen, warum. Zunächst behauptete sie: »Alles ist okay.« Ich brauchte eine Weile, um ihr das Geständnis zu entlocken: »Nun ja, ich bin immer so müde. Wir haben nicht mehr soviel Spaß wie früher, und irgendwie fehlt uns die Zeit für Zärtlichkeiten und Sex.«

Offenbar spürt sie die Last der mütterlichen Verantwortung, und sie setzt sich nicht direkt mit den veränderten Bedürfnissen ihres Lebens auseinander, mit der Frage, inwiefern sie mit ihren persönlichen Wünschen kollidieren. Frauen geben nur ungern zu, daß sie »das alles nicht schaffen«. Also benehmen sie sich »eklig«. Ich empfahl Sally, offen mit ihrem Mann über ihre Ängste und Sorgen zu sprechen, über das Gefühl, etwas zu verlieren. Dann würde sie sicher merken, daß er ihre Emotionen teilt.

Warum sich die Geschichte wiederholt

Um zu rekapitulieren: Unsere frühen Kindheitserfahrungen, was elterliche Liebe und Fürsorge und das Zugehörigkeitsgefühl betrifft, werden uns lehren, daß wir liebenswert und daß emotionale Bindungen im allgemeinen sicher und lohnend sind – oder das Gegenteil. Wenn es das Gegenteil ist, rechnen wir immer wieder mit Kränkungen, mit Verlust und Verrat. Sollte letzteres zutreffen, ist es erstaunlich, wie sich die Geschichte in unseren Beziehungen zu Erwachsenen ständig wiederholt. Unentwegt werden wir verletzt. Der Zorn, der in solchen Situationen angemessen wäre, wird von unglaublichen Selbstzweifeln unterdrückt, und die führen zur Überzeugung, wir hätten kein Recht, wütend zu werden – wir sind es einfach nicht wert.

Amen

Aber der einzige Weg, um in unserem Leben Selbstwertgefühl zu erlangen, ist der feste Glaube an ein universelles, unveräußerliches Recht auf Respekt, Ehre, Engagement, Fürsorge und Liebe. Das alles müssen wir verdienen, durch intensive Bemühungen in sämtlichen Aspekten unseres Lebens: Arbeit, zwischenmenschliche Beziehungen und Liebe. Durch tapfere Entscheidungen und mutige Taten gewinnen wir unsere Selbstachtung.

Zum Abschluß möchte ich von der achtundzwanzigjährigen Judy erzählen, die völlig danebenliegt, was die Gründe ihres Zorns betrifft.

Wie sie eben herausfand, hat ihr Verlobter ein fünfjähriges Kind, das er weder sieht noch finanziell unterstützt. Judy ist wütend, denn »die Beziehung kann nicht so eng sein, wenn er mir nicht traut und mir so was verschweigt.« Ich riet ihr, sie solle sich lieber drum sorgen, ob er – falls sie Kinder von ihm haben wolle – seine väterlichen Pflichten verantwortungsbewußt erfüllen würde. Das schien sie nicht sonderlich zu interessieren. Sie bangt viel mehr um ihre gesicherte Rolle in der Beziehung als um den Charakter ihres künftigen Ehemanns.

Nun ja...

10. Versöhnlichkeit

»Ich weiß, er ist ein Ehebrecher, ein Trunkenbold, autoritär, gefühllos und gewalttätig, aber sonst...«

Haben Sie schon einmal bemerkt, wie reglos eine Gottesanbeterin dasitzt – ganz egal, was ringsum geschieht? Außer ihr ist nur ein einziges Geschöpf zu soviel Geduld und Toleranz fähig – die Menschenfrau, die tausend Ausreden erfindet, um nicht davonzulaufen, bevor sie in eine grauenhafte Beziehung zu einem Mann schlittert, oder um dran festzuhalten, wenn sie schon mitten drinsteckt.

Zu diesen Ausreden gehören praktische Erwägungen, selbstlose Liebe, Verpflichtung und Engagement. Teilweise sind das erhabene Ideale, also eignen sie sich sehr gut, um diese oder jene Position zu verteidigen.

Falls Sie genug Mut aufbringen, um etwas tiefer in Ihre Seele zu schauen, werden Sie vielleicht Angst finden, Selbstzweifel, Scheu vor Unannehmlichkeiten und festgefahrene Beziehungsmuster, die seit der Kindheit und der früheren familiären Dynamik in Ihnen stecken.

Praktische Erwägungen

Anita rief mich an, um ihren Balanceakt zwischen ihrem marihuanasüchtigen Ehemann und dem Exmann zu erörtern, mit dem sie gelegentlich schläft. Wir diskutierten die Alternativen einer individuellen und einer Paartherapie, die Möglichkeiten, den Status quo beizubehalten oder ihn zu ändern. Nichts davon gefiel ihr. Sie nannte mehrere Gründe, warum sie die derzeitige Situation nicht beenden wollte / konnte.

Einige Wochen später schrieb sie mir einen klar formulierten, herzzerreißenden – und aufschlußreichen Brief. Sie erklärte, sie habe Ihren »fragwürdigen« zweiten Mann, den Marihuanaraucher, eigentlich nur geheiratet, damit Ihre Kinder eine Ganztags-Mom und auch einen Dad bekämen, die stets für sie sorgen würden. Nun bleibe sie bei dem Süchtigen, weil ein »Dad im Drogenrausch besser als gar keiner« sei. Sollte jetzt ein Déjà-vu-Gefühl in Ihnen aufsteigen, relaxen Sie. Ich weiß, die Ausrede »jeder Dad ist besser als gar keiner« gehört zu den Themen, die immer wieder in diesem Buch angeschnitten werden.

Anita stimmte meiner Ansicht zu, sie müsse ihrem Leben einen Sinn geben, behauptete jedoch, sie wollte nichts weiter als ihren Töchtern eine gute Mutter sein. Dann fuhr sie fort:

> »Sie sollen haben, was mir versagt war – die Aufmerksamkeit ihrer Eltern, ein Familienleben, ab und zu neue Kleider, Hilfe bei den Hausaufgaben, gesellschaftlichen Umgang, einfach nur die normalen Dinge, die jedes Kind verdient. Obwohl ich durchaus fähig bin, in die Welt hinauszugehen und mir einen anständigen Job zu suchen, bleibe ich lieber Hausfrau. Von meinem Exmann erwarte ich nicht, daß er mich rettet. Ich glaube eher, wir beide retten einander vor einem lieblosen Dasein, wenn auch nur für ein paar Stunden im Monat. Es ist traurig, ohne Liebe zu leben. In diesem Zustand scheint man (ICH!) manchmal die Realitäten des Lebens und seine Komplikationen zu ignorieren. Die Frauen, die alles in der richtigen Reihenfolge absolviert haben (erst die Ausbildung, dann die Karriere, später die Kinder) finden die Welt vielleicht nicht so beängstigend. Aber den anderen, die ihre Zukunft planen müssen, während Menschenseelen von ihnen abhängig sind, die schlecht gerüstet sind und das auch wissen, fällt es nicht so leicht, Entscheidungen zu treffen. Anita.«

So ein Brief kann einen natürlich zu Tränen rühren. Glücklicherweise bin ich völlig herzlos und eine grausame Therapeutin, die nur eins will – daß die Leute glücklich werden. Also falle ich nicht drauf rein.

Die Weigerung, etwas zu ändern

Im Grunde ist Anita ehrlich zu sich selbst. Sicher, sie wünscht sich, ihre Situation wäre anders und sie könnte etwas zufriedener sein. Aber – und jetzt kommt der »Haken« – sie will nichts ändern. Natürlich gibt es begreifliche Entschuldigungen und Argumente, doch es läuft alles auf eins hinaus: »Wie ändere ich das alles, ohne dran zu rühren?« Warum wird diese Frage gestellt?

Wie ich in zahlreichen Therapiesitzungen und bei vielen Vorträgen erklärt habe, resultieren die meisten unserer Schwierigkeiten nicht aus Dummheit oder Unvernunft, sondern aus unserem Versuch, andere Probleme zu lösen. Die Nebeneffekte solcher Lösungen sind oft Inflexibilität, Frust und Verzweiflung. Wir haben ein Kartenhaus gebaut. Wenn wir die verbogene Karte entfernen, die offensichtlich verschwinden muß, kann die ganze Struktur zusammenbrechen. Also lassen wir alles beim alten und sitzen fest.

Der Versuch, jenes andere Problem zu lösen

Die Situation, die Anita verbessern wollte, hatte weniger mit ihren kleinen Töchtern zu tun als mit ihrer eigenen unglücklichen, offenbar einsamen Kindheit. Deshalb zeugte sie Babys mit einem Mann, der die emotionale Distanz ihrer Eltern erneut heraufbeschwor, dann opferte sie sich für die Kinder – was sie von ihrer Mom und ihrem Dad früher vergeblich erhofft hatte.

Den Kindern mag das nützen – ihr selber gewiß nicht.

Schließen Sie Frieden mit Ihren Verlusten

Alles hat seinen Preis. Ihr gesunder Verstand und Ihr innerer Friede hängen davon ab, ob Sie diesen Preis erkennen, akzeptieren und zahlen. Und so rate ich Anita: Schließen Sie Frieden mit Ihren Entscheidungen und Verlusten. Eine Änderung Ihrer inneren Einstellung kann Ihnen zum Glück verhelfen – das ist die einzige Möglichkeit, wenn Sie sich weiterhin weigern, irgend etwas an Ihrer Situation zu ändern.

Es gibt Fälle, wo man sich für Verluste entscheidet und an einer nicht besonders erfreulichen Situation festhält. Aber es ist wichtig, einen solchen Entschluß bewußt und wohlüberlegt zu fassen. Wenn Sie das versäumen, liefern Sie sich bitteren Enttäuschungen, Zorn und Kummer aus. Dann sind Sie kein Opfer, sondern leiden freiwillig und verhalten sich unreif.

Ändern Sie was, oder halten Sie den Mund!

Im allgemeinen weigern sich die Frauen, etwas klaglos hinzunehmen, das sie in Wirklichkeit ohnehin akzeptieren. Glauben Sie, unentwegte Proteste und Beschwerden über Ihre Aufopferung und Ihr Unglück würden Sie der Verantwortung für Ihre Entschlüsse entheben? Oder meinen Sie, wenn Sie jammern und laut genug weinen, würden sich die Dinge von selbst ändern?

Vergessen Sie's!

Recycling eignet sich nur für Abfall

Liz, neununddreißig, unterhält seit sechs Jahren eine – wie sie es nennt – »Beziehung« zu einem Mann. Die beiden haben eine vierjährige Tochter, das heißt, die hat sie allein, denn er war verschwunden, sobald er sie geschwängert hatte. Nun ist sie wütend und verwirrt, denn er taucht wiederholt in ihrem Leben auf, um Sex, Geld, ein Dach über dem Kopf, ein bißchen Aufmerksamkeit zu bekommen, oder was auch immer. Jedesmal macht er sich aus dem Staub, sobald jemand oder etwas sein Interesse erregt. Das immer wiederkehrende Recycling einer Beziehung...

Anläßlich seines letzten Gastspiels machte Liz ihrem Zorn so heftig Luft, daß ich erschrak. Ich fragte, warum sie denn so überrascht sei? Nur »weil ein Gorilla noch eine Banane fraß«?

Wie geblendet kann man doch von der Phantasie sein! Schau den Tatsachen ins Auge, Mädchen!

Wenn es einfacher ist, keine Entscheidung zu treffen

Natürlich weckt die Erkenntnis der Realität oft Angst und Kummer. Und manchmal ist es einfacher, keine Entscheidung zu treffen, als die Situation zu ändern. Um das Leid zu umgehen, muß man sich in irgendwas flüchten: in Wutausbrüche, Drogen, Essen, Affären, Depressionen, physische Krankheiten, Selbstmordgedanken, immer neue Gruppentherapien...

Doch man sollte eine echte Herausforderung annehmen und der Realität in sich selbst begegnen.

Keine Rückkehr!

Endlich haben Sie sich entschlossen. Sie gehen auf und davon. Was tun Sie, um die schmerzliche Leere in Ihrem Innern zu füllen? Sie finden ein Gleichgewicht zwischen Geben und Nehmen, entwickeln sich weiter, lernen und sind kreativ.

Wenn Sie das nicht tun, sehnen Sie sich wahrscheinlich – wie Sie im weiteren Verlauf dieses Kapitels sehen werden – nach Ihrer schlechten Beziehung zurück, wiederholen Sie mit einem anderen Mann, sitzen betrübt und reumütig herum und bilden sich ein, Sie hätten einen Fehler gemacht.

Sie verläßt ihn und fühlt sich immer noch elend

Vor kurzem rief mich eine Frau in meiner Radiosendung an und erklärte, sie habe eine elende Beziehung beendet, in der festen Überzeugung, dann würde sie glücklicher sein. »Aber ich fühle mich immer noch elend.« Ich erwiderte, sie habe sich von dem Mann getrennt, um eine Chance auf ihr Glück wahrzunehmen.

Nur wegzugehen, genügt nicht. Das Glück fällt einem nicht in den Schoß und entsteht nicht automatisch. Man muß es sich verdienen.

Habe ich das Recht, ihn zu verlassen?

Wenn Sie erkennen, daß Sie in einer schlechten Beziehung leben, und mit dem Gedanken spielen, sie zu beenden, werden Sie vielleicht von der Frage geplagt: Habe ich das Recht dazu? So wie Kay. Sie ist eine vierzigjährige Psychologin und zum zweitenmal verheiratet – mit einem Alkoholiker. Wann immer sie ihn drängt, er solle zu trinken aufhören, vor allem seinen beiden Söhnen aus erster Ehe zuliebe, behauptet er, sie würde ihn erpressen. Sie erwägt ernsthaft, ihm ein Ultimatum zu stellen und die Scheidung einzureichen, wenn er sich nicht helfen läßt, fühlt sich aber schuldig.

Kays Mann unterminiert ihren Entschluß, indem er ihre typisch weibliche Angst fördert, jemandem weh zu tun oder zuviel zu verlangen. Fügen Sie das erwartete Unbehagen angesichts einer Veränderung und eines Verlustes hinzu, und schon haben Sie die Formel über die Frage nach Ihrem Recht, ihn zu verlassen.

Eine große Rolle spielen die Selbstzweifel, die schon vorher existieren. In Kays Situation kommen zur Erinnerung an die gescheiterte erste Ehe noch die Torschlußpanik einer Vierzigjährigen und professionelle Bedenken hinzu und die Sorge, sie könnte bei ihrem Mann die falsche Technik angewandt haben.

Stimmt was nicht mit mir?

Aber normalerweise ist der Zweifel grundsätzlicher: Stimmt was nicht mit mir? Diese Frage stellte sich Susan. Sie kam sofort zur Sache. »Mein Mann hat sexuelle Wünsche, die mir mißfallen und die ich einfach nicht erfüllen will.« Zu diesen Aktivitäten, die er ihr aufzuzwingen versuchte, gehörte Gruppensex, und sie sollte ihn beobachten, wenn er sich mit anderen Frauen und Männern vergnügte. Sie erkannte, daß die Beziehung an einem Scheideweg angelangt war und wahrscheinlich ein Ende finden würde. Warum hatte sie mich dann angerufen? Ich sollte ihr bestätigen, daß sie nicht frigide war, nur weil sie sich den Forderungen ihres Mannes widersetzte.

Aber ich erklärte ihr, eigentlich sei das sexuelle Thema irrelevant. Wenn sie gedrängt würde, etwas zu tun, was ihr widerstrebe, sei es ihr gutes Recht, das abzulehnen. »Susan, Sie sind berechtigt, so zu leben, wie Sie wollen. Und es spielt keine Rolle, wenn er behauptet, das sei normaler Sex. Sie fragen mich, ob es richtig ist, ihn zu verlassen, und ich muß antworten, daß es immer richtig ist, eine unangenehme, unerfreuliche Situation zu beenden.«

Wenn man einen Rückzieher macht, weil man an sich selber zweifelt

In einem anderen Menschen Selbstzweifel zu wecken, ist eine Methode, die Leute wie Susans Mann benutzen, um ihre Macht zu demonstrieren: »Du wirst niemanden finden, der dich so liebt wie ich.« – »Wenn du keinen Gruppensex willst, wird sich kein Mann für dich interessieren.« – »Du bist viel zu... (ergänzen Sie den Satz nach Belieben).« – »Du machst alle verrückt.« Etc.

Leider ist diese Technik im allgemeinen erfolgreich, wenn sie bei Frauen angewandt wird, die ihr Selbstwertgefühl zu sehr an der Anerkennung von seiten ihrer Umwelt orientieren. Aber es gibt einen Pluspunkt. Wenn Sie Ihr Bedürfnis, kontrolliert zu werden, in einen therapeutischen Zusammenhang mit Ihrem Kindheitstrauma bringen, könnte das der Schlüssel zum Verständnis und zur Bewältigung deplazierter Scham- und Schuldgefühle sein.

Trotz Ihres Kummers bleiben Sie bei ihm

Ohne Therapie werden Sie von jenen frühen Verlusten und dem Wunsch, sie nicht zu wiederholen, zu der Frage provoziert, ob Sie gehen oder bleiben sollen.

Wenn Sie überlegen, ob Sie das Recht dazu haben, läßt sich kein so eindeutiges Urteil fällen, wie man meinen sollte. Es hängt von Ihrer Einstellung ab oder von dem, was normal erscheint oder erwartet wird. Zum Beispiel berichtete mir eine Privatpatientin, ihr Mann würde sie körperlich mißhandeln. Sie war gebildet und beruflich erfolgreich, und ich verstand nicht, wieso eine kinderlose, finanziell unabhängige Frau diese Situation auch nur eine Sekunde länger duldete. Durch einen Tränenschleier schaute sie mich an und erklärte: »Nun, er schlägt mich nicht so brutal wie mein Vater. Für mich ist das eine Verbesserung.«

Eine Verbesserung! Welch eine traurige Perspektive!

Bedauerlicherweise ist diese Frau keine Ausnahme. Zahllose andere denken nicht einmal an eine Trennung von ihren Männern. Das sollten sie aber.

Es muß mein Fehler sein

Aurora ist seit drei Jahren mit einem eingefleischten – um nicht zu sagen pathologischen – Lügner liiert. Warum sie mich anrief? Um zu fragen, ob *er* therapeutische Hilfe brauche! Ich erwiderte, er habe sich nicht an mich gewandt, also sei er vermutlich nicht allzu stark motiviert, sich zu ändern. Hingegen lege sie großen Wert darauf. Sie hörte mir nicht richtig zu, bis ich auf ihren wiederholten Versuch, sein Problem mit mir zu diskutieren, sarkastisch antwortete: »Es muß Ihr Fehler sein.« Und da kamen wir endlich voran.

DR. LAURA: »Aurora, es geht um Ihr Selbstwertgefühl.«

AURORA (weinend): »Das hat mir meine Familie auch gesagt.«

DR. LAURA: »Aber Sie hören nicht zu! Sie meinen, man müßte herausfinden, was mit Ihrem Freund los ist? Okay, er ist krank. Und Sie werden von Ihrer Furcht vor der Einsamkeit überwältigt. Solange Sie sich um ihn sorgen und kümmern und ihm verzeihen, müssen Sie nicht allein sein, Ihre Persönlichkeit nicht weiterentwickeln, sich nicht mit Ihren schlimmsten inneren Ängsten auseinandersetzen.«

AURORA: »Das stimmt.«

DR. LAURA: »Er dient Ihnen als Ausrede, als Grund, sich vor der eigenen Person zu verstecken, meine Liebe. Aber *Sie* werden den Preis dafür zahlen.«

AURORA: »Da haben Sie recht.«

DR. LAURA: »Und glauben Sie mir, in Ihrem Leben wird ein Zeitpunkt kommen, wo Sie wissen werden, wie wertvoll Sie wirklich sind. Jetzt wissen Sie's noch nicht. Ich möchte Sie an eine Therapeutin verweisen. Sind Sie interessiert?«

AURORA: »O ja.«

DR. LAURA: »Großartig. Aber es wird sich nichts ändern, wenn Sie nicht einsehen, daß Sie in Ihrem mildtätigen Märtyrertum – einem Mann zuliebe, der Sie immer wieder enttäuschen wird – nur vor der reifen Person weglaufen, zu der Sie sich entfalten könnten. Rufen Sie die Therapeutin an!«

Der Versuch, das Unvermeidliche zu umgehen

Die achtundzwanzigjährige Carol denkt aus einem anderen Grund nicht daran, wegzugehen – obwohl sie um ihr liebes Leben laufen sollte. Seit zehn Monaten ist sie mit einem Mann verheiratet, den sie »diesen Kerl« nennt. Sie hat sogar ein Baby von ihm. Erst nach der Hochzeit erfuhr sie von seinem Strafregister. Als ich sie unter Druck setzte, vertraute sie mir an, zu seinen Verfehlungen würden einfacher Diebstahl, bewaffneter Raubüberfall und Sexualdelikte gehören.

DR. LAURA: »Was? Carol, Sie haben ein Baby von ihm. Wenn er zu Vergewaltigung und sexueller Belästigung neigt, könnten dieses Kind und die anderen, die Sie vielleicht noch bekommen, in ernster Gefahr schweben.«

CAROL: »Natürlich. Aber er sagt...«

DR. LAURA: »Moment mal! Jedesmal, wenn die Frauen verkünden: ›Aber er sagt...‹, kriege ich's mit der Angst zu tun. Denn meistens sind das Frauen, die nicht selber denken wollen.«

CAROL: »Nun ja...«

DR. LAURA: »Wenn ein Mann die richtigen Worte findet, glauben solche Frauen, alles würde sich zum Guten wenden.«

CAROL: »Ich habe auch gemerkt, daß er ständig lügt.«

DR. LAURA: »Warum bleiben Sie bei diesem Ekel, Carol?«

CAROL: »Vielleicht, weil ich das Gefühl habe, ich würde in meiner Ehe versagen.«

DR. LAURA: »Sie? Ihr Mann ist ein Schandfleck unserer Gesellschaft, und Sie halten sich für eine Versagerin? Sie machen einen Fehler, Carol, und Sie würden vielmehr versagen, wenn Sie bei ihm blieben, wenn Sie das Wohl Ihres Kindes und Ihr eigenes aufs Spiel setzten. Denken Sie doch einmal objektiv! Möchten Sie Ihren Fehler noch verschlimmern oder lieber klug sein und verschwinden?«

CAROL: »Ich möchte klug sein und verschwinden.«

DR. LAURA: »Dann tun Sie's.«

CAROL: »Aber ich – ich will ihn nach alldem, was er erlebt hat, nicht noch mehr verletzen.«

DR. LAURA: »Erzählen Sie mir nicht diesen Unsinn, Sie wollen seine Gefühle nicht verletzen! Er hat die Konsequenzen verdient, die er tragen muß. Typisch Frau! Ganz egal, was für schreckliche Dinge er tut – Sie wollen seine Gefühle nicht verletzen und verschweigen ihm, wie sehr er *Sie* verletzt.«

CAROL: »Ich müßte zu meiner Familie nach Nordkalifornien zurückkehren und ihm seinen Sohn wegnehmen.«

DR. LAURA: »Carol, dieser Kerl ist ein Sexualverbrecher, keine Stütze der Gesellschaft. Also tun Sie Ihrem Kind nur einen Gefallen, wenn Sie es aus seiner Nähe entfernen. Jetzt brauchen Sie und Ihr Sohn erst einmal ein Dach überm Kopf, was zu essen und finanzielle Unterstützung. Dann brauchen Sie gute Ratschläge – und Distanz, die Ihnen zur Objektivität verhilft. Also gehen Sie nach Hause zurück. Okay?«

CAROL: »Okay, Laura.«

Ich muß gestehen, nach diesem Anruf legte ich während des Werbeblocks den Kopf auf mein Notizbuch. Soviel freiwillige Blindheit war schwer zu ertragen. Bei solchen Gesprächen empfinde ich keinen Zorn, nur tiefen Kummer. Aus diesem Kummer heraus beschloß ich, mein Buch zu schreiben.

Dummheit hat nichts damit zu tun

Nach meiner Ansicht geraten die Frauen nicht aus Dummheit in solche Schwierigkeiten. Dieses Buch handelt von dummen Verhaltensweisen, nicht von dummen Frauen. Vielmehr sind sie durch ihre Einstellung zum Leben gefährdet, bei der es an Mut, Unabhängigkeit und individueller Kreativität fehlt.

Wie kann ich ihm jemals wieder trauen? Ich werde einen Weg finden!

Die achtundzwanzigjährige Tammy ist mit einem untreuen Mann verheiratet. Sicher, ab und zu reißt er sich zusammen – wenn sie droht, sie würde ihn verlassen. Aber sie bleibt bei ihm, und er betrügt sie immer wieder. Sie rief mich an, weil er wegen seines Jobs abends nicht heimkommen kann. »Die ganze Woche ist er weg«, jammerte sie. Natürlich fragte sie mich, wie sie ihm trauen könne. Darauf gab es keine Antwort. Aber in Wirklichkeit wollte sie mir zu verstehen geben, sie sei nichts und habe nichts.

DR. LAURA: »Sie haben sich selbst – also keineswegs nichts. Doch das ist in Vergessenheit geraten, nicht wahr?«

TAMMY: »Ja, ich habe mich schon vor langer Zeit aufgegeben.«

DR. LAURA: »Dann machen Sie das rückgängig! Wissen Sie, was Sie tun müssen? Befassen Sie sich mit Ihrem eigenen Leben. Wenn Sie Ihren Lebensinhalt in diesem Mann sehen und fürchten, ihn zu verlieren, wenn Sie dasitzen und sagen, Sie hätten nichts – das erschreckt mich. Er soll Ihr Partner sein, kein Ersatz für Ihre Persönlichkeit. Und Sie sollen nur Sie selber sein.«

TAMMY: »Jedesmal, wenn ich irgendwas anfange, unterminiert er meine Aktivitäten.«

DR. LAURA: »Sie müssen bedenken, daß Sie nicht sein Eigentum sind, keine Sklavin, auch keine vertraglich verpflichtete Hausangestellte. Er ist nicht Ihr Vater, Sie sind nicht minderjährig, sondern eine erwachsene Frau, und Sie können Ihre eigenen Entscheidungen treffen. Das müssen Sie sich klarmachen. Sie brauchen etwas, das Ihre Selbstachtung stärkt.«

TAMMY: »Ja, das stimmt, aber als ich zum erstenmal allein ausging, sammelte ich schlimme Erfahrungen, und deshalb verstecke ich mich hinter ihm, mehr oder weniger.«

DR. LAURA: »Wählen Sie nicht diesen typisch weiblichen Fluchtweg, sonst verlieren Sie sich selbst, und zwar restlos.«

TAMMY: »Nun ja, er weiß, daß ich ihn verlassen werde, wenn er mich noch einmal betrügt.«

DR. LAURA: »Leider hat er keinen Grund, das zu glauben.«

TAMMY: »Das ist wahr.«

DR. LAURA: »Jetzt reden wir mal über Ihre Träume und Interessen. Ich wette, wir finden etwas, das Sie realisieren können. Okay?«

Wenn eine Frau sich hinter ihrem Mann versteckt...

Das ist traurig. Und falsch. Abgesehen von den offensichtlichen Gründen, warum das falsch ist – überlegen Sie, was für einen Mann Sie kriegen, wenn Sie ein Versteck suchen. Gewiß keinen, der eine richtige Partnerschaft, Gleichberechtigung und wechselseitigen Respekt anstrebt, sondern einen, der Sie unterdrückt. Und dann werden Sie sich nicht allzu gut fühlen. Sie haben keine Verhandlungsbasis, weil Sie völlig abhängig sind. Und mit der Zeit müssen Sie Ihre Verluste akzeptieren.

Ist es nicht an ihm, die Initiative zu ergreifen?

Ann ist fünfundfünfzig und seit fast drei Jahrzehnten verheiratet. Schon immer hat sie ihren Mann der Untreue verdächtigt und hat jetzt leider konkrete Beweise. Deshalb fällt es ihr schwer, die Heuchelei all der Jahre fortzusetzen – es ist einfach zu offenkundig.

Sie versucht zu retten, was noch zu retten ist, indem sie sich fragt: Es bedeutet doch wohl, daß er mich liebt, wenn er mich nicht um die Scheidung bittet?

Natürlich nicht. Das ist kein liebevoller Mann, sondern einer, der Macht über die Frauen besitzt und dies auf verschiedene Arten demonstriert.

Ann kämpft verbissen, um sich irgendwie den Traum von einer funktionsfähigen Beziehung zu erhalten. »Ist es nicht an ihm, die Initiative zu ergreifen und mir zu sagen, daß er sich scheiden lassen möchte?«

O nein. Er hat alles, was er will, er ist nicht unzufrieden. Aber es geht um Anns Leben, also muß *sie* eine Entscheidung treffen.

Vorübergehend spielt sie mit dem Gedanken an eine Scheidung, dann führt sie sich die praktischen, greifbaren Aspekte ihres Lebens vor Augen – das Geld, das Haus, die Familie, die gesellschaftliche Struktur, und denkt laut, daß sie diese Dinge nicht verlieren will. Dann sagt sie: »Nein, ich glaube, Liebe und Sicherheit – das ist alles, was ich möchte und brauche.«

»Beides werden Sie in Ihrer Ehe nicht finden, Ann«, erwiderte ich sanft. »Suchen Sie sich eins davon aus.«

Und sie wählt – so wie in all den Jahren – die Sicherheit.

Also rate ich ihr: »Dann vergessen Sie die konkreten Beweise für seine Untreue.«

Wenn Sie sich für ein Opfer halten, sind Sie noch lange keins!

Ich betrachte Ann nicht als Opfer. Sie ist höchstens ein Opfer ihres unerforschten, unentwickelten, ungenutzten Egos. Und es ist schwierig, das den Frauen klarzumachen, die behaupten, sie würden sich nach Liebe und Intimität sehnen, während sie in einer öden Wüste wohnen.

Viele Frauen rufen mich an und klagen: »So ist er nun mal...« Als hätten sie keine Wahl! Wenn Sie chinesisches Essen mögen, wäre es doch dumm, in ein italienisches Restaurant zu gehen und den Koch zu beschimpfen, weil Sie keine Frühlingsrolle auf dem Teller haben, nicht wahr?

Nicht der Mann ist das Problem

Frauen, blickt in eure Seelen! Nicht der Mann ist das Problem, sondern die Methode, die ihr gewählt habt, um das Problem eurer Angst vor der Intimität zu lösen – auf die ihr euch aber nicht wirklich einzulassen wagt. Und die voraussehbare, enttäuschende Misere, vom Bedürfnis nach Selbstschutz heraufbeschworen, wird mit den Worten bemäntelt: »Aber ich liebe ihn.«

Verzweifelte Abhängigkeit

Moment mal, bitte! Sie reden nicht von Liebe – wechselseitiger Wertschätzung, Bewunderung, Hochachtung, Rücksichtnahme, Offenheit, Anerkennung, Ehrlichkeit et cetera – Sie reden von verzweifelter Abhängigkeit, einer betrüblichen Version der Vertrautheit.

Und Vertrautheit kann eine gefährliche Falle sein. Zweckmäßigkeit, Routine, die investierte Zeit und die Struktur des Alltags bewirken einen intensiven Sog. Kombinieren Sie das mit der Angst vor dem Unbekannten, sowohl draußen in der Welt als auch in sich selbst, und Sie bewegen sich so ziellos wie Treibsand.

Was motiviert eine zielstrebige Änderung? Für manche der Schmerz, der in ihrer gegenwärtigen Situation zu groß wird. Für andere ein Hoffnungsschimmer und die Attraktivität neuer Möglichkeiten, geliefert von Vorbildern und Büchern wie diesem.

Nur weil Sie einen Mann haben, werden Sie nicht genesen

Die Beziehung zu einem Mann wird Ihre Wunden nicht heilen, Ihre Selbstzweifel nicht beseitigen und Sie nicht vor den Herausforderungen des Lebens schützen. Einen Typen, den Sie sich in einer solchen Stimmungslage aussuchen, würden Sie Ihrer besten Freundin sicher nicht empfehlen. Geben Sie's zu. Stellen Sie sich der Realität. Unternehmen Sie etwas.

Oder Sie werden eines Tages nicht nur sich selbst weh tun. So wie Aurora, Carol, Tammy und Ann hat auch Sandra viel zu große Angst, an eine Trennung zu denken – aber das sollte sie!

Unter seinem Daumen

Sandra begann mit der Ankündigung, sie wolle ihren Sohn einer Therapie unterziehen lassen, wegen ihrer unglücklichen Ehe. In Wirklichkeit wollte sie ihren autoritären Mann zu einer Behandlung überreden, aber er weigert sich und behauptet, das brauche er nicht. Alles würde in bester Ordnung sein, wenn sie »einfach nur auf ihn höre und ihm gehorche«.

»Wow!« entgegnete ich. »Sagen Sie ihm, das alles sei schön und gut. Aber im Augenblick würden Sie sich mit gewissen Dingen in Ihrem Leben befassen, die nichts damit zu tun haben, ob etwas richtig oder falsch gemacht wird, und die Ihre Gefühle von Liebe und Zugehörigkeit beeinträchtigen. Fragen Sie ihn, was er davon hält. Betonen Sie, er müsse diese Dinge mit Ihnen klären. Denn wenn er sich weigert, weil er Sie nicht ernst nimmt oder Angst davor hat und deshalb auf stur schaltet, würden Sie sich letzten Endes von ihm trennen.«

Sandra muß sich auf ihre persönlichen Perspektiven konzentrieren – als verantwortungsvolle Erwachsene, nicht als kleines Mädchen unter Daddys Daumen. Ihre Ehe steckt in beträchtlichen, vielleicht irreparablen Schwierigkeiten. Es wäre relativ sinnlos, ihren elfjährigen Sohn zu einer Therapie zu schicken, solange sich die häusliche Situation nicht wesentlich bessert. Welche alten Verhaltensmuster auch immer vorherrschen, nachdem sie sich jahrelang unterkriegen ließ, mit professioneller Hilfe muß Sandra lernen, die Kontrolle zu übernehmen und Änderungen herbeizuführen, zum Wohl ihres Sohnes und zu ihrem eigenen.

Manchmal will man die Wahrheit nicht sehen

Ein Aufruf zur Initiative. Endlich! Und warum erkannten all diese Frauen nicht klar und eindeutig, daß sie auf dem falschen Dampfer saßen? Es geht nicht darum, ob sie es erkannten – sie *wollten* es nicht wahrhaben. Natürlich ist eine Veränderung mühsam, schmerzlich, beängstigend. Ein Dämon, den man kennt, ist immer besser als einer, den man nicht kennt.

Die Furcht vor dem Loslassen

Viele Frauen wagen nicht, das Altgewohnte loszulassen und etwas Neues zu beginnen. Es gibt viele Versionen dieser buchstäblich lähmenden Angst. Hier ein paar Beispiele:

Das Fixiermittel

Manche Frauen fixieren sich auf einen Mann, um Selbstbestätigung zu erreichen und sich zu definieren.

Barbara weiß, was sie tun müßte – aber sie fürchtet sich davor. Es ist traurig, wie oft die Frauen die Angst zur beherrschenden

Kraft ihres Lebens machen. Sie ist mit einem sehr abhängigen Mann zusammen, der sie zur Ehe drängt – obwohl er nie mit ihr geschlafen hat und es auch nicht beabsichtigt. Natürlich widerstrebt es ihr, ihn zu heiraten, und sie möchte die Beziehung beenden – aber sie benutzt ihn als Fixiermittel. Sie braucht jemanden, auf den sie sich fixieren kann, um der Konzentration auf ihre eigene Person auszuweichen. Das muß sie endlich überwinden, und sie darf nicht einmal im Traum daran denken, ihr eigenes Glück für jemanden zu opfern, der seelisch schwer gestört ist und den sie nicht einmal in ihrer Nähe haben will.

Von der Märchenfee gerettet

Seit zwei Jahren lebt Suzie von ihrem Mann getrennt, weil »er mich nicht gehen läßt«. Lachend erwiderte ich, dies sei nicht der Grund, warum sie noch immer nicht geschieden sei, sondern ihre Ausrede. Manche Frauen bleiben mit ihren Männern in Verbindung, für den Fall, daß sie von der Märchenfee oder wem auch immer gerettet werden können. Suzies Mann ist Alkoholiker und jähzornig. Er sucht keine fachkundige Hilfe, sondern kommt immer wieder zu ihr zurück, mit Versprechungen, die er nicht hält. Aber sie hofft, nächstes Mal würde alles in bester Ordnung sein. Nach einer Weile gestand sie mir ihre wahre Angst: »Wenn ich nun keinen anderen Mann finde?«

Sicher wäre das der Weltuntergang, die Schwerkraft würde nicht mehr existieren, die Entropie des Universums würde zusammenbrechen.

Märchen werden niemals wahr!

Lindas Mann hatte schon immer Affären mit anderen Frauen, sogar während ihrer Schwangerschaft. Kurz vor der Geburt ihres Babys sprach sie mit mir. Endlich hatte sie den richtigen Entschluß gefaßt und die Scheidung eingereicht, die in zwei Wochen rechtskräftig werden sollte, mit einer sehr günstigen finanziellen Regelung. Jetzt ist ihr Mann, um es mit Lindas Worten auszudrücken, »einfach perfekt«. Sie wollte wissen, ob sie nicht doch bei ihm bleiben sollte. Und ich erwiderte, sicher wäre es nett, wenn ein Märchen Wahrheit würde. Finden wir uns mit den Tatsachen ab, meine Damen. Die Verführer verstehen was von ihrem Handwerk, ob sie ihre Fähigkeiten nun bei der eigenen Frau anwenden oder bei anderen. Sie wissen, was Sie hören wollen, und genau das sagen sie Ihnen.

Er ist ein Widerling, aber ich bin einsam

Bobbie, zweiundfünfzig, wurde jahrelang von ihrem trunksüchtigen Exfreund belästigt. Seine wiederholten Versuche, Kontakt mit ihr aufzunehmen, scheinen sie zu ärgern. Aber dann gibt sie zu, in letzter Zeit würde sie ihm ein wenig entgegenkommen, weil sie sich einsam fühle und sogar seine krankhafte Aufmerksamkeit begrüße. »Man ist nie zu alt, um ein inhaltsreiches Leben zu führen«, sage ich ihr. »Strengen Sie sich an, dann werden Sie diesen Mann bald nicht mehr brauchen.«

Der Jo-Jo-Meister

Die vierundzwanzigjährige Heather ist seit zehn Monaten mit einem Mann liiert, der sie wie ein Jo-Jo zwischen intimer Nähe und Zorn über seine Affäre mit mindestens einer Frau schwanken läßt. Entweder besuchen ihn seine Freundinnen, oder er wird auf frischer Tat ertappt und weint. Angesichts seiner Tränen wird Heather immer wieder schwach. Ich empfahl ihr, sich auf sein Verhalten zwischen den Tränenausbrüchen zu konzentrieren – das würde viel mehr zählen. Sein Schluchzen wiegt sie vorübergehend im lang ersehnten Glauben, er würde sie tatsächlich lieben.

Und sie hungert viel zu sehr nach diesen Momenten.

So übel ist er doch gar nicht!

Auch Lisa plagt sich mit einem Konflikt herum. Seit einem Jahr lebt sie von ihrem Mann getrennt. Sie hat ein fünf- und ein sechsjähriges Kind. Bei unserem Gespräch konnte ich mir zunächst nur ein verschwommenes Bild machen. Sie gab zu, ihr Mann sei ein guter Vater, tüchtig im Beruf und immer treu. Doch dann stellte sich heraus, daß er kein guter Partner war.

Durch seine Unsicherheit wurde er so autoritär, daß er jedes

Mitgefühl vergaß. Seine Bedürfnisse wirkten destruktiv. Aber wegen seiner »guten Eigenschaften« und seines Versprechens, er würde sich ändern, fiel es ihr schwer, ihn zu verlassen.

Lisas Bruder leidet an einer tödlichen Krankheit, und mehrere Familienmitglieder möchten mit ihm eine Reise nach Europa unternehmen, bevor er stirbt (was bald geschehen wird). Aber ihr Mann betont energisch, er habe sich gebessert, und verlangt, sie solle sich entscheiden – die Reise oder ihre Ehe.

Ich fand, daß er ihr damit den Entschluß zur Scheidung erleichterte. Und Lisa dachte genauso.

Sobald Sie den Schritt getan haben...

Was geschieht, wenn Sie beschlossen haben, ihn zu verlassen?

Sie waren vernünftig und mutig genug, ein Ende zu machen. Und dann, nach Tagen oder vielen Jahren, kommen Ihnen plötzlich schreckliche Bedenken: Vielleicht haben Sie einen Fehler begangen. Warum glauben Sie das?

Vielleicht habe ich einen Fehler begangen

Vor fünf Jahren hatte Pat eine Beziehung beendet, und jetzt kamen ihr Bedenken. Bei unserem Gespräch entlockte ich ihr, der Mann habe sie nicht heiraten wollen, sei arbeitslos und trunksüchtig gewesen. Wieso bloß wollte sie so einen Taugenichts zurückhaben? Nun, anscheinend hatte er sich am eigenen Schopf aus der Misere gezogen. Hingegen hatte sie nichts aus ihrem Leben gemacht, und ihr Job befriedigte sie nicht.

DR. LAURA: »Sie beobachten diesen Mann und seinen Erfolg, und Sie denken: Oh, vielleicht hätte ich bei ihm bleiben sollen. Ihr Entschluß, ihn zu verlassen, war klug, aber Sie haben nichts mit Ihrem eigenen Leben angefangen. Und jetzt suchen Sie nach einem Partner, in dessen Nest Sie sich verkriechen können.«

PAT: »Genau.«

DR. LAURA: »Und was dann? Glauben Sie, das allein wird Sie glücklich machen?«

PAT: »Nein.«

DR. LAURA: »Doch, das glauben Sie! Sie bilden sich ein, das würde Sie retten und Ihnen Erfüllung schenken.«

PAT: »Ich soll mich also selber glücklich machen?«

DR. LAURA: »Machen Sie sich bewußt, daß Sie auf dieser Erde ein Ziel verfolgen. Sagen Sie sich, Ihre Existenz würde die Welt verändern. Tun Sie etwas, das Ihrem Leben einen Sinn gibt. Dann werden Sie wählerischer sein, was die Männer betrifft. Wir suchen und akzeptieren nur, was wir zu verdienen glauben. Bilden Sie sich weiter, stärken Sie Ihr Ego. Träumen Sie und greifen Sie nach den Sternen.«

PAT (mit schwacher Stimme): »Okay.«

DR. LAURA: »Das hört sich so an, als wären Sie ziemlich unmotiviert. Und Sie erzählen mir, *er* hätte sich Ihnen nicht verpflichten wollen? Sie sind nicht bereit, sich Ihrer eigenen Person zu verpflichten. Statt dessen erwarten Sie von jemand anderem, für Sie zu tun, was Sie selber nicht tun wollen!«

PAT: »Das sehe ich jetzt ein.«

DR. LAURA: »Ich weiß, es ist erschreckend und mühsam, aber tun Sie etwas. Es wird sich lohnen.«

PAT: »Ja, ich werd's versuchen.«

Pat fällte die richtige Entscheidung, den falschen Mann zu verlassen. So ein Schritt ist notwendig, aber er genügt nicht, um ein erfüllteres, glücklicheres Leben zu führen.

Das ist so, als hätten Sie die Spinnweben aus einem Haus entfernt, und jetzt müssen Sie die Wände streichen. Die Trennung gibt Ihnen den Raum, den Sie brauchen, um sich weiterzuentwickeln – damit müssen Sie jetzt anfangen, etwas Neues lernen, Herausforderungen annehmen, Risiken eingehen, während Sie Ihren Traum zu verwirklichen versuchen. Und ehrlich gesagt, ein Mann, der »sich am eigenen Schopf aus der Misere gezogen hat«, würde sich nicht besonders für eine Frau interessieren, die das nicht auch schafft.

Ich weiß, ich müßte ihn hassen, aber...

Auch die fünfundvierzigjährige Janet hat sich klugerweise für eine Trennung entschieden, aber nun hat sie, ebenso wie Pat, Bedenken. In ihrem Fall, weil sie nicht weiß, wie sie mit einem Mann zusammenleben soll, ohne als seine »Mommy« zu fungieren. Zwölf Jahre lang hatte sie eine Beziehung zu einem Alkohol- und Drogensüchtigen, der sich Geld lieh (manchmal mit ihrer Erlaubnis), aber nichts zurückzahlte und keine verantwortungsvolle Arbeit leisten konnte.

»Ich weiß, ich müßte ihn hassen, aber ich sitze einfach nur da und weine«, klagte sie. »Natürlich war es richtig, ihn hinauszuwerfen... Trotzdem möchte ich ihn immer wieder anrufen.«

Nachdem Janet das Richtige getan und ihn verlassen hat, muß sie tapfer genug sein, um die jetzige Einstellung ihres Verstandes und ihres Herzens zu überwinden: den Glauben, sie müßte die Mommy für ihn spielen, um die Beziehung zu ihm zu festigen.

Wenn sie mit ihren fünfundvierzig Jahren nicht wagt, diesen Irrglauben zu bekämpfen, wird sie weiterhin Bedenken haben.

Für Pat und Janet und andere Frauen sind solche Bedenken ein willkommener Fluchtweg vor der Veränderung.

Es kann auch richtig sein, bei ihm zu bleiben

Zum Schluß möchte ich zwei vernünftige Gründe nennen, keine Trennung herbeizuführen, obwohl sie auf den ersten Blick richtig erscheint.

Den Kindern zuliebe

Die einunddreißigjährige Lisa gibt zu, daß ihre Heirat ein »geschäftliches« Engagement war. Er bekam eine Mutter für seine beiden Kinder, sie die ersehnte finanzielle Sicherheit. Um »emotionale und sexuelle« Befriedigung zu finden, hatte sie ein paar Affären, über die er Bescheid weiß.

Sie dachte bereits an eine Scheidung, aber dann rief sie mich an. »Ich möchte mich nicht von den Kindern trennen. Wir stehen uns sehr nahe. Ihre Mutter ließ sie im Stich, und so was sollen sie nicht noch einmal durchmachen. Ich liebe sie.«

Das beeindruckte mich zutiefst. Nun kommen wir zu einem wichtigen moralischen Aspekt. Der Gewinn, den Lisa aus ihrer Mutterrolle zog, das wundervolle Gefühl einer warmherzigen Beziehung zu den Kindern, bedeuteten ihr mehr als alles andere. Und sie war bereit, für diese unschlagbaren Vorzüge gewisse Abstriche zu machen. Ich erklärte ihr, ich würde sie bewundern.

Das ist ein richtiger Grund, an einer Ehe festzuhalten, wenn man sich normalerweise scheiden lassen sollte. Kathy hatte einen anderen.

Wenn Sie teilweise die Schuld an Ihrem Problem tragen…

Kathy ist seit fast acht Jahren verheiratet. Sie erzählt, vorher sei sie wie ein kleines Kind von einer abhängigen Beziehung in die andere geschlittert. Jetzt findet sie ihren Mann zu kritisch und zu autoritär. Sie erkennt, daß sie ihn wegen ihrer Abhängigkeit ausgesucht hat, aber jetzt verändert sie sich und bildet sich weiter und braucht diesen »Typ« nicht mehr.

Sie hat sich völlig von ihm abgekapselt, will ihre Gedanken und Gefühle nicht mehr mit ihm teilen. Um herauszufinden, was mit ihr los ist, hat er ihr Tagebuch gelesen, und das ärgert sie maßlos.

Ich erklärte ihr, sie habe ein Spiel mit ihm gespielt und plötzlich die Regeln geändert. Natürlich ist er gekränkt und fühlt sich zurückgewiesen. Wenn mich jemand wegen meiner Eigenschaften heiraten, genau diese Eigenschaften später abscheulich finden und sich von mir zurückziehen würde, wäre ich auch gekränkt und ziemlich nervös!

»Deshalb müssen Sie Verständnis für sein Verhalten aufbringen«, ermahnte ich Kathy. »Statt ihn als Feind zu betrachten, als autoritäres Ekel, sollten Sie sich mit den Fakten auseinandersetzen. Früher wollten Sie keine Entscheidungen für ihr Leben treffen, sondern jemand anderen dafür verantwortlich machen, und darum haben Sie ihren Mann geheiratet. Jetzt sind Sie ihm eine ehrliche Diskussion über die neuen Vorgänge schuldig, und dabei werden Sie sehen, ob er sich weiterentwickelt hat. Er ist nicht Ihr Gegner. Und er war es auch nicht, der Sie Ihr Leben lang in Ihren Aktivitäten behindert hat. Das waren Sie selber!«

Lisa blieb also wegen der Kinder verheiratet, um für die beiden zu sorgen und selbst Befriedigung darin zu finden. Und Kathy sollte es wenigstens lange genug bei ihrem Mann aushalten, um zu lernen, wie sie ihre wachsende Unabhängigkeit demonstrieren kann, ohne sich wie ein rebellisches Kind zu benehmen.

Folgen Sie Ihrem Verstand, nicht Ihrer Angst

In meiner Radiosendung habe ich oft gesagt: »Das Wasser und die Selbstachtung suchen sich stets ihre eigenen Wege.« Das bedeutet folgendes: Wenn Sie mit dem falschen Mann zusammen sind (er ist gewalttätig, negativ eingestellt, autoritär, drogen- oder alkoholsüchtig, verbrecherisch et cetera), zeigt die Mischung aus Mitleid (»im Grunde genommen hat er ein gutes Herz«) und Zögern (»oh, ich wage es nicht, ihn zu verlassen; vielleicht wird er sich bessern«), daß Sie nicht viel von Ihren eigenen Möglichkeiten im Leben halten.

Nun, Frauen, es gibt nur einen einzigen Ausweg – folgt eurem Verstand, nicht eurer Angst. Tut, was ihr allen anderen Leuten empfehlen würdet – trennt euch von dem Kerl, entfaltet euch, verändert eure Persönlichkeit, nehmt Herausforderungen an. Befaßt euch mit konstruktiven Dingen. Auf diese Weise beeindruckt ihr euch selbst und stärkt euer Selbstwertgefühl. Sitzt nicht länger auf den welken Lorbeeren des erwachsenen Kindes. Damit würdet ihr nur eure Schwäche fördern.

Seid mutig und schmiedet Pläne. Nur darin finden wir letztlich alle Befriedigung.

Tut das Richtige und erzählt mir nicht, ihr würdet nicht wissen, was das ist. Ich weiß es besser. Angst, Trägheit und Feigheit dürfen euch nicht wie Anfänger vereinnahmen.

Ihr könnt es schaffen, das weiß ich. He, ich rechne mit euch! Also macht euch bereit und nehmt euer Leben in Angriff!

P. S.: Nun zitiere ich einen Absatz aus Ray Richmonds Fernsehkolumne in den *Los Angeles Daily News*, der auf die mangelnde Überzeugung vieler Frauen hinweist:

»Wenn Sie heute abend die Talk-Show *Night talk with Jane Whitney* sehen, werden Sie hören, wie sich ein Paar aus Nord-Hollywood namens Marla Young und Kenneth Makley zum Thema ›Männer, die nicht heiraten wollen‹ äußern. Marla Young erklärte, sie habe Makley ein Ultimatum gestellt. Vor Weihnachten müsse er sich mit ihr verloben, sonst...«

Sonst was?

»Sonst würde ich mich schrecklich aufregen«, sagte Marla. »Aber ich würde ihn auf keinen Fall verlassen.«

»Eine Frau, die zu ihrer Überzeugung steht«, kommentiert Richmond.

Epilog

Die Geburt der klugen Frauen

Welchen Gewinn sollen Sie aus diesem Buch ziehen? Ganz einfach. Ich hoffe, es stärkt Ihren Mut, es hindert Sie daran, weiterhin Dummheiten zu machen, und es hilft Ihnen, eine kluge Lösung für Ihre persönlichen Probleme zu finden. Sie sollen Ihr Verhalten ändern, also Maßnahmen ergreifen und Risiken eingehen, die einem – das gebe ich zu – Angst einjagen können. Aber betrachten Sie die Alternative. *Sie* sind es, die damit leben müßten, wenn Sie nichts unternehmen.

Neulich diskutierte ich mit einigen Anruferinnen, die geradezu in ihrer schrecklichen Vergangenheit badeten und in ihrem derzeitigen Elend schwelgten, an dem sich nichts geändert hatte, trotz monatelanger Therapien. Doch den wahren Schlüssel zur Persönlichkeitsentfaltung findet man nur in seinem Inneren, er wird einem nicht von außen zugetragen. Das wissen diese Frauen, aber sie haben Angst davor. Sie wagen es nicht, etwas Neues, anderes für sich selbst zu tun – etwas, das sie über ihren jetzigen Seelenzustand erheben würde.

Im Mai 1993 sprach ich mit einer Gruppe berufstätiger Mütter, die sich meinen Ansichten nur zu fünfzig Prozent anschloß. Der Raum vibrierte sogar vor Feindseligkeit, als ich erklärte, es sei absolut notwendig, daß ein Baby von der Mutter und/oder dem Vater betreut würde, um die Liebe und das positive Feedback zu erhalten, die es brauche, um gesund und in einer angenehmen emotionalen Atmosphäre aufzuwachsen. Wie sich herausstellte, war ein Großteil der Zuhörerinnen, die protestierten, von verantwortungslosen Ehemännern verlassen worden, sie hatten sich bei kurzen sexuellen Abenteuern nicht geschützt, oder ihre Kinder stammten von Männern, die sich nicht binden wollten, verheirateten oder ernsthaft gestörten Typen et cetera. Die sogenannten Opfer dieser Kerle behaupteten, ich würde nicht verstehen, daß die Gesellschaft, die Wohlfahrt et cetera ihnen einfach nicht gestatteten, gute Mütter zu sein und »das Richtige« für ihre Kinder zu tun. Nach der Meinung meiner Gegnerinnen fiel mir nichts Besseres ein, als sie mit Vorwürfen zu überhäufen.

»Nun«, erwiderte ich, »natürlich bin ich nicht bereit, die Verantwortung für Ihr dummes, leichtsinniges Verhalten zu übernehmen, das Sie in die jetzige Situation brachte – oder für das verdammte Pech, das Ihre schönsten Pläne vereitelte. Aber ich würde gern mit Ihnen über die Kreativität und Entschlossenheit diskutieren, die Sie bräuchten, um einen Ausweg zu finden.«

Erst vor einer Woche, bei einem anderen öffentlichen Auftritt, trat eine junge Frau an mich heran, die meinen Vortrag vor den berufstätigen Müttern besucht und zu meinen Kontrahentinnen gehört hatte. Nun erklärte sie, später habe sie erkannt, daß sie die ganze Zeit nur versucht habe, anderen die Schuld an ihrer Misere zuzuschieben. Sie hatte sich meinen Rat zu Herzen genommen und einen Gourmet-Lunch-Service gegründet, der ihr gestattet, daheim zu arbeiten und bei ihrem Kind zu bleiben. Anfangs hatte sie sich schrecklich über mich geärgert, nun dankte sie mir aufrichtig, und ich war tief gerührt.

Ich nehme an, viele Leserinnen ärgern sich ebenfalls über mich.

Ja, ich weiß, viele Frauen, die sexuell mißbraucht oder von alleinstehenden/niemals verheirateten Müttern aufgezogen wurden, stürzen sich oft viel zu früh in sexuelle Aktivitäten und werden selbst alleinerziehende Mütter – ein verzweifelter Versuch, Wunden zu heilen und eine echte Bindung einzugehen. Sollte das auf Sie zutreffen, haben Sie es hoffentlich geschafft, dieses ganze Buch zu lesen, und fühlen sich jetzt motiviert, einen anderen Gang einzulegen, fest entschlossen, eine positive neue Richtung einzuschlagen und Erfüllung zu finden.

Das derzeit gängige feministische Programm beschuldigt hauptsächlich die Männer und die Gesellschaft im allgemeinen. Dabei wird die zentrale Rolle ignoriert, die unglückliche Frauen in ihren schwierigen Lebenslagen selber spielen. Ich bitte Sie, sich bewußt zu machen, daß alle Menschen auf dieser Erde Herausforderungen begegnen – freiwillig oder unfreiwillig –, und daß manche dieser Herausforderungen unangenehmer sind als andere. Blicken wir der Tatsache ins Auge – es gibt kein Schicksal außerhalb der Dinge, die Sie hinnehmen oder bekämpfen.

Ich wünsche mir inständig, daß mein Buch Ihnen helfen wird, Ihre inneren und äußeren Dämonen zu erkennen und Anspruch auf Ihr eigenes Leben zu erheben. Fassen Sie Mut und bauen Sie sich eine neue, schönere Existenz auf. Wenn Sie den ersten Schritt getan haben, werden Sie einen »Welleneffekt« bemerken – noch mehr Energie führt zu immer besseren Entschlüssen, die Ihnen und den Menschen in Ihrem Leben immer größere Befriedigung schenken.

Dieses Buch betrachte ich als den ersten Kieselstein, den ich in einen See geworfen habe, um Wellenkreise zu erzeugen.